艺术，点亮梦想

YISHU DIANLIANG MENGXIANG

"艺术育人"学校文化续构的实践研究

张 琦 主编

上海三联书店

艺术董二小

科研创新高

张辰生

"梦工厂"课程开发团队

第一排从左往右：季蓓蕾、张琦、徐忆

第二排从左往右：翁晓川、周瑞芝、应谢洁、张英、沈涛、陈荷静

"梦工厂"课程系列教材

七彩梦幻的校园环境

丝竹雅韵的民乐演奏室

电脑绘画创新实验室

轻盈童趣的书画创意空间

科学创新实验室

创意圆梦展示厅

小荷民乐队参加2015年黄浦区学生艺术节器乐比赛

我校是第一批上海博物馆文博教育基地学校

黄莺合唱团参加2012年黄浦区学生艺术节声乐专场比赛

《漫步艺宫》之上海美术电影展课堂

学生穿上自己设计的创意服装参加双年展活动

学生在东方乐器博物馆中演奏印尼甘美兰乐器

《我画马勒别墅》林传宇 获全国第四届中小学生
艺术展演活动艺术作品甲组二等奖，上海市一等奖

《迪拜—飞行盛宴》沈曼
茹获 2015 年国际少儿航空
绘画全国一等奖

《陶器》张文皓
获上海市学生绘画
书法作品一等奖

《大狮子》徐光道 获第十六届全国中小学电脑制作
活动电脑绘画项目全国二等奖，上海市一等奖

《五彩创意》之
"彩色玻璃纸"
学生作品

陈阳的书法作品

老城厢的一天
学生连环画创作

这是一个快乐的周末，阳光明媚，小朋友们相约去小红家玩。

弄堂里的一户人家种着许多花花草草。

小朋友们在弄堂里玩耍嬉戏。

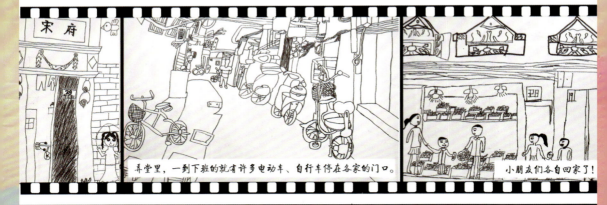

弄堂里，一到下班的就有许多电动车、自行车停在各家的门口。

小朋友们各自回家了！

天已经很晚了，邻居还没有回来，他家的衣服晾在晒台上没有收，小红妈妈准备帮邻居收衣服去。

这就是老城厢的一天，在老城厢里每天都会发生一些平凡而有趣的事，邻里之间互相帮助，我们生活在老城厢的新上海人已经深深的爱上我们的新家。有空时，您也不妨去走走、逛逛，体会一下老上海的味道。

序

读了张琦校长主编的《艺术，点亮梦想》书稿，一种欣喜和钦佩之情油然而生。

一

上海市黄浦区董家渡路第二小学是一所百年老校，有很厚重的文化底蕴。近年来在张琦校长的主持下，学校有了很好的新发展。学校提出了"让学生体验成长的快乐，让教师享受职业的成就，办学生喜欢的学校，为学生终身发展奠定基础"的办学理念，确立了"会做人、会学习、有特长"的培养目标。从2012年开始，张校长领衔研究上海市市级科研项目《"艺术育人"学校文化续构的实践研究》，经过三年的行动研究，取得了丰硕的成果，本书就是研究成果之一。

学校秉承"以艺辅德，以艺促教"的办学传统，开发了"梦工厂"校本艺术课程，编写出版了系列教材，开设了造型艺术、表演艺术、综合艺术、语言艺术等四大类十门课程，丰富多彩，趣味盎然。

学校开拓了艺术教育的时间和空间，创设了丰富的校园文化艺术环境，建立了艺术教育的校外基地，创造了开放有效的课程实施路径，构建了学生"自主四环节学习方式"。学校办学理念的落实，为学生快乐健康成长，提供了坚实的支持系统，取得了很好的实践效果。

学校还组建了学生艺术团，创办了艺术节，开展丰富多彩的艺术活动，为学生搭建展示艺术才能的舞台，学生的兴趣爱好，行为习惯发生了积极的变化，学生的艺术素养有了明显的提升。

学校在开展艺术教育的同时，还在语文、数学、外语等学科进行课堂教学改革，研究实践教学各环节的教学艺术，充分发挥教学过程中的形象性、情趣性、情感性、审美性，使教学过程充满艺术情趣和快乐体验，产生沁人心灵的效应，取得很好的教学效果。这些探索都是值得赞许和发扬的。

二

我们知道，艺术育人，就是以美育人，而美是与真和善联系在一起的。哲学家黑格尔指出"美与真是一回事。这就是说，美本身必须是真的。"哲学家、教育家亚里士多德指出"美是一种善，其所以引起快感，正是因为它善。"蔡元培先生是最早在中国倡导美育的教育家。他指出"陶冶人的感情是美育的直接目的，而净化人的心灵、培养人的高尚情趣、道德情感、积极进取的人生态度、养成高尚纯洁之人格、给人追求高尚行为之动力，则是美育的根本目的。"董家渡路第二小学"艺术育人"的探索，正是指向这一根本目的。他们以真、善、美感染学生，培养学生的高尚情趣、道德情感和健全人格。这是极具有远见卓识的。

而现在我们的中小学教育，总体上说，艺术教育是薄弱的，在传统观念与"应试教育"理念的影响下，其"副科"、"小学科"的身份难以改变，因此很难得到充分的重视。与西方发达国家比较，我们的国民艺术素养整体水平较低，我们大部分成人不会画，不会欣赏画，不会唱歌、不会跳舞、不会弹琴，艺术欣赏水平不高。当然，这与我国社会经济发展水平有关，但也与我们长久以来，受科学主义的教育思想影响根深蒂固有关。因此，张琦校长她们学校的探索具有更深远的意义，她们的研究成果有重要的推广价值。

三

张琦校长是我主持的黄浦区第一期教育心理与学习潜能开发名师工作室的学员，她学习认真、有追求，从语文教师、副校长、校长一路走来，坚持读书、实践、研究，坚持学习，不但自己有很好的发展，而且带领教师、带领学校取得很好的成绩，我为她、为她们学校的发展而高兴,而骄傲。

祝张琦校长、祝董家渡路第二小学百尺竿头,再进一步,取得更好的发展,取得更优异的成果。

上海市教师学研究会教育心理专业委员会主任、

黄浦区教育学会名誉会长、上海市特级教师

2015 年 12 月

目　录

绪　论

呈现在您眼前的是上海市教育科学 2012 年度规划项目《"艺术育人"学校文化续构的实践研究》的研究报告,课题编号为 C1202。

一、研究背景

当代中国进入了全面建设小康社会的关键期和深化改革开放、加快转变经济发展方式的攻坚时期,文化越来越成为民族凝聚力和创造力的源泉,越来越成为综合国力竞争的重要因素,经济社会发展的重要支撑。十七届六中全会提出"推动社会主义文化大发展大繁荣",文化的繁荣和发展需要学校来支撑。作为基础教育的学校教育除了肩负着传承、发展人类文化,使之不断延续并走向繁荣的使命,还承担着向学生传授知识、培养能力、影响人格、丰富文化的重任。同时文化建设对于学校内涵发展以及品位的提升都具有重要的意义。

（一）研究的实践基础

1. 学校规划与持续发展的思考

黄浦区董家渡路第二小学前身为"仿德"学校,是董家渡天主教堂于 1851 年创办的一所教会学校,1953 年转为公立,更名为董家渡路第二小学。作为一所百年老校,它有着优秀的文化传统和深厚的艺术教育底蕴。学校地处老城厢,随着旧城改造建设,近期两次搬迁,两次拆并,学校内文化存在较大差异,生源情况也发生了较大改变:学校本地学生数日益减少,生源中 90% 已是外来务工人员子女,将来的新上海人。他们初到上海,进入陌生的学校学习,生活上还不适应,心理上缺乏归属感。

近年来,黄浦区教育局提出"办学生喜欢的学校",针对学校现状，在客观分析学校所处的办学环境、现有的办学条件和已经形成的办学传统的基础上，我们提出了"让学生体验成长的快乐，让教师享受职业的成就，办学生喜欢的学校，为学生的终身发展奠定基础"的办学理念，确立了"会做人，会学习，有特长"的培养目标。

我国基础教育已处在一个新的发展时期，呼唤着学校文化建设和学校品质提升。基础教育的工作重点需要从规模扩张向内涵提升转变。加强文化建设、提升学校品质是中小学内涵提升的重要抓手和核心内容。同时我们也认为文化对于一所学校来说是最重要的财富；是学校内涵发展的最主要载体；是学校发展的根基所在；是学校最优秀的隐性课程；更是一所学校的灵魂。① 为了使学生通过学校教育，感受到校园生活的愉悦，使学生在心理上对学校、社区，乃至上海产生良好的归属感，从而更快、无痕地接受学校文化的熏陶，学会做人、学会学习，具有特长。学校以"艺术育人"学校文化续构为突破口，彰显学校办学特色，引领学校内涵发展，肩负基础教育学校培养合格新上海人的社会责任。

2. 学生全面发展与个性发展的思考

立足于人的发展是一切事物发展的始点。学校教育的最终目标是为了学生的全面发展和个性发展，因此树立"以学生发展为本"、"以教师发展为本"的办学理念尤其重要。学校是师生生活和学习的乐园，也是共同成长的场所。学校文化是一所学校的环境氛围、办学风格、人文精神等的集中反映，融汇了校长的教育理念、教育思想与学校的发展特色，对内给师生以直觉的享受和心灵的浸润，利于良好行为习惯的养成，道德素质的提高，以及校园精神的锤炼；对外形成学校的品牌，引导学生当下的成长和今后的事业拓展，引领教师享受职业成就感和幸福感。因此，学校文化建设更为必要和迫切，这将更好地促进学生良好行为习惯的养成，道德素质的提高，生活方式的改变，审美素养的培育，乃至进步的世界观、价值观的形成，最终促进师生全面和个性发展。

---

① 刘福.论学校文化建设对学校发展的作用[J].西北成人教育学报，2011(5):77.

3. 学校办学特色发展与文化建设的思考

我校是黄浦区艺术教育特色学校,秉承"以艺辅德、以艺促教"的办学传统,一直以来坚持普及与提高相结合,形成了民乐、儿童画、合唱等传统项目。而学校文化从内容和形式上看,是德、智、体、美诸育的总和,它的灵魂是以人为本,以师生的成长为本。艺术本身就是人类的文化形态之一,所以艺术教育是丰富学校文化建设的一种创新形式。学生在接受艺术教育,欣赏艺术作品时,心灵会受到高尚、健康思想情感的熏陶与感染,在潜移默化中陶冶性情,净化思想,完善品格,从而促进学生身心和谐、健康发展。随着办学实践和课程改革的不断深化,为满足新时期社会对教育的要求,我们在继承本校传统艺术项目的基础上,结合学校实际,形成艺术教育课程框架,发展和创新艺术教育特色项目,并把艺术教育和学校文化有机整合,这对学校内涵的发展和品位的提升具有相当重要的意义。

鉴于艺术教育具有辅佐道德进步,营造良好校园文化氛围,提供和谐育人环境的作用,我们确定了以"艺术育人"为内涵,将执着求真、向善、致美这一美育作为师生人格的思想境界和学校发展的核心追求,灌注于学校文化建设中。

（二）研究的理论基础

1. 马克思主义关于人的全面发展理论

个性自由和全面发展是马克思主义关于人的全面发展理论的灵魂,20世纪末中国开始的"素质教育"改革实质上是马克思主义关于人的全面发展理论的具体实践。"人的自由发展"是人的全面发展的基础和前提,主要是指摆脱了环境与他人的支配而具有意志与行动自由,达到人与人、人与社会、人与自然关系的和谐,人的自由个性充分发挥,即人达到一种自觉、自愿、自主发展状态。马克思主义所追求的人的"全面发展",既是人的个性、能力和知识的协调发展,也是人的自然素质、社会素质和精神素质的共同提高,同时还是人的政治权利、经济权利和其他社会权利的充分实现。

教育是人的全面发展和个性自由实现的重要途径。学校教育培养德智体美全面发展的人。不仅是贡献于每一个教育对象个体,也是对整个人类社会全面发展历史进程的巨大推动。所以，教育活动的革新与物质基础的变革、社会制度的变革一样，都是人的全面发展目标实现的重要条件，而将人的全面发展理论作为制定学校教育目标的指导思想是社会历史发展的必然要求。

2．多元智能理论

1967年，美国在哈佛大学教育研究生院创立《零点项目》，并由美国著名哲学家戈尔曼主持。《零点项目》主要任务是研究在学校中加强艺术教育，开发人脑的形象思维问题。哈佛大学霍华德·加德纳教授在参与此项研究中提出并着重论述了他的多元智能理论，定义智能是人在特定情景中解决问题并有所创造的能力。他认为我们每个人都拥有八种主要智能：语言智能、逻辑—数理智能、空间智能、运动智能、音乐智能、人际交往智能、内省智能、自然观察智能。而诸多种类的智能在个体上的发展水平是各不相同的。[1] 多元智能理论改变了以往用一把尺子衡量学生的标准，它的教学观和孔子"因材施教"的观点不谋而合，就是要尊重学生的差异，要求我们用赏识和发现的目光去看待每一个学生，挖掘个性特长，促进学生潜能的开发，最终使每个学生都能成为优秀的自己。

3．学校文化建设理论

英国人类学家泰勒认为文化是一个复杂总体，包含知识、信仰、艺术、伦理、法律、风俗以及个人习得的能力和形成的习惯。[2] 诸多国外学者都认可，文化是指人类创造出来的、可以通过学习获得并为后人学习和传递下去的一切物质和非物质产品。[3]

学校是维系现代社会的重要文化场所，在我们创造并生活于其中的社会世界，学校享有正式、正统的文化地位，被赋予广泛的社会合法性和强大的社会公信力。加上学校教育是在固定的场所和时间内，由专职人员和专门教育机构，对学生的身体、心理、思维和智力发展施加影响，促使他们朝着期望方向变化的活动。这使得学校的文

---

① 朱晓.造型艺术与创造能力培养[J].发明与创新,2005(3):35.
② 郝本发.文化因素和语言教学[J].外语与外语教学,1989(5):39.
③ 侯文华.从文化的正向功能看先进文化的特征[J].零陵学院学报,2004,25(4):117.

化建设能够对社会稳定、秩序平衡、行为规范、道德礼仪等产生巨大的作用。由此可见,教育不仅具有教育功能,还发挥着重要的文化续构功能。①

郑金洲认为学校文化建设具有自觉性,是有目的、有意识地进行建设;具有集中性,集中于一定年龄、一定场所进行传承;还具有有效性,即有专人引领,有经费支持,可广泛传播优秀文化,整体提升国民素质。

卢元锴认为学校文化是学校全体成员在教育教学和管理实践中逐渐积累和共同创造生成的价值观念、思维模式、行为方式及其活动结果,其以具有特色的学校精神、学校制度和物质形态为表现形式,影响和制约着学校全体成员的思想和行为。

二、研究设计与路径

(一) 研究设计

1. 研究目标

(1) 通过对学校文化"以艺辅德,以艺促教"内涵的研究,总结本校"艺术育人"的经验,揭示其内在的育人意义和精髓,在此基础上创造性地传承并发展"艺术育人"学校文化。

(2) 通过学校艺术文化环境创设、艺术文化课程构建、艺术文化课程实施方式创新、课堂教学改进、艺术文化活动浸润等方面的研究,不断完善"艺术育人"学校文化的实施路径。

(3) 通过"艺术育人"学校文化续构的实践研究,使学生能拥有一项或多项艺术技能,师生有基本的艺术欣赏能力和素养,树立追求真、善、美的进步价值观,使艺术文化成为师生的一种生活方式,形成特色鲜明的"艺术育人"学校文化。

2. 概念界定

(1) 艺术育人:学生通过学校的艺术教育活动,受到真、善、美的熏陶和感染,思想上受到启迪,实践上找到榜样,认识上得到提高,在潜移默化中,其思想、感情、理想、追求发生深刻的变化,从而正确地

---

① 李令永.学校的文化功能——一种社会学的视角[J].教育理论与实践,2010(4):22.

理解和认识生活，树立起正确的、积极的、进步的世界观、人生观、价值观，获得不断调整、提升自身适应社会的基本生存与生活的能力，塑造健康的积极的生理、心理和精神基础。

（2）学校文化：学校文化是学校全体成员在教育教学和管理实践中逐渐积累和共同创造生成的价值观念、思维模式、行为方式及其活动结果的集合，其以具有特色的学校精神、学校制度和学校课程等物质形态为表现形式，影响和制约着学校全体成员的思想和行为。

（3）文化续构：学校文化的教育功能需要根据国家文化建设、学校发展、学生现状等多方面要求对传统文化、行为规则、社会秩序乃至核心价值观进行一种创造意义上的继承和发展，这就是学校文化的续构。续：延续，传承。构：建构，发展。本课题中的文化续构指的是学校秉承"以艺辅德，以艺促教"的文化传统，坚持普及与提高相结合的艺术教育发展思路，并在原艺术教育项目、载体和活动上有所发展，从艺术文化特色项目建立到校本艺术文化课程架构；从校内艺术文化活动开展到校外艺术专业场馆学习；创设符合时代精神和创新要求的校园艺术文化环境；打造跨越围墙的艺术课程实施方式，拓宽师生的艺术文化学习视野。让学生通过学校艺术文化教育学会做人、学会学习，具有至少一项艺术技能，并获得快乐、幸福的成长感受，使艺术文化成为师生的一种生活方式，真正使"以艺辅德，以艺促教"成为学校文化内涵。

3. 研究内容与方法

（1）研究内容

● 基于文化续构的"艺术育人"学校文化内涵与价值研究

○ 梳理学校文化传统，了解学校艺术发展历程。

○ 传承与发展"以艺辅德，以艺促教"的学校文化内涵与价值。

● "艺术育人"的学校文化课程建设的研究

○ "梦工厂"课程框架构建研究

○ "梦工厂"课程教材开发研究

● "艺术育人"的学校文化实施路径的研究

○ "艺术育人"的学校艺术环境浸润研究

● "艺术育人"的学校艺术物质环境浸润研究

●"艺术育人"的学校艺术人文环境浸润研究

○"艺术育人"的学校文化实施路径的研究

●艺术课程实施的研究:从校内课程实施走向与校外文化场馆、艺术场馆相结合的实施。

●艺术课程活动方式的研究:从教师为主传授走向学生主动体验、探究,以及社会专业人员的指导。

●学校艺术活动参与对象的研究:从学生社团活动的对象走向通过课程的渠道全校师生共同参与。

●学校艺术文化浸润面的研究:从校园内对学生的艺术浸润走向校外家长、社区共同参与,给予学生艺术文化影响。

（2）研究方法

●文献研究法:通过搜集、鉴别、整理文献,对我校传统文化进行梳理。并结合学校实际,完成对"艺术育人"学校文化内涵与价值的研究。

●参与性观察法:通过参与观察对象的艺术教育活动,缩短观察者与对象之间的心理距离,在与观察对象一起活动中获取有价值的材料,达到观察的目的。

●行动研究法:在真实的学校文化情景中,研究者按一定的操作程序,综合运用多种具体的研究方法及技术,以解决文化建设中的实际问题。

●经验总结法:研究者根据学校艺术教育活动实践所提供的事例,按照科学研究的程序和一定的研究方法,分析概括"艺术育人"学校文化续构的研究过程,揭示其内在联系和规律,使之上升到教育理论的高度,并对实践经验、教训进行总结、反思。

●个案研究法:以个别艺术教育教学和活动案例为研究对象,搜集有效、完整的资料,进行全面而深入的研究,揭示个案形成的变化特点和规律以及影响个案发展的因素,并提出相应的对策。

（二）研究路径

基于艺术与育人、学校与文化、社会与责任等多方面的思考与认识,我们试图通过课题研究的方式,创新性地研究学校文化续构的内涵,探索学校艺术育人的实践,追求学校艺术教育的价值。

1. 研究思路

● 通过梳理"以艺辅德，以艺促教"的学校文化内涵与价值研究，总结本校"艺术育人"的经验，融合真善美的追求、当地文化的精髓、本校历史的叙事等文化要素，在此基础上传承并发展性地进行学校"艺术育人"的文化续构。

● 通过学校的"艺术育人"：创建校园艺术环境，即艺术物质环境浸润与艺术人文环境浸润；"艺术育人"的学校艺术课程体系建设研究，即"艺术育人"的学校艺术课程框架构建研究、"艺术育人"的学校艺术课程教材开发研究、"艺术育人"的评价研究，探讨学生艺术素养与学生行为习惯和综合素质发展的关系，传承并创建具有生成性的艺术育人的目标与培养机制。

● "艺术育人"的学校文化实施路径的研究。艺术课程实施的研究：从校内课程实施走向与校外文化场馆、艺术场馆相结合的实施；艺术课程活动方式的研究：从教师为主传授走向学生主动体验、探究，以及社会专业人员的指导；学科课堂教学艺术的研究：从追求教学有效性走向在有效教学的基础上追求教学艺术，使教学过程有沁人心灵的美感与乐趣；学校艺术文化浸润面的研究：从校园内对学生的艺术浸润走向校外家长、社区共同参与，给予学生艺术文化影响。

我们在课题研究中特别关注在"艺术育人"文化建设过程中学生的体验、探究、感知、创造等经历，以艺术素养引领学生追求真、善、美的生活价值，保障"以艺辅德、以艺促教"的学校文化续构和课程管理。

2. 研究历程

三年的课题研究，我们脚踏实地，一步一步走过。在课题设计初，我们先回顾梳理学校"艺术育人"的经验，然后厘清界定了学校文化发展的内涵，再从学校顶层设计"艺术育人"学校文化续构的实施框架，开展"艺术育人"学校文化续构的实施路径研究，反思、调整"艺术育人"学校文化续构的实践过程，取得"梦工厂课程"方案、教材、案例、活动方案、评价方案等成果，总结、整理、提升研究成果，撰写研究报告。至此，我们觉得本课题的研究路径与方法是清晰、恰当的，研究过程是艰苦的，研究成果是可观的。我们经历着这样的课题研究，我们享受着学校发展的幸福。

第一阶段:研究准备阶段(2012.4—2012.9)

● 2012 年 4 月,成立课题研究组,初步制定课题方案。2012 年 5 月完成市级课题申报工作。

● 2012 年 9 月 17 日,召开了课题的开题专家指导会。会议邀请了原上海市教育科学研究院普通教育研究所所长胡兴宏、《上海教育科研》副主编张肇风、普教所普及指导室冯明、上海教育杂志社副总编沈祖芸等专家出席了会议,为课题把脉,使课题今后研究的落脚点更为精准和贴切。

● 2012 年 9 月 27 日,召开了课题的开题会议,听取了原黄浦区教师进修学院副院长徐崇文老师、教科研室主任李金钊老师、科研员朱崇福老师等专家对课题开题报告论证意见,对今后具体的研究过程和质量保障方面给予了深度的指导。

第二阶段:研究实施阶段(2012.9—2014.6)

● 2012 年 4 月,开展"走进民俗·亲近家人·感受亲情"主题活动。

● 2012 年 10 月,课题组根据专家建议,修改和调整了课程实施方案。

● 2012 年 11 月,新加坡耘青中学古筝团来我校与我校民乐团成员进行学习交流活动,双方学生切磋琴艺,互动游戏,在民族音乐文化的熏陶中寻找追求真善美的共鸣。

● 2013 年 9 月,学生在"浓情中秋,幸福团圆"主题活动,获得了一次中国民俗节日的难忘经历。

● 2013 年 10 月,课题组构建了"梦工厂"校本艺术课程体系,完成了《漫步艺宫》、《五彩创意》、《书画童缘》、《童声飞扬》、《民俗情艺》等校本分课程方案,并出版了相关教材。

● 2013 年 11 月 27 日上午,学校承办了"场馆教育充实美术课程教育、落实学科育人价值"——暨董二小学美术学科展示活动的市级主题教研活动。课题研究的初步成果得到了上海师范大学胡知凡教授、中华艺术宫朱刚先生、各区县美术教研员的高度评价,大家认为其充分体现了学校多年来坚持利用艺术场馆进行育人，打造跨越围墙的美术"大课堂"的成果，真正彰显学校"艺术育人"的办学特色，推动学校的内涵发展。

● 2014年5月20日，学校参与了区教科研室组织的课题中期汇报。区教师进修学院院长奚晓晶、副院长邢至晖等专家出席了这次会议，并对本课题取得的阶段性成果给予了肯定，提出了很多建设性的意见。

● 2014年12月16日上午，在我校举行了"阅读贺友直先生的老上海记忆描绘新上海人的老城厢故事"——上海市2014年基础教育场馆教育课程建设项目交流研讨活动。会后，专家进行了精彩的点评，肯定了学校"从大师身上找灵感，以童心慧眼创画作"的想法以及小组合作、独立创作的两种方式对连环画创作的作用。

● 2015年2月，"红红火火过大年"主题活动，第一次使用和实践《民俗情艺》校本教材，取得良好的效果。

第三阶段：研究总结阶段（2014.7—2015.6）

● 2014年12月，学校开展了主题为"课堂教学的艺术"教师案例评选活动。

● 2015年5月，学校开展主题为"我们眼中的校内外艺术教育活动"学生、家长、教师征文活动。

● 2015年6月，课题组对所收集的资料、典型案例、征文以及其他研究素材进行分析、比较，整理，进一步理清思路，通过理性的认识和思考，梳理课题研究全过程中的一系列成果，从中引出结论。

● 2015年7月—10月，课题组对课题进行全面总结和提升，撰写《"艺术育人"学校文化续构的实践研究》课题研究报告。

● 2015年1月—11月，完成《艺术，点亮梦想》课题研究成果的编写工作。

三、研究成果

（一）"艺术育人"学校文化课程开发研究

回溯历史，作为一所百年老校，黄浦区董家渡路第二小学有着深厚的文化底蕴，秉承"以艺辅德、以艺促教"的办学传统，形成了民乐、儿童画、合唱等传统项目和课程雏形。在当今"一切为了学生的终身发展"教育理念的指引下,百年老校该走向哪里才能愈久弥新？怎样的课程才能适应学生个性化发展？怎样的学校文化才能为学生终身发展奠定基础？于是,学校的"梦工厂课程"应运而生。

我们把校本艺术文化课程取名"梦工厂",一是因为学校本是师生梦开始的地方:童年的梦想是最丰富,最美好的,快乐学习,幸福生活,是学生的梦想;发挥自己的教学特长,实现自己的教育理想,是老师的梦想;为孩子们开发一套编织梦想的课程,使学校成为学生梦想起飞的乐园,是学校的梦想。二是因为学校通过整合各方教育资源,创新课程实施方式,创设艺术育人的学校环境,开展各种校内外艺术文化活动,搭建更广阔的展示平台,使学生在学校教育中编织自己的梦想,追寻自己的梦想,实现自己的梦想。"梦工厂课程"的开发,圆了学生、教师、学校的一个共同的梦想。

1."梦工厂"课程建构的理念

（1）理论依据

● 艺术教育的育人功能

《中共中央国务院关于深化教育改革全面推进素质教育的决定》中指出,"中小学要加强音乐、美术课堂教学","开展丰富多彩的课外文化艺术活动"。而艺术教育的育人功能自古以来,得到了古今中外许多教育家的推崇。[①]

我国古代教育家孔子提出了"兴于诗、立于礼、成于乐"的思想。[②] 在孔子看来,"乐"是造就个人完美性格的最终环节,"乐以冶性,故成性变修身也"。"乐"之所以有如此大的威力,是因为它对人的道德教育,不是靠外在的强制,而是"寓教于乐"、"潜移默化",以自然之美感化人之性灵,使"仁"成为人之内在情感的自觉要求。

---

① 国务院关于深化教育改革全面推进素质教育的决定.中共中央国务院关于深化教育改革全面推进素质教育的决定[J].内蒙古教育,1997(7):3—7.

② 姜国钧.兴于诗立于礼成于乐——孔子的诗教礼教乐教思想及其当代意义[J].现代大学教育,2003(2):41.

　　我国现代著名教育家蔡元培先生认为，艺术教育除了具有直接的审美功能外，还具有"辅德"、"益智"、"健体"的功能，"辅德"可以起到以美启真、以美导善的作用。

　　科学家李政道先生曾说："科学与艺术事实上是一个硬币的两面，它们源于人类活动最高尚的部分，都追求着深刻性、普遍性、永恒和富有意义。"①

　　古希腊教育家柏拉图认为，"节奏与乐调以强烈的力量浸入心灵深处，如果教育的方式适应，它们就会以美来浸入心灵深处，它就会因此而美化，……受过良好音乐教育的人可以很敏捷地看出一切艺术作品和自然界事物中的丑陋，很准确地加以批评，但一看到美的东西，他就会赞赏他们，很快地把它们吸收到心灵里作为滋养。因此，自己的性格也变得高尚优美。"②

　　苏霍姆林斯基曾说过，"艺术教育能提高人们的思想素养，可以使人变得高尚起来。"

　　● 艺术教育对人全面发展的意义

　　席勒较早从人的全面发展出发，提出了独特的美育思想。他认为："有促进健康的教育，有促进认识的教育，有促进道德的教育，还有促进鉴赏力和美的教育。这最后一种教育的目的在于，培养我们的感性和精神力量的整体达到尽可能和谐。"③

　　（2）实践理念

　　我校以《上海市中小学艺术学习领域课程指导纲要》提出的"艺术体验与实践要求"为依据，结合学校原有艺术教育基础，续构"艺术育人"学校文化，以艺辅德，以艺促教，确定在艺术技能的习得中养成学习的习惯，学会学习的方法，使我们的学生具有基本的艺术欣赏能力和素养，最终培育健全的人格。

---

　　① 张志伟.科学之是与艺术之在[J].博览群书，2002(9).

　　② 刘新新.音乐欣赏教学模式对学生个性发展的影响[J].科技视界，2014(31):246.

　　③ 马彦培.浅谈美术课在初中教育中的作用[J].中学生阅读:高中教研版，2013.

2. "梦工厂"课程及分课程目标

表1 "梦工厂"课程及分课程目标表

"梦工厂"课程目标	
★ 落实"艺术育人"学校文化的内涵,依托学校教师的资源,根据我校学生的现状与需求,开发适合本校实际及师生发展的"梦工厂"校本艺术课程。 ★ 开拓艺术文化教育的时间和空间,创建丰富的校园艺术环境,建立专业艺术教育基地,创设开放的课程环境,形成富有个性的开放的有效的课程实施路径。 ★ 使学生能拥有一项或多项艺术技能,有基本的艺术欣赏能力和素养,树立追求真、善、美的进步价值观,在高尚情操的陶冶中,使艺术文化成为学生的一种生活方式,完善学生人格,以此形成特色鲜明的"艺术育人"学校文化。	
课程内容	**"梦工厂"分课程目标**
电脑绘画	☆ 尝试运用 Artrage 电脑软件中的各种工具进行电脑绘画的创作。 ☆ 学习电脑美术欣赏和评述的方法,丰富视觉和审美经验,体验电脑美术活动的乐趣,表达自己的情感和思想,获得对美术学习的持久兴趣。 ☆ 在学习过程中,激发创造精神,形成基本的美术素养,陶冶高尚的审美情操。
少儿陶艺	☆ 了解陶瓷器皿的烧制过程,感受我国历史悠久的陶瓷文化。 ☆ 通过泥团、泥条、泥板三种陶艺技法的综合学习,学会简单地制作身边的小物件,感受玩泥的乐趣。 ☆ 在泥塑活动中,提高审美情趣,培养动手能力。
五彩创意	☆ 初步认识形、色与肌理等美术语言,学习使用各种工具,体验不同媒材的效果,通过看看、画画、做做等方法表现所见所闻、所感所想的事物,激发丰富的想像力与创造愿望。 ☆ 学习对比与和谐、对称与均衡等组合原理,了解一些简易的创意和手工制作的方法,进行简单的设计和装饰,感受设计制作与其他美术活动的区别。 ☆ 观赏自然和各种美术作品的形、色与质感,能用口头或书面语言对欣赏对象进行描述,说出其特色,表达自己的感受。

(续表)

课程内容	"梦工厂"分课程目标
书画童缘	☆ 通过学习知道常用的书画工具,了解基础的书画知识。 ☆ 掌握书法、国画中基本的运笔、用墨等技法;熟练运用书画工具以个人或集体的方式创作书画作品。 ☆ 体会汉字文化的博大精深,领略书画艺术的奇妙,感受"书画同源"。
童声飞扬	☆ 了解歌唱的基本知识与技能,学习基本的声乐发声方法。 ☆ 培养学生相互协作的团队精神,参与各种练声和作品排练活动,个人融入集体中得到升华和陶冶,为他们未来协调、和谐的发展奠定基础。 ☆ 通过合唱团队活动对学生进行审美教育,培养其喜爱音乐的兴趣,提高其对歌曲的表现能力,丰富其思维能力,激发、振奋孩子们乐观向上的精神。 ☆ 开拓音乐课堂的时间、空间,学生在合唱团队中懂得聆听、懂得合作、懂得声部的和谐相处,在学习歌唱的过程中听见美,找到美,唱出内心的真、善、美。
悠扬民乐	☆ 通过小学民乐教育,让学生初步认识民族乐器,掌握基本的演奏技能,了解民族音乐。 ☆ 通过各种民族乐器演奏技能训练,提高学生演奏与表现能力,提升学生的艺术修养,提高人的整体能力。 ☆ 通过民乐团队活动培养学生坚强的意志,顽强进取的品质,具有团队合作精神。
沪语童谣	☆ 让学生在学、唱、玩中熟悉沪语并得到沪语方言的训练。 ☆ 以经典沪语童谣开展属地文化教育,帮助学生了解上海的城市文化特点。 ☆ 通过方言学习提高学生对上海的认知度,进而热爱上海,提升归属感。
课本剧表演	☆ 了解课本剧,学会简单的编写和创作。能比较准确地掌握语言的表达方式。 ☆ 通过自主、合作、探究的学习方式,感悟文本的内涵,从而提高学生的口头表达能力以及肢体表演能力。 ☆ 培养学生的创新意识、自主精神以及对祖国语言文字的热爱之情。

（续表）

课程内容	"梦工厂"分课程目标
漫步艺宫	☆ 了解美术基本知识与技能,学习基本的美术欣赏和评述的方法。 ☆ 通过场馆活动丰富视觉和审美体验,参与各种美术创作活动,利用各种工具、材料感受美术创作的乐趣,获得对美术学习的持久兴趣。 ☆ 通过场馆活动开拓学生视野、打开学生思维,激发创作潜能,提升学生的艺术素养,陶冶高尚的审美情操,完善人格。
民俗情艺	☆ 通过简单的 DIY 制作,了解中国的传统节日以及民俗艺术。 ☆ 创设体验教育的环境,在民俗艺术的多元互动 DIY 中,让学生真正感受中国传统民俗艺术的魅力所在。 ☆ 让每个学生获得成就感,喜欢上我们的"中国节"。

3. "梦工厂"课程框架和内容

"梦工厂"课程框架按艺术的创造方式来分,可以分为造型艺术、表演艺术、语言艺术、综合艺术。

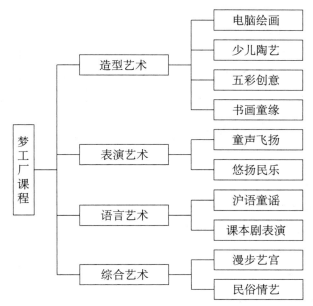

图 1 "梦工厂"课程框架内容图

4."梦工厂"课程的特色

"梦工厂课程"创设艺术教育的开放环境：课程利用校内艺术化的校园环境和校外丰富的社会文化资源，创设了开放的艺术教育环境，诸如：学校电子阅览室共享网络平台资源、学校附近社区在地文化资源的运用、艺术教育实践基地以及上海美术馆新址中华艺术宫儿童美术馆开幕展——《绘·出彩》等。

"梦工厂课程"创新了课程实施方式：学生多次和艺术场馆的亲密接触，能打开学生学习的时空，拓展学习方式，让艺术课堂伸向更广阔的领域，这种开放式的、场馆式的多元课程实施方式能激发学生艺术学习的热情，增强艺术创作的欲望，感受海派文化的魅力。

"梦工厂课程"注重学生的实践体验：课程给学生提供了多元的教学活动体验、丰富的艺术创造形式，打开了学生艺术创想的空间，让学生自主选择，在体验中感受美的真谛，在尝试探索中培养创新意识、在实践中发展动手能力。

"梦工厂课程"提供多样的艺术生活经历：开展校内外丰富多样的艺术活动，让看看画展、听听音乐、聚会沙龙、参观展馆、参加艺术展示成为学生经常性的一种生活方式，使艺术文化浸润学生的情怀。

"梦工厂课程"享受了梦想成真的快乐：在艺术教育中既有名家名作名曲欣赏、又有学生自主创作体验，学校艺术教育创设的校内外各种开放的环境给学生提供了一个展示个性和才能的舞台，使其体验成功的滋味，享受梦想成真的快乐。

5."梦工厂"课程的课程资源

"梦工厂"课程内容从国内外儿童节目内容中选用，与现用的小学艺术教材，与在地艺术场馆、在地文化，传承中国传统艺术项目等进行多方面整合、开发。

6."梦工厂"课程设置及课时安排

"梦工厂"课程为了使每个学生在校五年的时间中能学习到每一门课程，采用了灵活多样的课程设置，分年级进行安排。"梦工厂"课程实施有的穿插在基础性课程中，有的落实在快乐活动日中的探究型和拓展型课程中，也有的与社团活动、社会实践活动相结合。

表 2　"梦工厂"课程设置及课时安排表

	年级	基础型课程课时	拓展型课程课时	探究型课程课时	其他
悠扬民乐	一		20	20	32
书画童缘	二		20		
沪语童谣	二			20	4
童声飞扬	三		20		32
五彩创意	四		20		
课本剧表演	四			20	
电脑绘画	五		20		
漫步艺宫	一—五				32
民俗情艺	一—五	8	8	8	8
少儿陶艺	二—五	6			6

7. "梦工厂"课程评价

（1）评价理念

艺术教育过程是一个复杂的循环的欣赏、创造、再欣赏、再创造的过程，一件艺术作品的诞生包含着作者和观众的共同艺术体验。因此，本课程确立了多元化、开放性的评价理念，运用动态的评价方法，对学生的艺术学习过程中知识、技能、情感与价值观进行三维评价。

（2）评价内容

"梦工厂"课程是学校校本艺术文化课程。艺术学习比一般的知识学习更强调个性化特征，而不追求结果的一致性，更关注的是学生在艺术活动中如何发挥自己学习的主动性、想象力、创造力和交流合作能力等，倡导个性化的学习方法。因此梦工厂课程的评价不仅仅关注对学生艺术知识与技能掌握程度以及整体艺术能力发展水平的评价，更多的是关注学生对丰富多彩的艺术学习过程、学习情境的体验和感受，针对学生通过艺术学习，在文化修养与情感、态度、价值观等人文素养上获得发展性评价。

（3）评价记载

"梦工厂"课程的建立由学生、家长、教师、专业人员共同参与的自评、互评、他评等多种交互评价方法，评价记载形式有学习任务单、自评表、互评表、成长档案袋等。不同的课程可以选择使用。

●学习任务单

教材中的学习任务单，除了教学内容的展现、知识点的归纳、学习方法的指导之外，还有学生的感言部分，既记录了学生对活动的感受，又包含了多方面的评价，注重对学生学习过程性评价。有的教材中"学习任务单"设计成活页的形式，是学生整个学习活动的指南与活动过程的记载，包含教师的温馨提示，活动过程的记录，"星星榜"即学生的自我评价表，学生作品的分享，互动留言，在"我的足迹"里填写参与活动的时间、内容，并附有相册粘贴学生活动照片，与大家分享自己的艺术创作过程。

●自评表

学生对自己学习兴趣、学习体验、学习经历、学习能力等多方面进行自我评价，从而激励学生积极参与艺术活动，表达自我的内心体验。

●互评表

互评可以是老师的留言，或者可以请同学、家长、专业艺术场馆的志愿者等他人写写感言，对学生的活动从学习态度、参与意识、学习能力、合作精神、审美情趣、兴趣爱好、情感和价值观等方面的发展予以个性评价。

●成长档案袋

保存学生课程学习中的各种文字和资料，包括个人资料、家长寄语、我的作品、我的收获、获奖证书、活动照片等等，帮助学生整理记载学习过程中的成长轨迹，感受学习过程的喜怒哀乐，体验老师对自己的引导，父母对自己的呵护，留下成长的足迹。

（4）评价形式

●活页＋绘本评价

活页＋绘本评价注重评价的发展性。《漫步艺宫》课程中每一次课程实践都会有一张活页学习任务单，要求学生在活动后完成填写。在毕业前期，把小学时期参与《漫步艺宫》的所有"学习任务单"剪下，由学生自己进行封面设计，自己装订成册，制作成专属于自己的、独一无二的《我的艺宫之旅》绘本。这样的呈现方式，是学生学习经历的记载，也是学生发展足迹的记录，更是学生自我价值的体现。

● 档案袋综合评价

档案袋综合评价注重评价的过程性,及时地反映学生学习中的情况,促使学生对学习的过程进行积极的反思和总结。《五彩创意》课程在每单元结束都从"我的参与"、"掌握新知"、"完成情况"、"作业效果"四方面对学生的课程参与度、新工具、材料的使用情况、作业完成的情况以及作品的好坏进行评定。同时,还采用档案袋的形式将学生整个学习过程中的作业、作品、精彩瞬间、学习心得等保存下来,真实记录下了学生当时的心情和体验感悟。

● 感言式评价

感言式评价注重评价的体验性。《民俗情艺》课程激发孩子对生活的热爱,对中国民俗的了解,在活动体验中,让每个同学都获得成就感。在整个课程实施过程中,注重学生的自我感悟和评价,在每单元结束后不仅有对情感、技能的自我评价,还有在教师帮助下的感言式评价。

● 表演展示评价

表演展示评价注重评价的表现性。《书画童缘》通过学生的想象,把书法的流动线条产生的抽象美和中国画的意境美合二为一,学生创造的作品在创意书画室的展示墙、展示柱,教学大楼拐角处的艺术窗布展,评价展现了学生学习的成就。《童声飞扬》通过歌唱表现,从音色、音准、表情、动作、合作等外部行为评价学生的课程学习表现,使学生感受音乐的美妙、声部的和谐、同伴合作的愉悦。

(二)"艺术育人"学校文化实施路径的研究

1. 学校环境创设烘托艺术氛围

著名教育家苏霍姆林斯基曾经说过"学校的物质基础是对学生精神世界施加影响的手段。"[1]一个与教育教学工作相协调的育人环境,可以潜移默化地陶冶学生的情操,塑造学生美好的心灵,培养学生优良的品质。当今,环境育人功能已被越来越多教育同行所认同,

---

[1]　李志文.对提升学校环境育人功能之我见[J].课程教育研究:学法教法研究,2014(17):281.

良好的艺术性校园环境具有导向功能、激励功能、凝聚功能、美育功能，这些育人功能的发挥需要学校的精心设计和规划。

（1）创设"艺术育人"的物质环境

学校作为教书育人的地方，校园环境是学校文化最为直接的体现，校园中的每一座建筑、每一堵墙，每一块砖，都能成为一种思想的传递，一种文化的表达。它以其独特的风格和文化内涵，以"无声胜有声"的育人效果，熏陶感染着师生的观念和行为，丰富净化着师生的灵魂。

学校用学生自己的艺术作品，通过学生自己布展，创设了富有童趣和艺术气息的环境，引领学生的审美情趣。学校外墙上，一颗学生创作的俏皮艺术豆头顶音符尾巴，一手拿着彩色画板，一手高举艺术神笔，在五线谱上欢快舞动，如同学生们快乐而又精彩的校园生活；学校教学大楼五彩墙面，使学生置身于梦幻世界，那是孩子们的梦想校园；每个楼面拐角处都有一堵艺术墙：一楼艺术教育，二楼书画童缘，三楼创意美术，四楼电脑绘画，五楼造型天地，分别述说着孩子们的艺术教育经历；走廊、过道上所有画框展示的既有学生们的课堂习作，也有在国际、全国、市区各类比赛中孩子们得奖的作品，它是学校最亮丽的一道风景；专用教室韵味浓浓，墨香飘逸的创意书画室，现代时尚的电脑绘画室，丝竹琴韵的民乐训练室，浩瀚星空的自然实验室，更有风格变换无穷的小型展览厅，布展着学生自己创作、临摹的优秀作品，给予学生不一般的成功体验……

艺术而又充满童趣的校园环境，有利于完善学生心理、生理结构，对启迪学生智慧、规范学生行为、形成向善向美的价值观起着至关重要的作用。不仅使学生自觉产生学习的动机和愿望，进行快乐的创造性学习，更可以陶冶学生的审美情操，使他们赏心悦目、心旷神怡、积极进取、开拓创新，收到"桃李不言，下自成蹊"的育人效果。

（2）创设"艺术育人"的人文环境

学校文化互动性、渗透性、传承性、自觉性的特点，决定了每个生活在学校中的个体，都会烙上学校特有的文化印记。而学校人文环境创设是学校文化建设的一项重要内容，是诸多文化在校园的每个地方、每位师生身上具体的自然体现；学校人文环境建设是一项系统工程，是一种全面的、有明确意识并具有深远战略意义的管理行为，是塑造师生灵魂、提高人才素质的精神阵地。

①　创立温馨教室,建设班级文化

班级文化建设,主要着眼于为学生的健康成长奠定丰厚的文化底蕴,提升学生的文化素养。我校的班级文化建设从温馨教室创立切入。

教室门口的展板:每个班级门口都有一块个性化展板。每块展示板,从中队的名称、目标、辅导员寄语和集体照都凝聚着班集体共识,承载着师生们共同愿景。每个班级在自主定义展板内容过程中,凸显的是班级精神和文化追求,是班级每一个成员共同意愿的体现,更是成员之间团队协作精神的一扇窗口。

创建橱柜文化:教室中每一个学生都有一个属于自己的铁皮橱柜,为了使它与众不同,"小小橱柜我作主"的系列活动开始了:针对一年级学生的年龄特点和学习习惯培养的要求,教师精心设计了"清洁我的小书橱"、"美化我的小书橱"、"爱护我的小书橱"系列活动,使学生学会生活自理、善于创作、富有情趣、相互欣赏,培育了一个温馨和谐、快乐互助的班级集体。

缤纷教室一角:有的班级设置图书角,橱柜上有学生喜爱的琳琅满目的图书,还开设读书专栏,开展班级读书交流沙龙,让师生进行心际交流;有的班级创设植物角,郁郁葱葱的花草带给了教室一抹绿意,一片生机;有的班级建立爱心小站,供应洗手液、公用纸巾、文具、一次性水杯、雨具等,让班级成员之间互相帮助,关爱他人;还有的班级拥有一个创意角,凡是学生自己制作的手工艺品、创作的绘画作品、泥塑作品都能放在这里,得到大家的欣赏……

②　艺术社团活动,营造文化氛围

学校有丰富多彩的校内外艺术特色活动,拥有合唱队、鼓号队、书画社、民乐队等学生社团,以及古筝、琵琶、拉丁舞、文博等教师社团。每个星期的社团活动日都能引来大量的"大艺术豆"和"小艺术豆"们,他们挑选着自己倾心的社团,和同伴们一起快乐地学习、体验、享受着艺术的熏陶,艺术文化如绵绵春雨浸润师生的情怀。

"艺术育人"的校园环境犹如一部立体、多彩、富有吸引力的动态教科书,具有奇特的感染力和约束力,陶冶着师生的情操,净化着学生的心灵。

2.课程实施方式跨越学校围墙

皮亚杰的建构主义理论认为儿童是在与周围环境相互作用的过程中，逐步建构起关于外部世界的知识，从而使认知结构得到发展。艺术教育过程是一种动态、变化、发展的过程，是极具开放性的教育过程。[①] 随着教育改革的深入，知识更新速度的加快，传统的学校艺术教育难以适应现有素质教育的需求，"冲破"传统课堂的围墙，拓展学生学习的环境，挖掘社会教育资源，创新教育活动形式，探索"超越围墙"的课程实施方式，能激发学生的学习兴趣，拓展体验感悟的渠道，开放学生的思维空间，激发学生创作潜能，体验艺术作品的魅力，提升学生的艺术素养。

（1）充分利用社会艺术专业场馆（上海美术馆、中华艺术宫、上海博物馆、上海动漫博物馆、上海东方乐器博物馆等）的社会资源，提供给学生一条进入艺术世界的道路，跨越学校围墙，走进艺术大课堂，在典雅优美的艺术氛围中，以独特的教育方式，使人在宽松的环境中潜移默化的接受高品位艺术的濡染。

（2）创建"艺术大课堂"的教学活动形式

与建构主义学习理论以及建构主义学习环境相适应的教学模式为：以学生为中心，在整个教学过程中教师起组织、指导、帮助和促进的作用，利用情境、协作、会话等学习环境要素，充分发挥学生的主动性、积极性和首创精神，最终达到使学生有效地实现对当前所学知识的意义建构目的。[②]

在建构主义学习理论和教学模式指导下，学校根据艺术教育的特点，创建了以学生为主体的"师生互动三步骤"教学活动形式。

围绕艺术场馆的主题进行开放的、互动的实践活动，有较强的教学目的，因此整个教学过程中运用"师生互动三步骤"的教学活动形式。第一步：教师根据教学目标设计场馆活动方案，学生了解活动要求；第二步：学生一边听教师或专业人员讲解一边参观并记录；第三

---

① 林苗.建构主义的学习观和师生定位对当代教学的启示[J].亚太教育,2015(33):298.

② 管锦亮.从建构主义学习理论看新课改的误区及对策[J].中小学电教,2012(10):149.

步：学生进行活动反馈，反馈的形式有仿制或临摹作品，互相交流参观后感受，制作展板等，教师在此环节随时进行指导与激励性的评价。

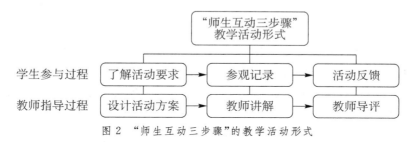

图 2 "师生互动三步骤"的教学活动形式

（3）构筑"自主四环节"的学习方式

学会学习是现代学习的一种新观点，所谓学会，不仅仅指学习者要善于选择学习内容、学习途径、学习形式，也指学习者要使自身的学习活动符合自己的个性。很多艺术场馆经常开展多种多样的主题活动，为学生创设了展示创造力的学习环境，教师应当引导学生掌握科学的学习方法，构筑发展学生个性的"学生自主四环节"学习方式。

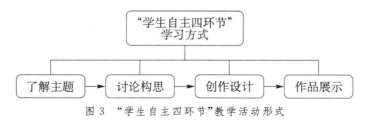

图 3 "学生自主四环节"教学活动形式

参与艺术场馆的主题活动是以学生为主的教学活动形式，以艺术创作基本规律为基础，分四个环节：学生首先了解活动的主题；其次是讨论构思阶段；第三是学生创作作品；最后是作品展示。

"超越围墙"的课程实施方式，帮助学生搭建自主表现的舞台，构筑了学生与社会的心灵桥梁，满足了学生的"自我认知"、"自我表现"和"自我发展"的需要；开放了学生的思维空间，激发学生创作潜能。在艺术场馆这样的课堂中欣赏和表现艺术作品，发挥各类艺术作品原作的巨大感染力，学生通过观摩、参观与体验，提高艺术欣赏能力、体验艺术作品的内涵。让不同程度的学生都能在自身基础上获得创新性的发展；体验了艺术作品的魅力，提升学生的艺术素养。

3. 学科课堂教学追求教学艺术

教育是一门科学，更是一门艺术。教学艺术是实践艺术和过程艺术的统一，也就是特定的教学价值观与特定的教学操作方式的统一，它从美学的角度揭示了教学活动中特有的艺术属性，因此具备了如形象性、情感性、审美性、创造性等艺术特点。教育家季米良捷夫说过："教师不是传声筒，把书本的东西传达出来，也不是照相机，把现实复写下来，而是艺术家和创造者。"①

学校教育的主阵地在课堂，这是教师与学生最直接、最亲密的交流场所。我们认为以艺促教的内涵是研究课堂教学中各个环节的教学艺术，体现形象性、情感性、审美性、创造性等艺术特点，使教学过程有沁人心灵的美感与乐趣。

教学艺术的情感性是指在教育教学过程中师生双方的教学活动是情感交流、心灵碰撞的过程。它追求以情优教，以情动人，用积极、高尚的情感去开发、激活受教育者的内在潜能；以积极、高尚的情感为主线，影响、改变、整合受教育者的态度、兴趣、动机、心理、意志力和智力等，以满足受教育者的身心和谐发展的需要。学科教师在备课时注重挖掘教材内容、鼓励情感参与、表现美好情感，课堂上用学生喜欢的方式，从感性入手，贴近学生生活，唤醒美好情感，运用已学知识，采用体验的方式，以情动人、以美育人。

教学艺术的形象性是指教师在课堂中运用生动、鲜明、具体的形象来达到教学目的，它是一种行为，是一切外观行为的综合表演。它借助语言、表情、动作、直观事物、绘画、板书及音响媒体等手段，对讲授的内容进行形象的描绘，把抽象的理论形象化，变为学生易于接受的知识。教师避免教学的枯燥无味，运用多种教学方法吸引学生的学习热情和主动性。思维导图作为一种教学策略和帮助学生认知的形象性工具，参与到教学过程来，借助思维导图，学生学习信息的收集、整理、且找到信息之间的内在联系，掌握了知识与结构，把握了细节，还生成了更为丰富的课程资源。

教学艺术的审美性是指教学活动以其激情洋溢的魅力给人带来

① 薛原.思想品德教师的教学语言艺术[J].中学课程辅导：教学研究，2015(12):92.

审美的感受。它体现在教师教学内容的科学美和教学表达的形式美。它包括教学设计美、教态美、教学语言美、教学过程美、教学意境美、教学机智美、教学风格美、教师人格美等，既是以提高教学质量为最终目的，又使教学具有了审美价值。其中，教师的板书能体现教学意图和思路，巧妙显示教学内容，帮助学生指点迷津，达成教学目标。在板书设计中，教师运用美学原理中的"空白美"，在课文关键处、连接处、比较处等地方有意微微闪开一道探未知的空白缝隙，造成学生接受上暂时"断流"，激发学生积极思考、丰富想象、自主学习，达到"领悟之源广开，纯熟之功弥深"的教学效果。

教学艺术的创造性是教学艺术最重要的特点，它首先表现在钻研教材创造性地思考，其次表现在创造性地设计教学实施方案，最后表现在教学方案组织实施的创造性。教师尝试着用教材教的创新，在自然、探究、美术等课程教学中，多次统整教材，根据不同班级以及学生元认知的基础，设计不同的教学方法，以学定教，创造性地进行课堂教学，才能使每个学生在课堂教学中得到最大限度的发展。

教学艺术是一种高度综合的艺术，属于教学实践活动的范畴。教学艺术不仅是教学方式与技巧的艺术，更是善待学生的艺术。心中藏着爱意和善意，有着民主和尊重，它一定会自然地流露。这种流露，便是一种至高的教学境界，一种至美的教学艺术。

4. 校园艺术活动浸润艺术情趣

"以艺辅德"的内涵是以最富于情感的、生动鲜明的艺术形象，直接向学生进行美的教育，需要有足够的平台供学生去实践艺术，从而让艺术育人的作用真正发挥出来。当学生对于艺术产生了一定感觉的时候，艺术自身的魅力将会很自然地影响学生的人生观和价值观。这种悄然间产生出来的思想判断对学生而言是愉悦的，也是最为有效的教育。

（1）艺术节

我校每年的五月至六月都会定期举行为期一个月的学生艺术节活动。艺术节以我校"懂礼仪、有情趣、乐创作、爱生活"艺术教育培养目标为宗旨，展示新的一年中学校艺术教育的成果，展现学生个性特长的才能，激发学生对艺术的兴趣，收获成功的快乐。

师生共设艺术节主题。每届艺术节我们都集思广益，在学生中征集金点子，师生一起设立当年的艺术节的主题，近几年来，艺术节的主题有"童心无限，我型我秀"、"艺术豆的七彩梦"、"我是艺术小达人"等，这些都来自于学生的创意。每次的艺术节的主题征集，学生们都会很兴奋，很自豪，自然对艺术节也充满了无限的期待。

搭建平台，展示才艺特长。艺术节是学生欢乐的节日，多姿多彩的活动形式总有一种适合你，创意瓷盘、扎染沙龙，歌词创编、体验DIY、摄影展览、沪语比赛、文艺汇演……在浓郁的艺术氛围中，刚刚接触艺术的学生也毫无羞涩之情，在学校搭建的广阔舞台上尽情展示自己的才能，体验艺术带来的欢乐和魅力。

师生同乐，共享艺术魅力。在艺术欢乐的海洋中，老师们也沉浸其中，展现各自的艺术特长：独唱、韵律操、相声、朗诵……每一个老师的节目都会赢得学生最热烈的掌声，台上的教师怎么和平时不一样了，孩子眼中充满了对老师们深深的敬佩和崇拜。特别是教师和学生的钢琴四手联奏、师生对唱更是轰动全校，凭着对艺术共同的喜爱，师生之情更加和谐、更加完美。

我校艺术节的活动带给了大家欢乐，也营造了一个良好的艺术氛围，提高艺术教育在全体学生中的认知度，增强吸引力，有效地提高了我校学生的艺术素养，培养了欣赏美、追求美、热爱美。

（2）艺术社团

学校的艺术社团起源于艺术兴趣小组。2008年，为了进一步提高学校艺术教育的层次，丰富学校艺术教育的内涵，让更多具有某一方面艺术兴趣的学生有提升的机会，学校在原有的一些优秀艺术兴趣小组的基础上成立了四个董二小学艺术社团，分别是：黄莺合唱队、小荷民乐队、铿锵鼓号队和七彩花画社。

黄莺合唱队是四个社团中规模最大的，群体性的歌唱艺术和谐的声音只是它的外表，其核心是团队精神，队员与指挥、队员和队员的默契让师生关系，生生关系更加亲密融洽。

小荷民乐队虽人数不多但乐器繁多，每天的晨练雷打不动，学生们在枯燥的训练中学会了坚持。在整个乐队的排演中，队员们体会到了合作的快乐，感受了团队的力量。

铿锵鼓号队的朝气蓬勃，让全体少先队员时刻感受到星星火炬的力量，感受到作为少先队员的自豪。

七彩花画社是四个社团中最为活跃的,他们校内学习,校外参观,参加各类高层次的比赛和展览,孩子们在跨越了围墙的艺术世界中尽情遨游,开阔了眼界,增强了胆量,美的创作逐渐成为学生们自觉的行为。

学校为艺术社团配备了资深专家、区级学科带头人和骨干教师,以此充实师资队伍,保证艺术社团活动的高质量。社团成员由学生自主报名和艺术学科教师推荐相结合,必要时还需听取班主任的意见,因此,学生都将进入艺术社团视作是一种荣誉,一种自豪。这些艺术社团的活动为喜欢艺术的学生提供了又一个学习提高机会,为学生的艺术特长形成提供了坚实的保障。

2012 年学校艺术领导小组根据艺术社团的实际情况,研究制定了《董二小学艺术社团管理办法》,旨在进一步规范艺术社团活动,形成激励机制,培养更多具有艺术特长的学生,丰富学生小学阶段的学习经历,努力让艺术活动成为董二学生未来生活的一部分,为他们的幸福人生增添一抹色彩。

（3）中国人过中国节

中国的传统节日承载着传统文化、传统民间艺术和传统礼仪。中国传统节日中包含着许多中国非物质文化遗产,有着很多的民间艺术,而这些民间艺术具有一般艺术不可替代的教育功能,它对提升学生的人格修养,促进学生心智发展,培养学生审美情趣有其积极影响。不同的节日,社会历史背景不一样、内涵也不一样,即使相同的节日在不同年龄段的活动要求、内容、形式等侧重点也不一样。学校根据学生的年龄特点以及生源情况,选取了"春节"、"清明"、"端午"、"重阳"、"中秋"五个传统节日作为学校传统文化的学习内容,设计了中国人过中国节系列活动。

中国人过中国节系列活动遵循着一个原则:将校内的艺术活动向校外延伸,向学生的生活延伸。为了让学生们更多、更好地了解祖国的传统民间艺术,我们结合两纲,用三级目标承载了五个节日的不同特色,根据知、情、行的育人维度制订了五个节日的活动框架,并在实施中不断进行调整和完善。

在开展"中国人过中国节"活动中,我们撷取了节日中的民俗元素,开设了不同的 DIY,让学生通过动手、动嘴、动脑,学习中国的民俗文化艺术,开发了《民俗情艺》校本艺术文化课程,编写了《民俗情艺》校本教材。

5.艺术活动评价享受快乐成长

教育部《关于推进学校艺术教育发展的若干意见》提出了"建立评价制度,促进艺术教育规范发展"的要求。① 2015年7月教育部印发了《中小学生艺术素质测评办法》《中小学校艺术教育工作自评办法》《中小学校艺术教育发展年度报告办法》三个文件,文件中指出"坚持以落实立德树人根本任务为出发点,以改进美育教学、提高学生审美和人文素养为改革目标,以科学性要求统领制度创新。"②"学生艺术素质测评应遵循艺术教育自身规律,既关注学生艺术课程学习水平,也关注学生参与艺术实践活动的经历;既关注学生的学习成果,也关注学生的学习态度;既关注对学生的基本要求,也关注对学生的特长激励。"我校为落实"艺术育人"目标,搭建了让学生展示艺术才能,表现艺术经历,享受成长快乐的评价平台,探索互动、自主、分级的评价方式。

(1)艺术活动的学生评价

《基础教育课程改革纲要(试行)》中明确指出,"评价不仅要关注学生的学习成绩,而且要发现和发展学生多方面的潜能,了解学生的发展需求,帮助学生认识自我、建立自信。发挥评价的教育功能,促进学生在原有水平上发展。"文化艺术活动是文化建设的重要组成部分,恰当地建立合适的评价平台,创造展示学生艺术才能的舞台,运用自主、互动的评价方式,可以使学生的情绪得以释放,个性得以张扬,好奇心得以满足,技能得以认可。为此,我校建立了"艺能之星"和"七彩小舞台"两大活动评价平台。

● 艺能之星

"艺能之星"产生于1990年,当时我校在保证完成小学教学任务的前提下,开始着眼于艺术特色教学的蓬勃发展。在学校"以艺辅德、以艺促教"的整体思考下,学校本着充分调动学生的潜能,使每个

---

① 中华人民共和国教育部,关于推进学校艺术教育发展的若干意见[Z].2014—5—8.

② 中华人民共和国教育部,关于推进学校艺术教育发展的若干意见[Z].2014—1.

学生能看到自己的进步,感受到成功的喜悦,向往美好的愿景,陆续对全校学生开设"绘画之星"、"民乐之星"、"舞蹈之星"、"声乐之星"、"泥塑之星"、"诵读之星"、"民俗之星"、"沪语小达人"等评选活动,从而构建起了"艺能之星"的评选活动,旨在挖掘学生的艺术潜能,提高艺术学习的兴趣。

　　● 七彩小舞台

　　"七彩小舞台"是我校热爱艺术生活的三到五年级的学生在学校阳光电视台为全校师生展示的一个舞台。在孩子们的眼中,艺术是七彩绚烂的,生活是七彩绚烂的,世界亦是七彩绚烂的,故冠名为"七彩小舞台"。七彩小舞台活动,以争奖章的形式来大力鼓舞队员全员参与。奖章名称和奖章标志的设计则由大队职能部发出倡议,各中队实施征集。以小队为单位设计,中队进行海选,再由大队职能部进行筛选。最终评选出七枚最美奖章。它们分别是:金手指章——全校参与评选最佳表演节目的同学均可获得;金嗓子章——适用于参加表演唱歌的同学;金舞鞋章——适用于参加表演跳舞的同学;金乐手章——适用于参加表演各种乐器的同学;金话筒章——适用于参加表演语言类节目的同学;金巧手章——适用于参加展示自己的编织、绒绣、剪纸、车模、烘焙等成品的同学;金书画章——适用于参加展示自己的书法、绘画作品的同学。通过这一舞台的展示,学生在体验中享受成功,增强自信,获得快乐,激励成长。

　　(2) 学习成果的布展评价

　　创作过程中布置展出也是艺术表现、艺术评价的重要环节,在布展活动中,我们关注的是评价的多元化与多样性,关注的是学生在布展过程中的体验与收获。

　　● 校园艺术环境布展

　　学校走廊展示的是学生们大量的课堂作业;拐角处的专栏布展展示的是孩子们参加合唱、民乐比赛的演出照片;会议室、接待室中布展展示的是学生创作的获奖作品;学校的多功能展示厅布置的《艺宫印象·走进中国动画》画展,也是学生们在专业场馆教育活动后创作的漫画形象,孩子们还在展板上写下了互动留言,表达了自己的心声。校园中的每一堵墙,每一处拐角,无不述说着我们的老师引导着学生以独特的视角与方式去感触艺术、理解艺术,留下的是学生自主探究、享受艺术的小小足印。

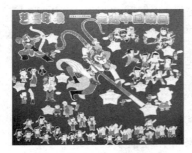

图 4 "艺官印象·走进中国动画" 学生布展作品

● 上海美术馆双年展布展

我校学生曾受邀参加了"快城快客"上海美术双年展之教育推广活动。通过艺术作品的布展制作，让世界各地的观众都来了解现今上海孩子的思想和生活方式，从他们的作品折射出上海地域的教育、社会、文化发展的现状，构筑起学生与社会的心灵桥梁。在这次活动中我校学生创造了一个新的记录——历年来双年展中年龄最小的参展"艺术家"。

图 5 "快城快客"美术馆中的家园 学生布展作品

● 中华艺术宫开幕展中的布展

2012 年中华艺术宫在原中国馆正式开馆，10 月 1 日我校学生电脑绘画、创意皮影、玻璃纸刮蜡画共 17 幅作品在中华艺术宫开幕式中展出。

图 6 玻璃纸刮蜡画作品和创意皮影作品

6. 缤纷教师活动浸润人文情怀

一个人的精神世界有三大支柱:科学、艺术、人文。科学追求的是真,给人以理性和智慧;艺术追求的是美,给人以感性和激情;人文追求的是善,给人以信仰和关怀。①

"艺术育人"的学校文化以"艺术教育"为切入点,使学生在艺术技能的习得中养成学习习惯,学会学习方法,形成艺术特长,在真、善、美的熏陶和感染中净化思想,完善品格,陶冶性情。

任何一项学校艺术教育活动都是审美再创造的过程,这当中包含了并非简单的审美心理因素和心理机制。教师是对学生开展艺术教育的主力军,其思想意识,言行举止都潜移默化地影响着学生。教师拥有较高的艺术素养,有助于对艺术的正确解读,对艺术时代特征的合理阐释和评价,更有利于艺术思想和教育观念理论的概括与升华,进而对教育艺术智慧整体把握。学校通过走进经典、影视欣赏、舞台表演、艺术沙龙、教师社团等丰富多彩的教师艺术活动,提高艺术素养,提升生活幸福指数,使艺术活动成为我校教师的一种生活方式。

人文教育通过把人类积累的智慧精神、心性精粹与阅读经验传承下来,以期使人能洞察人生,完善心智,净化灵魂,提高品位。它实际上是一种人性教育,它以探求真理、完善人格为宗旨,思索与探讨人类几千年积累下来的文化遗产,获得心性的纯洁与智慧的高扬,完成对经典文化、不朽文明的传承和续构。② 学校通过读书活动、网络论坛、人文讲座、追寻名师等多种路径,组织教师开展活动,厚实人文底蕴,提升人文智慧,培养创新意识,追求完美的个性。

教师自主发展目标的制定、实施、评价管理是我校师资队伍管理的一个特色,我校利用这一载体,指导教师制定以"教学艺术"为研究主题的自主发展目标,并以此引领教师探究学科教学艺术性,让高雅的艺术元素融入我们学校的学科教学,促进教师的专业化发展,享受职业成就感。

---

① 苏燕艳.人文素养与美术赏析[J].试题与研究:新课程论坛,2013(16):93.

② 雒淑华.高等教育的人文缺失[J].社会科学战线,2005:327.

四、研究成效

（一）续构学校文化，推动学校内涵发展

1. 续构了"以艺辅德，以艺促教"的学校文化实践内涵

三年多的课题研究，我们通过对学校办学传统、办学特色的认真梳理，对办学环境、办学条件进行客观分析，对学生和家长展开问卷调查，确定了以学校办学特色"艺术教育"为抓手，以特色项目—特色课程—学校文化为发展思路，诠释了学校办学理念与办学目标，续构"艺术育人"的学校文化。

2. 对"艺术育人"学校文化的顶层设计

三年多的课题实践中，学校对"艺术育人"学校文化进行了顶层设计，并体现在学校五年发展规划中。每学年制定切实可行的"艺术育人"自主发展目标，学期末在学生、家长、教师中进行相关问卷调研，向全体教师进行"艺术育人"学校文化小结汇报，并为新学年自主发展目标制定设定方向。学校制定了《董家渡路第二小学艺术教育奖励办法》、《董二小学艺术社团管理办法》、《董二小学艺术教育经费预算方案》、《董家渡路第二小学"城市学校少年宫"管理制度》、《董家渡路第二小学教师社团管理制度》、《董家渡路第二小学教学成果奖励办法》等一系列规章制度，以促进"艺术育人"学校文化活动良好开展。

3. "艺术育人"驱动并内化为学校文化的提升

"艺术育人"学校文化能让全体成员产生一种自觉和内驱力，并内化为具体的实践行动，让学生获得体验、提高、充实和幸福，让教师获得历练和提升，改善他们的生活和生命质量，同时也让学校得以长足的发展和提升。三年来，学校依托课题研究，探索、传承和发展学校文化的新途径，校本特色课程成果明显，艺术教育特色逐渐凸显，师生具有一定的艺术人文修养，喜欢参与校内外的各种艺术文化活动，学校整体办学水平提升，推动了学校的内涵发展，得到了教育督导部门社区和家长的充分肯定。学校获得上海市安全文明校园、上海市城市学校少年宫、上海市场馆教育基地学校、上海博物馆文博教育基地学校、上海市阳光伙伴健康指导站、黄浦区文明单位、黄浦区艺术特色学校、黄浦区教育科研先进集体、黄浦区行为规范示范学

校、黄浦区红旗大队等荣誉,并在全国、市艺术比赛中获集体奖7项。

（二）开发校本艺术课程,彰显学校办学特色

"艺术育人"学校文化的内涵与核心是"以艺辅德,以艺促教"。基于学校潜在的发展态势,学校的办学理念和办学目标,我们确立了"建立适合我校学生学习与发展的校本课程,以此激发与促进学生的内在潜能,发展学生的多元智能,丰富学生的精神生活,树立追求真善美的价值观,提升学生的人文素养"的课程观,根据学生、家长对艺术教育的向往和需求,教师对艺术课程的专业兴趣,共同开掘课程创新资源,挖掘艺术教学资源,开发了以艺术教育为元素的校本课程——"梦工厂课程",达成了"懂礼仪,有情趣,乐创作,爱生活"的教育目标,彰显了学校的办学特色。

（三）发展学校文化的实施路径,丰富育人实践

"艺术育人"学校文化建设的目标是提高审美情趣、掌握艺术技能、健康情感情操、创新思维方式、热爱中华民族,做一个"懂礼仪、有情趣、乐创作、爱生活"的董二学子。为此,我们从师生共创艺术环境、开发"梦工厂"艺术课程,追求学科教学艺术,开展校内外艺术活动,打造跨越围墙的艺术教育实施方式,实施多元多彩的艺术评价这六条路径来实现"艺术育人"学校文化对师生的浸润与熏陶。

（四）追寻自我价值,享受职业幸福

三年多的研究实践中,我校教师在校本艺术课程的开发、设计、实施及教材编写过程中,在校园艺术文化环境创设中,在各类校内外艺术文化活动的设计、组织和开展中走向了创新性的专业发展之路,提升了专业素养,实现了自我价值。7位教师编写了教材并正式出版。艺术教师成长迅速,参加全国各类比赛获20个奖项,在市各类比赛中获25个项奖,区级奖项5个。3篇艺术教育论文获全国等第奖,3篇论文获市级等第奖。季蓓蕾老师成长为区学科带头人,并进入上海市名师工作室深造;王俭老师成长为区骨干教师,她指导的创新课题连续三届入围上海市青少年科技创新大赛总决赛,连续两届获得上海市一等奖,她指导的学生连续四年入选上海市青少年科学

社研究会员。青年教师翁晓川成长为学校校骨干教师，进入黄浦区名师工作室学习，今年又被评为中学高级教师；青年教师徐忆和周瑞芝老师长期培育学生合唱团，形成了声乐指导的教学特色。

更多的教师在学校创设的古筝、琵琶、拉丁舞、文博、摄影、书法等教师社团中，打开眼界，走近艺术，走进艺术场馆，使艺术文化浸润情怀，达到"工作再忙心不忙，生活再累心不累，有空玩点小艺术"的幸福境界。

(五)　体验艺术创造，收获成长快乐

学校在2015年6月对全校学生和家长做了一次问卷调查，学生参与率100%，家长参与率98%。学生问卷从三年来学生对艺术项目的喜好、对学校艺术活动的参与、对今后艺术学习的需求三方面设计了8道选择题。家长问卷从家长的基本情况、对孩子学习艺术的态度、对学校艺术教育的期望三方面设计了15道题，1—14为选择题，15题是开放的问答题。

调查结果说明家长对我校艺术教育定位在陶冶情操，培养心性和爱好这点非常赞同。我校学生和家长喜欢艺术教育，对将来学习艺术也有一定的要求和规划，这显示我们通过艺术教育达到育人目标的课题研究方向十分正确，符合学生和家长对小学艺术教育的需求，"艺术育人"学校文化建设已经打下了扎实的基础；学生对艺术活动的热衷与对学校艺术课程实施路径的喜欢是相吻合的。学生喜欢学习艺术技巧，也喜欢参观、欣赏艺术展览，而模仿和创作的作品更使学生获得无与伦比的成功体验；学校的艺术特色得到了学生和家长们的认可。学生和家长对于最想学的本领选择的都是我校艺术方面的传统强项，说明我校的艺术办学特色已经被学生和家长熟悉，并得到了他们内心的认可；学生家庭经济条件决定对艺术学习在经济上支持力度小，艺术教育学习对学校的依赖程度比较高。

以"懂礼仪，有情趣，乐创作，爱生活"为目标，丰富多彩的艺术文化课程、富有创意的艺术教育环境，朝气蓬勃的校内外艺术文化活动引领着我们的学生在润物细无声的文化环境中感受美、表现美、鉴赏美、创造美，获得了太多成长的快乐，成功的喜悦。三年来，我校学生在艺术学习方面取得了可喜的成绩，学生参加全国、市各类艺术比赛获奖 245 项；在黄浦区各类艺术活动比赛中获奖 45 项。其中的小荷民乐队和黄莺合唱团在黄浦区学生艺术节连续三年获一等奖。

课题的研究成果显示：在"艺术育人"学校文化的续构中，在艺术教育无形的熏陶中，董二的师生提升了审美情趣，汲取了传统民俗文化的养分，提高人文素养，引领学生追求真、善、美的生活价值，落实了育人的根本任务。

第一章　艺术·心灵的向往

第一节　百年回眸　倾听历史的声音

美丽的黄浦江畔,坐落着这样一所学校。它斑驳的墙面难掩秀丽的身姿,古朴的建筑蕴含着深厚的文化底蕴。它就是董家渡路第二小学。这所百年老校就如一棵百年参天大树一般,扎根泥土,守望家园,承载着一代又一代人的梦想,培育出一代又一代的学子。一百年的时光,经历了多少风霜雪雨。一百年的薪火相传,体现出的是一种精神,一种信念和一种感情。"让我们的学校成为孩子梦想的乐园,让我们的课程再造艺术育人的文化。"如今,亲切朴实的办学理念延续着这座百年老校长青不衰的血脉。今天,让我们一起走近它,了解它,感知它!

一、追溯百年身影

(一) 百年老校的经历

董家渡路第二小学前身为"仿德"学校,是董家渡天主堂于1851年创办的一所教会学校,原址位于董家渡路天生港西街26号。解放前,办有男女两所学校,男生部在天主堂旁和堂对面的公教进行会大楼,称为正修中小学;女生部办在公教进行会大楼隔壁两幢大楼(一幢原是救火会大楼),称为仿德女子中小学,招收幼儿、小学、初中、高中学生(高中有住读生)。男校由天主教内神父当校长,女校由天主教内献堂会修女管理。当时校纪校规相当严格,特邀严师任教,除了开设宗教课以外,还教授礼仪、文学、音乐、戏剧等艺术科目。1953年正修中小学和仿德女子中小学,由人民政府接管,原来正修中小学校址改为蓬莱中学（男女共校），原仿德女子中小学改为董家渡路第二小学（男女共校），经过 1994 年改造翻建，学校面貌及教学基础设施均得到了极大的提升。

（二）"在爱中行走"——学特蕾莎修女，做一个"有爱，有德"之人

说到"仿德"这个校名的来历，就不得不提到"特蕾莎"修女。

特蕾莎原名艾格尼斯·刚察·博加丘（Agnes Gonxha Bojax-hiu），出生于奥斯曼帝国科索沃省的斯科普里（前南斯拉夫联邦马其顿共和国的首都），是阿尔巴尼亚裔人，父亲尼格拉（Nikolla Bo-jaxhiu）是一个地方的杂货承包商，母亲是 Dranafila Bojaxhiu，她是小女儿，上有哥哥和姐姐（姐姐后来也成为修女），在她所居住的镇上多为穆斯林和新教徒，仅有少数的天主教徒。但特蕾莎修女从小成长在天主教家庭，耳濡目染，自 12 岁加入一个天主教的儿童慈善会后，她预感自己未来的职业是要帮助贫寒人士，15 岁时她和姐姐决定到印度接受传教士训练工作。18 岁时她进了爱尔兰罗雷托修会，并在都柏林及印度大吉岭开始接受传教士训练工作。1931 年，特蕾莎正式成为修女，1937 年 5 月决定成为终身职业修女，并依法国 19 世纪最著名的修女"圣女德莉莎"的名字和精神，改名为特蕾莎修女。

她这一生都致力于解除贫困，为穷人、病人、孤儿、孤独者、无家可归者和垂死临终者服务，并直到 1997 年 87 岁时去世，她从来都是为了世界上受苦受难的人活着，使他们感到关怀和爱。她是世界著名的天主教慈善工作者，1979 年得到诺贝尔和平奖，一生中曾 18 次被提名为年度最受尊敬人物中的十大最受尊敬女性之一，并在 20 世纪 80—90 年代间数次当选。1999 年，特蕾莎修女被美国人民投票选为二十世纪最受尊敬人物榜单之首，在那次榜单上马丁路德金与美国前总统肯尼迪都统统排在她的后面，成为全美人民心目中的伟人。2009 年 10 月 4 日，诺贝尔基金会评选"1979 年和平奖得主特蕾莎修女"为诺贝尔奖百余年历史上最受尊崇的 3 位获奖者之一。她这一生，以博爱的精神，默默地关注贫穷的人，用诚恳的服务和有行动的爱为世界和平作出了杰

出的贡献。①

　　董家渡路第二小学的前身,以"仿德"为名,就是旨在仿效教会圣女特蕾莎的优秀品行,培养学生成为一个有爱,有德的人。

二、探寻艺术发展的轨迹

　　"仿德"学校自 1953 年转为公立,更名为董家渡路第二小学,历任校长为章秋韵,王蔚南、徐雪云、应健志、王兴康、焦佩芳、戴荣晟等。学校十分重视学生的素质教育和各项能力的全面发展,除了完成教学任务外,自 1990 年起还依托学校深厚的艺术教育底蕴,开展了艺术特色教学。"以艺辅德,以艺促教",精心耕耘,经多年努力,学校在民乐、舞蹈、美术等艺术教学领域,取得了优良的成绩,培养了成百上千名有艺术特长的学生。一路走来,虽然学校的师生换了一茬又一茬,但艺术教育却一直保留了下来,成为学校的教育特色。

　　为走近董家渡路第二小学这所百年老校,深入了解教会创办"仿德"学校至今学校的艺术教育发展状况,并探寻学校艺术发展的轨迹,我们先后找到了五位老师,与他们进行了深入而坦率的交谈。由此,更进一步了解了学校多年来在艺术教育上的努力及获得的诸多成绩。那么,就让我们在回顾历史的同时,一起来探寻当今学校艺术教育发展和弘扬的支点吧!

"我一生学习工作的地方"
——访周桂祥老师

　　作为一所教会学校,"仿德"学校成立之初,就聘请了很多具有较高文化造诣的教师作为任课教师,并由他们将西方艺术带入教学中,使学生受到艺术的开蒙和启迪。八十高龄的周桂祥老师,就是"仿德"学校的毕业生,在上学期间受到了艺术教育的启蒙和指引。在一个冬日的早上,我们在周桂祥老师家中采访到了他。

　　采访人:周老师您好! 据我们所知,您是仿德的毕业生,后来又留校任教多年。由于教会学校的资料保留得不多,对于"仿德",我想

---

　　①　华姿.德兰修女传:在爱中行走[M].济南:山东画报出版社,2005.

您会知道得更多。我们想向您了解一些学校艺术教育方面的事情。

周(周桂祥老师，以下简称周)：是的，小时候我是在教会学校"仿德"上的学，后来参加工作后又在学校做美术老师，在这个岗位上一直干到退休。

采访人：在新中国成立以前，中国的艺术教育并没有受到足够的重视，您是怎么接触并喜欢上艺术的呢？

听到这个问题，周老师眼神凝重，话语停了下来，开始陷入回忆之中。目前周老师已八十岁的高龄，那些小学时代的记忆，对于他来说确实有些遥远了。略微沉思了一下，周老师给我们讲了他走上艺术教育道路的初衷。

周：在我上学期间，我们教会学校的校长是一位多才多艺的嬷嬷。除了教学生识字外，还注重培养学生的艺术特长，一些学生从来没有接触过的西方音乐、绘画、戏剧等艺术形式，还有唱诗班、戏台等，都被她引进了学校。这在当时的校园，是很稀奇的一件事。老师们也是各种才艺都会，比如弹琴、绘画等。每次有什么活动，校长都会亲自布置舞台，组织学生表演节目、排练。在这样浓厚的艺术氛围中，学生们耳濡目染，很多人都爱上了艺术，纷纷选择自己所喜欢的内容学习，由于我很喜欢画画，所以就把它作为自己的兴趣，并一直坚持了下来。

采访人：那后来，您为什么又选择回到学校担任美术老师呢？之后学校在艺术教育方面又是怎么做的呢？

周：新中国成立以后，学校转公，改成了现在我们大家所知道的董家渡路第二小学，由于之前我在学生时期打下了深厚的美术基础，也喜欢绘画，参加工作时就想回到学校来教书，把自己所学到的这些东西再教给学生们。虽然一开始，尤其是文革那段时间，学校的艺术教育一度停滞不前，但文革后又很快恢复起来了，我校也算本地小学中最早重视艺术教育的学校，除了我所教的美术外，其他音乐、舞蹈等艺术形式也逐步活跃起来，并且做得也越来越好。

……

周老师的话匣子打开了，他向我们叙述了执教30多年里，学校点点滴滴的变化。他告诉我们，历任的每一任校长都十分重视学校的艺术教育。这些校长有的我并不曾见过，有的已经过世，可是他们对董二小的热爱与付出，却深深留在了我们的记忆中。周老师的最后一句话让我陷入深深的思考：这是一所热爱艺术的学校，它有底蕴，有传承，希望你们把它越办越好。

是的，这是我们的梦想，也是董二学子的梦想。

采访人：张琦、吴海静、邹经

整理：吴海静

"艺术特色学校的创建"
——访丁伟民老书记

为了了解学校艺术特色学校的由来，我们与早已退休多年的老书记丁伟民老师取得联系，当他得知我们要了解学校的艺术成长之路后，十分高兴，从家中匆匆赶来。看到老书记容光焕发的模样，我们笑着聊了起来——

采访人：丁书记，我们知道，学校的艺术特色学校的创建是你在进入董二小学之后开始的吧，那时候你是如何思考的呢？

丁：我1989年来到董二小，那时候和王兴康老师一起管理这个学校。我当书记，王兴康做校长。来到董二小之后，我们对学校做了深入的了解，对学校的情况，老师的情况，学生的情况都做了调查。在这个基础上，我们认为应该把学校的发展突破口定在艺术教育上。首先做了人员的调动，任命徐进丽老师当大队辅导员，我直接分管少先队工作。那时候原南市区正在进行"学赖宁，当赖宁式的好少年"活动。我们开展了大型的主题队会，在全校师生的共同努力下，这个活动一炮打响。

其次，在和老师的接触过程中，我们发现学校里能人很多。他们各有自己的特长。朱玲婉老师的舞蹈，俞惠理老师的合唱以及邹小波老师的手风琴，都是拿得出手的。于是我们决定成立校艺术队。当时王校长还同86手风琴厂取得联系，得到了他们的资助。这样，一个舞蹈队，一个合唱团，一个手风琴队就在董二小诞生了，由此拉开了学校艺术团队的序幕。

不久之后，我们发现了周崇洪老师，他当时是个图书馆管理员，酷爱民乐,自己拉了一手好琴。我们在学校三年级开展试点,将一群学有余力的孩子安排在一个班级,整班进行民乐教学,就这样成立了一个民乐班。

我们参加了区举行的艺术节活动,展示的节目得到了大家的好评,同时得到了区领导的关注。区教育局为我们请了上海歌舞剧团的老师,帮助学校更好地走上了艺术特色之路。也是从那个时候起,董家渡路第二小学成为了区艺术特色学校。

丁书记在董二小的时间只有短暂的 5 年,而这五年正是学校艺术教育的起步阶段。"从无到有,从有到优",五年的时间为董二小的艺术教育之路奠定了基础。我想,看到董二的艺术教育从一个蹒跚学步的稚子走向成熟与辉煌,是"掘井人"最乐见的事吧。

采访人:吴海静、邹经

整理:吴海静

"民乐梦之队"

——访周崇洪老师

周崇洪老师是学校的民乐骨干教师,如今已退休在家。从 20 世纪 80 年代起,周老师就一直活跃在学校艺术教育的舞台上,学校民乐队的成长与所取得的点滴成绩都离不开他的努力。他是伯乐,慧眼识好马。在他的执着下,一批董二学子在艺术的道路上越走越远,越走越好。可是在那物资条件并不富裕的年代,学校又是怎么会想到去发展艺术教育的呢? 带着疑问,我们采访了他。

采访人:周老师,学校民乐队可说是您一手创建的。可是,在那个对艺术教育不算十分重视的年代,学校是怎么会想到创办民乐队的呢?

周(周崇洪老师,以下简称周):1989 年,当时由于工作调动,我来到董家渡路第二小学,现在时间一恍都过去几十年了。我们当时的条件并不好,学习乐器可以说有点奢侈。学生都是以学习为主,学科成绩放在第一位。要说创建学校民乐队,不得不感谢当时的校长——王兴康老师。

听周老师说起王校长，我们也不由得唏嘘起来。我曾和退休后的王校长有过两面之缘，那时他正患重症，但他的和蔼可亲、乐观开朗给我们留下了深刻印象，可惜，最终癌症还是夺走了老人的生命。

周：那时候，我还年轻，一次学校在整理校舍时，发现了一批废弃的乐器，听说是部队留下来的。王校长觉得乐器这样搁置着，十分可惜，就问我："小周，你有没有兴趣，拾起这些乐器，搞点名堂出来？"我当时也年轻，本身也很喜欢民乐，就毫不犹豫地接受了。在王校长的大力支持下，校民乐队就开始着手筹建了。王校长嘱咐我：在民族音乐上下功夫培养学生，将我们的民族音乐发扬和继承下去。

采访人：听说这个民乐队在当时可是轰动一时啊，在整个上海市的小学中也是首屈一指呢！

周：是的。校民乐队在当时受到的关注的确很大，因为在小学阶段民乐教育方面，其他学校还没开展起来，我们在当时也算得上区域内首开小学民乐教育的先河吧。我们从选拔苗子开始，投入了大量的物资和精力。学校请来的指导老师在上海滩都是顶呱呱的。比如原音乐学院民乐系主任二胡专家王永德教授，民乐指挥朱晓谷教授等。在大家的努力下，学校民乐队有了一定的名气。后来，这支民乐队也多次参加上海市的文艺活动，教育局也给予了极高的评价。

说着，周老师翻开他的记录本。在这本小本子上，记载了学校民乐队几次颇有影响力的表演活动：

1991年11月，上海南浦大桥建成通车，我校民乐队应邀为出席通车典礼的中央首长表演。

1993年5月，第一届东亚运动会结束。为运动员及来宾做表演，并出席了颁奖仪式的演奏。

1995年，荣获上海市首届中小学生民乐队比赛"一等奖"。

1996年6月，获四区（黄浦、南市、长宁、卢湾）学生乐队比赛"二等奖"。

……

回忆起这些往事，周老师思路清晰，他回想起那些奋斗过的青春往事，脸上始终洋溢着幸福的笑容。周老师告诉我们，虽然当时的条件很辛苦，但是全校上下同心协力，每一次演出、比赛，大家都全力以赴。当时没有汽车运送乐器，丁伟民书记就踩着三轮车将庞大的乐器送到目的地。在这样的艺术启蒙培养下，学校不断冒出艺术好苗子，音乐学院的老师亲自来我校挑选人选，也有不少孩子，长大后在艺术道路上作出了成绩。如青年笛子演奏家，现西安音乐学院民乐系的系主任助理高纯华先生，就是周老师的得意门生。

听着周老师的侃侃而谈，我们的眼前出现了一幕幕令人感动的画面。民乐队是董二前辈的心血，更是董二的骄傲！

采访人：张琦、吴海静

整理：吴海静

"做好一个管理者，给特色教师一个发展的空间"

——访戴荣晟前校长

戴校长离开董二小学已有好几年，对这个曾经工作过的地方依然怀着深厚的感情，我们与戴校长联系后，他欣然接受了我们的采访。那天，我们依照约定，来到了戴校长现在工作的学校。穿过幽静的校园，观赏着"百草园"的壁画，不知不觉走进了一幢古朴的教学大楼。在那里，戴校长热情地接待了我们。

采访人：戴校长，您能具体说说，在您刚进董二小学时，是如何落实艺术教育的呢？

戴（戴荣晟校长，以下简称戴）：我1999年来到董二小。在前任焦佩芳校长的基础上，重新制定了办学目标，对艺术教育做了整体规划，从而保证了艺术教育健康、有序、稳步地发展。学校以普及与提高并重的方法，课内与课外一起抓，全面深入地开展艺术教育。当时主要从三方面入手实施：

第一方面：与学科教育相结合。我们充分利用美术、音乐、形体、写字、工艺等基础课程的教学优势，普及提高艺术教育的质量。

　　第二方面：与兴趣活动相结合。我们开设了十几个课外兴趣小组，有舞蹈、民乐、合唱、儿童画创作、工艺、影视评论等，大大丰富了学生的课余生活，开阔了学生的眼界，使他们获得知识、形成能力，提高各方面的艺术素质，在知识上、能力上、个性上同步发展。学校每二年举行一次大型艺术节活动。

　　第三方面：与少先队活动相结合。学校作为区艺术特色学校，我们觉得要为学生创设一个欢快和谐的艺术氛围十分重要。为此，我们开设了每月一次的七彩小舞台，让学生自编、自导、自演、自赏、自乐，以文艺节目的形式，在舞台上展示其才华。我们通过艺术争章活动，培养学生的能力，发展学生的个性。

　　采访人：戴校长，我们想知道，一些艺术有特长的老师，学校是怎样帮助她们形成自己的教学特色的呢？

　　戴：（听到这个问题，戴校长孩子气地笑了）在2000年初的时候，信息技术教学刚刚开始，很多老师电脑操作是不熟练的。而我本人很喜欢电脑，有比较扎实的电脑基础，我觉得信息技术一定是未来课堂的趋势，所以在学校里大力发展信息技术。从校的5年规划的制定，我就有了这方面的思考。后来利用网上网下对老师进行电脑的培训，还一连好多年举办了"校多媒体课件制作展品"。也是从那个时候起，季蓓蕾老师在电脑绘画上的才华展露出来了。因为她本身的绘画水平较高，所以在制作课件的时候，画面特别唯美。恰好当时区美术教研员谢永康老师有意在区里试点学生电脑绘画教学，发现了小季的特长，让她在这方面做了一番研究。做着做着，事情就成了。可以说，季蓓蕾老师在学生电脑绘画上是开创了先河，早在2010年就出版了《少儿电脑绘画》的教材，还代表上海参加了全国的信息技术大赛，荣获了一等奖。

　　后来年轻的美术教师翁晓川来了，我发现她在陶艺上很有想法，于是让她在这方面下点功夫，也形成了她的陶艺教学的特色。《少儿陶艺》这本教材不久之后也出版了。由此，美术逐渐成为学校艺术教育的强项。

　　（说到这里，戴校长很是高兴。）

　　访谈整整半个小时，从戴校长的叙述中，我们发现，一个学校，其特色的形成与发展同管理者的思考、眼光密切相关。因为他的思路决定着学校的发展和教师的发展。戴校长在培养艺术特色教师上是有他的见解与举措的。不能不说，戴校长慧眼识英雄。

采访人：吴海静、翁晓川

整理：吴海静

"艺术教育的创新之路"

——访贡莉萍书记

"以艺辅德，以艺促教"——这八个字陪伴着董二小走过了十多年的岁月，而提出这八个字的前董二小书记贡莉萍老师又是在怎样的情况下提出这一艺术教育目标的呢？在一个炎热的夏天，我们邀请到了贡老师，做了一次专访。

采访人：贡书记，请问您是哪一年到董家渡路第二小学任职的？刚来时对学校的印象是什么？

贡莉萍（贡莉萍，以下简称贡）：我是 1999 年来到董家渡路第二小学工作的。（说起来到董二小担任书记工作，贡老师显得格外高兴。原来贡老师的到来，是当时区教育局领导特意安排的）那时候，我在南市区少年宫工作，有一天，区领导找我谈话，说："小贡，区里准备让你下基层担任董二小的书记，派你去，主要是抓好这所学校的艺术教育工作。"局长对我提出了明确的要求，我心中既激动又感到了压力。因为那时候，董二小这所百年老校，在原南市区是很有名气的，特别是学校的艺术教育久负盛名。我来时，刚好前一年学校对校园进行了修复与建设，学校的校舍等建筑全部是经过重新修整的，整个学校无论是在校容校貌，还是校风校纪都很不错。

采访人：在艺术教育方面，您在任期内都有哪些思考与做法呢？

贡：从我来到这所学校工作，就感觉到了它独特的浓厚的艺术氛围，说实话，我对董二小并不陌生。在少年宫时，常与董二小的师生接触。那时感觉学校在完成教学任务的同时，十分注重学生的兴趣和特长发展。我来了以后，就与当时的戴荣晟校长一起思考，如何在保留其他艺术教育形式的同时，给予学校艺术教育新的内涵。

我们觉得学校的艺术教育不是独立的，它应与学校的学科教育紧密结合,与学生的培养成长息息相关,它本身就是学校办学目标的一部分。学校既然已经有了深厚的艺术教育基础,我们就应当将这些现有的艺术教育课程进行优化整合。当时,我们重点在合唱、民乐、绘画方面投入了大量的师资,为学生接受全方位的艺术教育提供了良好的契机。

还记得 2000 年那次区少先队工作现场会吗?那时候,我们决定:学校工作要以艺术教育为抓手,在艺术教育的框架下,"以艺辅德,以艺促教"。目标就这样提出了。"德"指的是学校的德育工作和少先队建设,"教"指的是我们的课堂教学。当时的区领导对这次大会给予了很高的评价。艺术教育也成了我们学校的办学特色。

采访人:后来,由于区域规划调整,人流变动。越来越多的外地生进入学校,这对学校的艺术教育有影响吗?

贡:(当我提到这个问题时,贡书记显得有些激动。)我要说的是,无论学生来自哪个地域,他们怎么变,你们切记,学校的艺术教育不能改变,你们要越做越好。当然,外来民工的子女在我校逐渐增多,确实是对学校的艺术教育工作带来一定的困难。比如,家长不够重视,家庭的经济条件不允许,学生的自身状况差等,但是我可以很自豪地说,进我们董二的学生,他们接受到的艺术教育和共享到的艺术资源是相当了不起的。我们请到的艺术导师在各自的领域都是颇有建树的。比如合唱我们请来的是朱均雄,徐亮亮等专家级老师,他们是"春天合唱团"的支柱,这是我们孩子的幸运。我们这样一所普通的学校,孩子们接受到的却是高端的艺术教育资源。这些专家,来我们学校不是为了名,为了利,他们是真正地想普及艺术教育,把艺术的种子种在孩子们的心田。你们说,我们有理由不把艺术教育办好吗?

贡老师的一席话让我们感慨万千。董二的前辈用汗水和心血浇灌了这块艺术教育的土壤,现在的我们,应当秉承老教师们的希冀,以执着进取的精神,再创佳绩,共谱新曲。

这是我们的使命!

采访人:张琦、吴海静、邹经

整理:吴海静

第二节　传承创新　续构艺术育人文化

一、艺术育人，我们的见解

学校文化的形成经历着一个主动自觉的建设过程，学校文化建设居于学校建设的核心地位，是形成学校内涵发展的关键。学校文化是在长期发展过程中被学校大多数成员所认同接受的共同价值观与行为准则，有物质文化、制度文化、精神文化的层面，有导向、激励、约束、教化、发展的功能与作用。我们对学校文化的理解也是有一个过程，通过总结、梳理，从学校文化的内涵上有了深刻的理解，然后对本校的文化续构作了界定。

学校文化续构：学校文化的教育功能需要根据国家文化建设、学校发展、学生现状等多方面要求对传统文化、行为规则、社会秩序乃至核心价值观进行一种创造意义上的继承和发展，这就是学校文化的续构。续：延续，传承。构：建构，发展。

我校提出的文化续构是指秉承学校"以艺辅德，以艺促教"的文化传统，在原有艺术项目建设、艺术活动开展的实践研究基础上有所发展，有所创新，使"艺术育人"成为学校文化的内涵发展。

为此，我们通过文献学习与实践经验总结，对"艺术育人"的内涵与价值有了再一次的新见解。

（一）艺术的社会功能

纵观我们现代人的生活，已不缺艺术的元素，尤其在多媒体的时代中，随时都能享受到艺术的氛围与气息。打开电脑、电视、手机，走进影院、走进文化艺术场馆，走进植物绿化艺术园区，乃至在屋里打开窗户，歌声都会随风飘入耳中，无论是在视觉、听觉上，还是在人的生活空间，艺术无疑已渗透进人们的生活，人们把审美看作常态，把艺术看作是日常生活的组成部分，更看作是一种精神生活与文化的需求。因为艺术的客观作用在于调节、改善、丰富和发展人的精神生活，提高人的精神素质，包括人的认知能力、情感能力和意志水平。可以说，没有艺术的生活是没有生命活力的生活，没有艺术的生活是没有美感的生活,可见,艺术是一种很重要、很普遍的文化形式,与人的实际生活密切相关。

（二）艺术的育人功能

艺术的价值与功能显而易见,艺术不仅具有审美价值,除此之外,艺术还具有社会功能,如认识功能,教育和陶冶功能,娱乐功能等。其实,这些艺术的功能人们历来很重视。我们经常可以看到一些社会文化艺术场馆内,家长带着孩子在一起观赏、娱乐、活动,或者在 DIY 中,享受艺术,放飞心情。不少家长在孩童幼儿时期就把儿童的艺术技能学习排进了家庭日程,家长们不辞辛苦地送孩子上各类艺术学校,学习琴棋、书画、歌舞,希望孩子学会一二门艺术技能,意在培养孩子的兴趣爱好,培养孩子的个性,提高孩子的审美能力,丰富孩子的生活。艺术教育在一个人的成长中确实有不可低估的作用,艺术的学习与活动确实使人得到真善美的熏陶,从而塑造人的美好心灵。

（三）学校艺术育人的功能

教育的根本任务是立德树人,学校是教育的基础,学校是实现教育培养人的基本保障,学校教育的根本任务是促进学生的健康成长、全面发展。如何实现学校教育的目标呢？学校可以通过个性化的办学,教育资源的优化,恰当的教育途径与方法实现教育目标。而学校提出的艺术教育,就是实现育人的一个举措。艺术育人的宗旨是为学生的终身发展和幸福人生奠定基础,学校艺术教育的育人价值在于审美立德、文化立身、实践立行。可以说,学校艺术教育对于学生来说是一种重要的精神哺乳,具有潜移默化的濡染功能。学校通过艺术活动让学生得到高尚健康的文化艺术的营养滋润,在灵魂中植入真善美的基因,从而塑造人的心灵,培养健全的人格。

2010 年中共中央国务院印发了《国家中长期教育改革和发展规划纲要（2010—2020 年）》,指出要"加强美育,培养学生良好的审美情趣和人文素养",并提出了"促进学生全面而有个性的发展"、"探索发现和培养创新人"等重要的教育理念,这对学校艺术教育在新的历史起点上的科学发展提出了更高的要求。

（四）校本化的艺术育人

我校在二期课改理念的引导下，以学生发展为本，以培养学生的基础核心素养为本，让每一个学生都享有公平地接受优质艺术教育的机会，关注每一个学生的需求，为他们提供满足个性发展需要的机会，传承学校"以艺辅德，以艺促教"的艺术育人的理念与文化传统，将艺术教育与活动纳入学校课程和社团活动，提出艺术育人的目标"懂礼仪、有情趣、乐创造、爱生活"。

何为"以艺辅德"呢？我们认为是以美启真，以美导善。学校必须创设艺术性强、充满美感的校园物质与人文环境，蓬勃开展各类艺术课程与活动，使学生在活动中感受美、欣赏美，体验美，由此在心灵的震撼中或在美的潜移默化享受中发现、体验、领悟世界事物的规律与真谛，发现人间的真诚善良与美好，热爱生活、热爱自然与人类。

何为"以艺促教"呢？我们认为是美创教学，寓教于乐。教育本身是一门艺术，教师必须研究教与学的艺术性，为了学生的学，教师必须研究如何基于学情精心设计一堂课，一次活动，讲究教学节奏，讲究教学方式、手段的艺术性，创设互动、乐动的学习氛围，在这样充满灵动、情趣的学习环境中，学生在学习活动中始终处在全心投入，思维活跃、乐于探究的积极状态，这样的教与学的活动何尝不是艺术性的体现。

二、艺术育人，文化的续构

（一）校本课程文化建设——"梦工厂课程"的诞生

2011 年，校长与学校行政人员一起分析了学校发展现状，回顾学校办学的历程、总结学校的特色发展。学校地处老城厢，生源大部分来自外来务工子女，他们来到这个陌生城市陌生学校生活、学习，需要心理上的安全感、归属感，需要良好的教育，需要融入这个城市，成长为一个新上海人。学校本是黄浦区艺术教育特色学校，学校有民乐、电脑绘画等特色项目，有"以艺辅德、以艺促教"办学传统。基于学校潜在的发展态势和学校的办学理念、办学目标，校长提出建设校本课程文化，建立适合我校学生学习与发展的校本课程，以此激发与促进学生的内在潜能，发展学生的多元智能，丰富学生的精神生活,树立追求真善美的价值观,提升学生的人文素养。基于课程发展愿景,校长与老师挖掘艺术教学资源,创新课程实施路径,共同开发了以艺术教育为元素的校本课程——"梦工厂课程"。

课程要成为课程文化,首先要有正确的价值和理念,还要有完整的课程方案,包括明确的课程目标和课程结构,相应的教材和教案,有效的实施和评价。也就是说,课程文化有丰富的内涵,必须整体设计,使课程文化体现一所学校的办学特色和个性发展。

"梦工厂课程"的架构:学校办学理念、办学目标、学校培养目标、课程目标、课程设置。

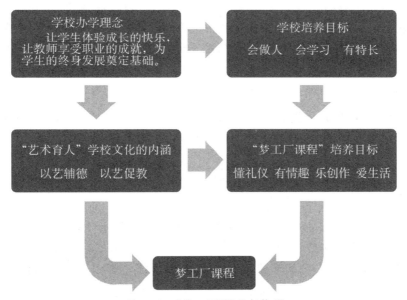

图 1-1　"梦工厂"课程架构图

课程的实施与策略:打造校园艺术环境,物化环境表现艺术的多彩、学生的创想与创作;人文环境由师生专题艺术活动组成流动景观;开放学习课堂,跨越围墙走向社会艺术场馆的课程环境;艺术指导由学校教师与专业人员承担;学习方式以实践体验、沉浸熏陶、感染领悟,自由创作;享受梦想成真的评价过程与方法,技能的提高、艺术的创作、展示表演,享受成功与经历的滋味与欢乐。学校从课程学习的时、空间、从课程管理上形成富有个性的有序的实施路径。

（二）学生艺术文化建设——"艺术育人"的实践

学生艺术文化建设是学校文化建设的一个分支。学校在原有电脑绘画、民乐、合唱艺术特色的基础上，开发学生艺术文化建设中的学习内容，现分为四大类型：造型艺术、表演艺术、语言艺术、综合艺术，下设 10 门课程：电脑绘画、五彩创意、书画童缘、童声飞扬、漫步艺宫、童年旅程、沪语童谣、悠扬民乐、少儿陶艺、课本剧表演。学生艺术文化建设的途径是指学校通过创建艺术课程、校外文化艺术场馆活动，以及基础学科的艺术性浸润。学生艺术文化活动的方式是以跨越围墙的开放式学习与艺术创作活动相结合，在校学与线上学相结合，在艺术场馆直接参与和互动学，临摹和创作学相结合。学校为学生的艺术表现与展示搭建评价平台，"学习任务单""七彩小舞台""艺能之星""学校艺术节""艺术画廊""艺术展示厅"等过程性、表现性评价，尽可能让学生分享才艺，体验成功。学生艺术文化建设的目标：提高审美情趣、掌握艺术技能、健康情感情操、创新思维方式、热爱中华民族，做一个"懂礼仪、有情趣、乐创造、爱生活"的董二学子。

因此，学校的艺术文化建设始终坚持以学生为本，坚持主体性、选择性、体验性的原则。

我们力求在学校艺术学习环境的创设中坚持主体性，尊重学生主体，尊重学生独特的学习生活，因此，无论在教室还是走廊，或者专用教室的设置与环境布置，首先考虑的是适合与方便学生自我做主、自主活动、自如操作、自能创作，施展得开身手，让学生在这放松、优雅的环境中自由地驰骋在艺术的学堂里。

学校赋予学生参加艺术活动与课程的选择权，尊重学生的需求，尊重学生的艺术学习的欲望。学校采用协商课程的方式与学生共同完成课程的选择。学生可以根据自己的兴趣选择课程，也可以以开发潜能为由选择课程，更可以以好奇、探究的心态选择课程，因为有了我喜欢我选择，我参与我开心，所以，在校园里会看到艺术活动日的可人景观：活动时间一到，学生循路按时到教室入位参加，自觉珍惜艺术学习时间，活动中师生兴趣盎然地在商讨、全神贯注在练习、倾心倾力在创作……

　　学生艺术活动强调体验性,学校创造条件开发与利用资源,营造艺术浸润的环境,拨动艺术与学生的心灵交互,认同学生对真善美的感受与领悟。因此学校组织艺术欣赏、观赏活动,带领学生参加艺术表演,参加艺术场馆的直接互动、扮演其中的角色,参与场馆的创作,支持学生担当场馆讲解员;还设计长周期的作业,从欣赏—模仿—探究—创思—创作—展示的整个体验过程,徜徉在艺术的殿堂中。通过与教师互动,与家校互动,与社区互动,与场馆互动,让学生享受艺术学习的经历,陶冶性情,滋润艺术与人文素养。

（三）教师艺术文化建设——课程文化的保障

　　学校的办学理念、学生的培养目标、学校课程的实施主要依靠教师去实行,因此,教师必须对职业价值有高度的认同。教书育人是教师的天职,教师必须拥有渊博的学识、高尚的人格,良好的素养,才能走进学校走进课堂,才能与学生共同学习与成长。教师的专业成长需要学习、反思、探究,不断提升自己的专业发展水平。此时的教师由于自身的职业理想得到一定程度的实现,工作成果得到一定程度的认可,自然会产生一种自我满足感和自我愉悦感,享受到职业的幸福感。如果一个教师这份职业幸福感保持得持久,会随着成功经验的积累,形成教育的信念与价值。

　　学校创造条件给教师进修学习的机会;学校创设艺术学习的氛围让教师体验琴棋书画的技能;学校举办各类艺术沙龙使教师有所选择地相聚、切磋、创作;学校组织教师走进场馆,享受高雅艺术,用性情与大师对话……,由此增添了教师幸福感的履职经历。教师受到的艺术熏陶反之投射到了学生的身上,投射到了教育教学中,由衷感到教育需要艺术,教学需要艺术性,从而转化成了学科教学艺术的研究课题。

　　教师的信念与价值观建立后,教师的课程观、学生观也形成了。学校艺术课程的开发,教师立足于选择学生喜欢的课程与学习内容;教材的编写体现艺术性与知识性的融合,可读性与尝试性的结合;课程活动的开展着眼于学生自主、自信、自由与快乐习得。课程整个实施过程,教师积极创造条件,让学生拥有快乐的学习生活。学生学习知识技能时,教师重在以智慧启迪学生的智慧,以教师的人格影响学生的人格，以自己的热情感染学生，真诚关怀学生的学习与成长。其实，教师与学生共同创造了校园的艺术环境，共同享受着学校的艺术特色生活。

学校"梦工厂课程"的开发，锻炼提升了教师队伍的整体素质，涵养了教师的性情与品格；艺术文化浸润了学生的情怀，艺术技能丰富了学生的生活；"梦工厂课程"传承了学校文化，创造性地实现学校办学目标。

第二章 艺术·畅想的舞台

第一节 "艺术育人"文化课程,插上梦想的翅膀

艺术本身是一个净化涤荡心灵的审美过程。所谓艺术教育,对我们来说就是一个普及艺术,激发想象力、创造力,陶冶人的活动。今天董二小的教师就是这项活动的引领者。学校的"梦工厂课程"为教师成为这样的引领者创设了条件、搭建了舞台。

我校"梦工厂"课程从应运而生到瓜熟蒂落有近三年的时间。目前,"梦工厂"课程体系按艺术的创造方式来分,可以分为造型艺术、表演艺术、语言艺术、综合艺术。课程利用校内艺术化的校园环境和校外丰富的社会文化资源,创设了开放的艺术教育环境,诸如:学校电子阅览室共享网络平台资源、拓展型课程课堂教学、学校附近社区在地文化资源的运用。期望让学生通过看看画展、听听音乐、聚会沙龙,参观展馆等,成为学生经常性的一种生活习惯,从而慢慢成为一种生活方式。

为此,我们的一位位教师经过专家引领、同伴互助,带着不懈的追求,带着无限憧憬,将自己鲜活的子课程方案呈现在了我们眼前:季蓓蕾老师充分利用场馆资源开发校本课程提升育人价值的《漫步艺宫》;沈涛老师书画结合,领略书法与绘画之间的密切联系,开发校本课程《书画童缘》;翁晓川老师从生活出发,结合不同材料与工具带领学生表现身边的创意之美,开发校本课程《五彩创意》;徐忆、周瑞芝老师从自身出发,结合我校学生情况开发校本课程《童声飞扬》;应谢洁老师提倡中国人过中国节,为了让学生在过中国节的体验中感受民俗艺术的魅力,传承中华民族的优秀文化,开发校本课程《民俗情艺》。而伴随着一本本校本教材的出版,董二校园艺术活动的内涵和外延有了更

深层的发展，艺术学习氛围浓厚，处处充满艺术的气息。

　　回顾逐梦的旅程，起始我们仅仅把各自课程的开发关注在艺术教师自身的专业兴趣上。但在教师发展和成长的过程中，我们发现："梦工厂"课程的开发不仅仅圆了我们老师的梦，更满足了学生对艺术学习的向往与渴求。艺术教育是学校实施素质教育的重要方面，对提高学生文化艺术修养及认识感受真善美的能力、促进学生智力因素与非智力因素和谐发展、树立积极向上的人生态度和价值观都具有重要作用。① 而我们重视艺术教育的目的，并非仅是追求学生将来能在某个艺术领域取得多高的艺术成就或是在升学考试上获得成功，而是要教会学生"懂礼貌、有情趣、乐创造、爱生活"，在潜移默化下让学生学会正确地欣赏美、发现美、追求美和创造美。进而通过艺术教育活动深入开展，调动学生主体意识，使学生心灵得到美化升华，个性及想象力、创造力得到充分激发与释放，各种潜能协调发展，提高人的生命价值，体验和实现美好人生。②

　　于是，三年来，我们在"梦工厂"课程里精心耕耘、灌溉着属于自己的一片天地，追寻着自己的梦想，并将逐梦中的点滴汇于笔尖，形成涓涓细流。

课程一　《漫步艺宫》

梦想起飞：构筑起学生与艺术场馆的对话
季蓓蕾

　　《漫步艺宫》提供给我们开放的艺术时空间，构筑起学生与社会艺术场馆对话的桥梁；《漫步艺宫》丰富学生的视觉和审美体验，开拓学生视野，体验艺术作品的魅力；《漫步艺宫》搭建学生自主表现的舞台，参与各种美术创作活动，激发创作潜能，获得对美术学习的持久兴趣。

---

　　① 　王尧. 突出音美艺术教育，打造热色优质高中[J/OL]. http://www. tj. xinhuanet. com/campus/dzb/zk/3128/content0501. html? keepThis = true & TB_iframe＝true&height＝500&width＝760.

　　② 　王尧. 突出音美艺术教育，打造热色优质高中[J/OL]. http://www. tj. xinhuanet. com/campus/dzb/zk/3128/content0501. html? keepThis = true & TB_iframe＝true&height＝500&width＝760.

　　中华艺术宫是超越围墙的艺术大课堂,利用中华艺术宫丰富的资源拓展艺术学习的环境。参观中华艺术宫、参与场馆的主题活动,感受海派文化的博大精深,为学生提供深刻的生活与情感体验。通过参观、欣赏美术作品,激发学生美术学习的热情,增强美术创作的欲望,增强学生学习的自信心。

　　走进场馆,可以以个人或集体合作的方式参与各种美术活动,采用临摹、比较、现场体验等学习方法,了解美术基本知识与技能,学习基本的美术欣赏和评述的方法,使进入中华艺术宫学习成为学生一种学习乃至生活的方式,艺术文化的熏陶成为学生人格健全发展的过程。

　　因此,《漫步艺宫》课程的开发,着眼点不仅仅在美术技能的学习,而是通过本课程的学习,体验美术作品的内涵,学生在艺术徜徉中了解美、感受美、欣赏美、表现美,从而在生活中提高美术欣赏能力和艺术素养,培养健康的审美心理,培养健全人格。

编织梦想:《漫步艺宫》子课程方案
季蓓蕾

一、课程设计背景

(一) 学校特色发展的需求

　　作为一所百年老校,我校有着优秀的办学传统和深厚的文化底蕴。坚持"以艺辅德,以艺促教"的理念开展艺术教育,连续三届被评为黄浦区艺术教育特色学校。同时作为地处老城厢的学校,我们的学生大多是外来务工人员的子女。学校期望通过艺术教育,让学生感受校园生活的愉悦,提高艺术修养,提升文化品质,融入上海这座大城市,成为新一代上海人。

(二) 美术场馆与学校艺术教育结合的基础

　　我校与上海美术馆保持长期友好合作,已利用其丰富的艺术人文资源参与进行了多次教育教学活动,2008 年参加上海美术馆"快城快客"双年展"美术馆中的家园"教育推广活动,有 3 件学生作品入选并展出,2010 年参加上海美术馆"巡回排演"双年展"美术馆中的迷失"教育推广活动,有 4 位学生参与了现场展示活动,其中大阿福的设计获得了"生动形象奖"。2012 年中华艺术宫在原中国馆正式开馆，我校学生电脑绘画、创意皮影、玻璃纸刮蜡画 17 幅作品在中华艺术宫儿童美术馆中展出。中华艺术宫努力为海内外儿童打造一个多媒体、多元化、引人入胜的艺术感受空间，成为上海市少年儿童美术教育的"公开课堂"。以此为契机，我们利用中华艺术宫教育资源，跨越学生学习的时空，拓展学习方式，让美术课堂伸向更广阔的领域。

（三）学生艺术兴趣培养的需求

我校学生对美术学习有着极大的兴趣，在教师精心指导下儿童绘画作品大量获得国际、全国大奖。学生喜欢美术，在美术作品的创作过程中体验艺术创作的愉悦。通过问卷调查得知，由于家庭条件的制约，我校大部分学生在学前没有进入任何艺术场馆，学生对到美术场馆学习有着极大的兴趣。通过本课程进行普及与提高相结合、课内与课外相结合、校内与校外相结合的美术活动，激发学生对艺术的兴趣，陶冶情操，全面提高学生综合素质。

二、课程设计理念

（一）理论依据

《上海市中小学美术课程标准》提出美术课程的理念为：陶冶学生审美情操，不断提高美术素养；引导学生自主参与，注重选择，多元发展；拓展视野，在文化情景中认识和学习美术；加强体验感悟，发展形象思维，培养创新意识；倡导过程评价和综合评价，促进学生发展。[1]

皮亚杰的建构主义基本观点是：儿童是在与周围环境相互作用的过程中，逐步建构起关于外部世界的知识，从而使认知结构得到发展。[2] 与建构主义学习理论以及建构主义学习环境相适应的教学模式为：以学生为中心，在整个教学过程中由教师起组织者、指导者、帮

---

[1] 上海市中小学课程教材改革委员会办公室.上海市中小学课程标准（征求意见稿）[M].上海：上海教育出版社，2004：38.

[2] 徐崇文.学习理论与学习潜能开发中小学教师读本[M].上海：上海三联书店，2006：59.

助者和促进者的作用,最终达到使学生有效地实现对当前所学知识的意义建构的目的。①

（二）设计理念

以《上海市中小学美术课程标准》中提出的课程理念为依据,在建构主义学习理论和教学模式指导下,笔者根据美术学科的特点,尝试进行《漫步艺宫》校本课程的开发。构筑"超越围墙"的美术大课堂。充分利用中华艺术宫资源拓展学生学习的环境,利用情境、协作、会话等学习环境要素。充分发挥学生的主动性、积极性和首创精神,这样的美术课程更具有动态性、发展性、情境性、会话性。

利用中华艺术宫场馆资源,开放式的、动态的学习方式激发学生美术学习的热情,增强美术创作的欲望,增强学生学习的自信心。学生感受到海派文化的发展,海派艺术的海纳百川,在艺术熏陶中,提升文化品质,积极参与文化的传承,并对海派文化的发展作出自己的贡献。

三、课程目标(参考美术课程标准)

（一）了解美术基本知识与技能,学习基本的美术欣赏和评述的方法。

（二）通过场馆活动丰富视觉和审美体验,参与各种美术创作活动,利用各种工具、材料感受美术创作的乐趣,获得对美术学习的持久兴趣。

（三）通过场馆活动开拓学生视野、打开学生思维,激发创作潜能,提升学生的艺术素养,陶冶高尚的审美情操,完善人格。

四、课程内容

（一）课程结构

课程以模块划分,本课程有四大主题模块:走进美术馆、约见大师、名作盛宴、画说历史。围绕模块主题确定相应的内容,学生开展

---

① 　徐崇文.学习理论与学习潜能开发中小学教师读本［M］.上海:上海三联书店,2006:69.

美术欣赏、创作活动。而每个主题模块中包含了以下四个学习要素：美术作品的表现技法、画家的艺术风格、美术作品对历史与生活的表现、美术创作与互动。

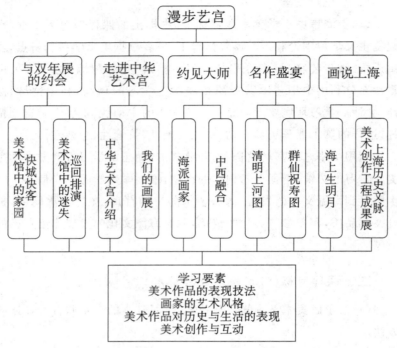

图 2-1　课程结构图

社会上可利用的教学资源很多，对美术学科而言中华艺术宫（原上海美术馆）无疑是最能充分利用的资源。我们从原来的上海美术馆展出的藏品发现其包含了丰厚的教学资源。现在，中华艺术宫的建成更加丰富了我们可开发的课程内容。笔者根据中华艺术宫的基本陈列馆、特展等资源，开发了以下内容。

表 2-1　课程内容情况表

模　块	主　题	学习内容
与双年展的约会	"快成快客"美术馆中的家园	1.了解美术场馆主题教育活动主题。
	"巡回排演"美术馆中的迷失	2.利用各种材料，展开想象，进行美术创作。

（续表）

模　块	主　题	学习内容
走进中华艺术宫	中华艺术宫介绍	1. 参观中华艺术宫，了解中华艺术宫的功能、各基本展馆的展出内容。 2. 参观中华艺术宫的儿童画展，初步了解绘画的基本种类。 3. 用画笔描绘中华艺术宫的建筑外观。
	我们的画展	
约见大师	海派画家	1. 参观中华艺术宫名家陈列馆中大师的作品。 2. 欣赏大师作品，了解画家的绘画风格。 3. 临摹画家作品，或者模仿画家的风格，自己制作绘画作品。
	中西融合	
名作盛宴	清明上河图	1. 参观中华艺术宫的珍藏精品，了解作品的时代背景、表现技法、时代意义等。 2. 临摹名画或者在欣赏的基础上吸取创作灵感进行同主题的美术创作。
	群仙祝寿图	
画说上海	海上生明月	1. 参观中华艺术宫表现历史变迁的美术作品展。 2. 临摹自己喜欢的作品，或者根据画家同主题的内容、绘画风格等自己尝试描绘上海的城市变迁。
	上海历史文脉美术创作工程成果展	

　　注释：课程内容与各美术场馆的展出活动、学校的社会实践活动、课外兴趣小组活动、拓展课等相结合，互相穿插、呈现出学生自主的开放式的课程特点。

　　（二）课程内容的呈现方式

　　1. 校本教材

　　为体现本课程"开放式"的特点，校本教材兼顾学科与学生两方面的需要和情况，以学生为主体，注重学生的兴趣、需要和能力，强调学生的已有经验作为教材编写的出发点。

　　教材栏目分为三个部分：

　　·学习内容：具体说明了通过参观活动或者参与主题活动所要了解的美术作品的表现技法、画家的艺术风格、美术作品对历史与生活的表现。

·**学习指南**：包含了作品（画家）介绍、参观路线指引、美术小知识、作品欣赏，进一步拓展学生的美术欣赏、创作的视野。

·**学习任务单**：包含教师的温馨建议，参观中华艺术宫的记录（参与主题活动的设计图稿等），作品分享、互动留言。

学习任务单是学生整个学习活动过程的呈现，因此本教材设计成活页的形式，学生在小学毕业的时候裁下活页，自己进行封面设计并装订成册，制作成每位学生独有的《我的艺宫之旅》绘本。

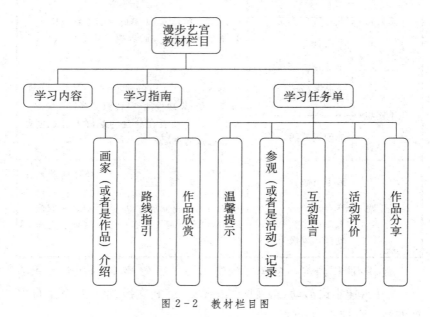

图2-2　教材栏目图

"活动任务单"是学生整个学习活动过程的呈现，因此教材设计成活页的形式，最后小学毕业的时候裁下活页，学生自己进行封面设计并装订成册，制作成每位学生独有的《我的艺宫之旅》绘本。（绘本的制作在我校的《我身边的艺术创想》校本课程中有专门的教学内容）这样的教材真正做到为学生服务，有利于学生增长知识、发展技能、开拓视野、提高素质、完善人格。

2.微课程视频

教师制作活动前讲座、拍摄学生创作过程、教师示范过程等视频片段，编辑成微课程。

五、课程的实施

（一）学习对象

我校一至五年级学生，乐于参与美术活动的，愿意进入美术场馆参观的学生都可参加。教师适当挑选有一定美术创作基础的学生。

（二）课时安排

· 课时计划：一学期十五到十七次，每周一次活动，每次活动两课时。（70分钟）

教师根据学生的需求、自身的特点、课时的长度等情况加以取舍，凸显本课程"开放性"的特点，拓展学习时空，构筑超越围墙的美术大课堂。

· 社会实践活动：每学期一次，每次2小时左右。

（三）教学设备

▲场地

· 中华艺术宫

· 专用的美术教室

▲软硬件

· 照相机拍摄静态场景

· 摄像机录制动态影像

· 移动存储设备

· 各种美术工具与材料

· 相关书籍

▲网络资源

· 中华艺术宫官网 http://www.sh-artmuseum.org.cn/

（四）主要策略

"课程标准"把美术课堂教学划分为四个学习领域，"造型·表现"、"设计·应用"、"欣赏·评述"、"综合·探索"，本课程运用的教学策略围绕新课程理念以及美术学科的学习领域展开美术探究活动。

1. 参观活动运用"欣赏→感悟→畅想"策略

围绕中华艺术宫的主题画展进行开放的、互动的活动,活动流程分为四环节:活动前期准备→参观前讲座→参观美术场馆→完成活动任务单。

欣赏中华艺术宫中展出的名家大师作品,营造艺术氛围,激发学生学习兴趣,陶冶情操,用学生乐于接受和易于理解的方式进行。感悟艺术作品的魅力,畅谈欣赏画作的想法,激发学生的想象力,开阔学生的创作空间。

2. 美术创作活动运用"体验→表现→创新"策略

参与美术场馆的主题活动以艺术创作基本规律为基础,活动流程建议分四个环节:了解活动主题→讨论构思→设计图稿→完成作品。

学生了解美术创作的主题思想与宗旨,通过观察、收集素材、展开想象。体验美术创作过程,运用自己的技能技巧创造作品,并真诚地表达自己的感受,表现自我、展示自我。达到艺术创作的精神、意境和美感的创新。

六、课程评价

(一) 关注学习过程的动态评价

本课程运用了多元化、开放性的评价理念,美术活动过程是一个复杂的、循环的欣赏、创造、再欣赏、再创造的过程,一张艺术作品的诞生包含着作者和观众共同的艺术体验。因此,本课程运用动态评价观,对学生在美术学习能力、学习态度、参与意识、合作精神、审美情趣、兴趣爱好、情感和价值观等方面的发展予以评价。

(二) 围绕课程目标,从学习的能力与兴趣两方面进行评价

1. 学习能力

· 初步了解了美术的基本知识与技能

· 能尝试用基本的美术欣赏和评述的方法进行美术作品的评价

· 利用各种工具、材料进行美术创作

2. 学习兴趣(情感)

· 勇于表达对美术作品的理解,善于倾听他人对美术作品的介

绍与评价。

·对美术活动感兴趣,在整个学习活动过程中有很大的热情并能主动积极投入。

(三) 评价的方法采用学生自评,教师与他人(家长、中华艺术宫场馆人员等)评价相结合的方式,从不同的角度进行多元的评价。

(四) 评价的形式

1. 学习任务单

教材中的"学习任务单",学生的感言部分记录了学生对活动的感受,通过文字语言的表达,包含了多方面的评价,自己的作品贴在"活动任务单"上,与大家分享自己的美术创作过程,注重学生的过程性评价。

2. 自评表

学生自评表激励学生积极参与我们的美术活动。

表2-2 学生自评表

自我评价 (为自己涂星)	1. 我喜欢参加本次活动	☆☆☆☆☆
	2. 我认真完成活动任务单	☆☆☆☆☆
	3. 我在活动中遵守文明礼仪	☆☆☆☆☆

3. 互评表

互评可以是老师的留言,或者可以请家长、美术场馆的志愿者等他人写写感言,对学生的活动作出评价。

表2-3 互评表

评价人	姓名	备注	(职业或者同学、家长、美术场馆人员等在这里注明)
留言			

4.《我的艺宫之旅》绘本

在毕业前期,把小学时期参与的《漫步艺宫》的学习内容,即"活动任务单"制作成独一无二的绘本,这样的呈现方式,是学生自我价值的体现，更好地提高学生的学习积极性。

（五）对本课程的评价

通过学校领导、教师、家长、学生的留言，对本课程实施进行客观的评价。

执教老师在课程实施过程中的感言、反思，对本课程进行具有实践性的评价。

在多方面评价的综合下，不断调整课程内容、教学策略等。

七、课程特色

（一）构筑超越围墙的美术大课堂

本课程充分利用中华艺术宫的本土场馆资源，拓展学生学习时空，打破传统的美术课堂形式，开放型的学习方式构筑超越围墙的美术大课堂。激发学生美术学习的热情，增强美术创作的欲望，增强学生学习的自信心。

（二）场馆体验，创新学习方式

通过参观中华艺术宫、参与场馆的主题活动，学生感受海派文化的博大精深、海纳百川，为学生提供深刻的生活与情感体验，使进入中华艺术宫学习成为学生一种学习乃至生活的方式。

（三）艺术文化熏陶，培养健全人格

艺术文化的熏陶是人性和人格健全发展的过程。因此，《漫步艺宫》课程的开发，着眼点不仅仅在美术技能的学习，而是通过本课程的学习，提高美术欣赏能力、体验美术作品的内涵，养成健康的心理、热爱生活、追求美好的事物、积极开朗的心态，培养健全人格。

八、课程成效

（一）编写《漫步艺宫》校本教材

（二）教案

梦想成真：我与课程的故事

——漫步艺宫　亲近美术

季蓓蕾

楔　子

我们能在外国电影中看到这样的画面：一群学生，或站、或蹲、或坐，围在艺术作品前，有的认真观看，有的记录着老师的讲解，有的涂涂画画。这样的场景在国外并不罕见。

图 2-3　国外美术场馆教育图

那么，我国的现状呢？

记得 2007 年一项针对本市（上海市）中小学生"你参观上海美术馆了吗？"的大型问卷调查，76％的上海中小学生从未去过美术馆，这样的调查结果是触目惊心的。我校全体学生也参与了此次问卷调查。当时，有教授表示："这样的结果应该引起学校教育层面和美术馆层面的思考。"

同时，这样的结果对于我们中小学美术教师，也受到一次理念上的冲击。特别是我们这样一所地处老城厢的百年老校，我们的学生大多是外来务工人员的子女。他们如何享受上海的美术场馆，如何有效利用美术场馆资源，铺设一条进入艺术世界的道路，在典雅优美的艺术氛围中，以独特的教育方式，在宽松的环境中，让学生体验高品位艺术，获得潜移默化的濡染，这样的思考深深地根植于我们的内心。

我们开始行动了！

一年后……

2008 年上海美术馆举办"快城快客"双年展"美术馆中的家园"教育推广活动，我校有 3 件学生作品入选并展出。小学生能参加国际性的美术展览活动，学生们非常兴奋、自豪。他们创造了一个新的纪录——历年来双年展中年龄最小的参展"艺术家"，这样的学习环境充分满足了学生自我表现的欲望。

图 2-4　美术馆教育部老师　　　　图 2-5　小高同学和他的
　　　　指导学生现场布展　　　　　　　　　双年展作品

在此次双年展中，学生们了解了更多的美术表现形式，而父亲看到孩子的作品感触很深，知道了要多和孩子交流，要关心自己的孩子。因此，通过美术作品传达内心深处的思想，加强家校沟通，传递人间美好的愿望，这也是美术馆教育的一大成效。

又过了两年……

2010 年上海美术馆举办"巡回排演"双年展"美术馆中的迷失"教育推广活动，我校有 4 位学生参与了现场展示活动，其中大阿福的设计获得了"生动形象奖"。

2012 年的国庆……

2012 年中华艺术宫在原中国馆正式开馆，10 月 1 日我校学生电脑绘画、创意皮影、玻璃纸刮蜡画等 17 幅作品在中华艺术宫开幕式中展出。至此,上海美术馆经历了华丽的变身,中华艺术官为海内外儿童打造了一个多媒体、多元化、引人入胜的艺术感受空间,成为上海市少年儿童美术教育的"公开课堂"。

图2-6 玻璃纸刮蜡画作品

图2-7 创意皮影

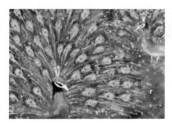
图2-8 电脑绘画作品

在时隔六年后的今天,我们的学生已把进入艺术场馆作为自己生活体验的一部分。

图2-9 学生在中华艺术官儿童画展上介绍自己的作品

听到学生们的心声,我们非常欣慰。多年来我们充分利用场馆资源,开发美术校本课程,发挥学生的主动性、积极性和首创精神,为学生创设更为广阔的"开放式"学习空间,构筑"超越围墙"的美术大课堂。让学生真正走进艺术、欣赏艺术、感受艺术，陶冶审美情操，提高美术素养，增加学习经历，扩展学习方式，提升美术学科的育人价值。

图2-10　走进儿童美术馆活动留影　　图2-11　教师、学生、校长在中华艺术宫开幕教育活动颁证典礼上的合影

艺宫漫步　亲近美术

"漫步艺宫"是一种悠闲地在美术场馆里参观、欣赏，静静地体验美术作品的学习方式。每个学生根据自己的兴趣，基于对作品独特的理解，去发现、去感悟。这是我们《漫步艺宫》校本课程开发的初衷。

经历了尝试、设想、实践、思考，终于我们的《漫步艺宫》校本课程诞生了！

其中学习任务单"我的艺宫之旅"：除了教师的温馨提示，还记载参观美术场馆的记录，"星星榜"即学生的自我评价表，学生作品的分享，互动留言，在"我的足迹"里填写参与活动的时间、内容，并附有相册粘贴学生活动照片。

"学习任务单"是学生整个场馆学习活动的指南与活动过程的记载，因此教材设计成活页的形式，方便学生在小学毕业时裁下活页，自己进行封面设计并装订成册，制作成专属于自己的、独一无二的《我的艺宫之旅》绘本。这样的教材真正做到为学生服务，有利于学生增长知识、发展技能、开拓视野、提高素质、完善人格。

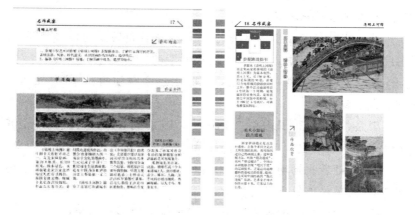

图 2-12 学习内容和学习指南

图 2-13 《我的艺宫之旅》学习任务单

[精彩一刻]

接下来,就让我们通过《走进中国动画》活动实录一起来漫步艺宫,亲近美术!

教师课前播放视频。(视频文字:什么是"中国学派"? 可能现今的年轻一代并不知道中国动画曾经辉煌的历史,独树一帜的"中国学派"是指我国制作的具有中国民族风格的美术电影,这是国际动画界给予我们的盛誉。当新世纪的孩子们热烈地讨论着日本的动漫、美国的迪斯尼时,你们是否知道《铁臂阿童木》的作者,被誉为"日本动漫之父"的手冢治虫,就是因为看了中国动画《铁扇公主》,才立志走向动漫创作之路的。今天,对于中国动画而言"走民族风格之路"还将是我们继续探索的道路。）

这段视频带给学生的是"震撼"，学生由惊奇转换为好奇与探究。由此，引发了《走进中国动画》主题单元活动。

活动前我思索着一个问题，开展《走进中国动画》主题单元活动是否有必要？

于是，我们进行了一次《"动画知多少"的问卷调查》，我校一至五年级有 320 位学生参与，根据统计结果，分析、发现下列问题和现象：

第一，随着我国动画事业的发展，学生们也开始关注、喜欢中国原创动画，这种现象是可喜的。

第二，学生喜欢的动画片中，我们传统的中国动画片很少。

第三，大多数学生对于动画片制作的年代并不清楚，这说明只要是能吸引他们的动画片，他们都喜欢看，并不介意是什么时候制作的。

第四，学生喜欢的动画片娱乐性、故事性强，缺乏思想道德、人文素养等方面的教育意义。大多数学生对一些"寓教于乐"的经典中国传统动画不了解。

第五，虽然中华艺术宫开馆至今已有 2 年，但是艺术宫里基本陈列馆的展出内容学生、甚至于教师也了解得不全面，这就需要我们对中华艺术宫内容进行全面、详细的调查、分析，开发、利用适合于我们小学美术教学的资源。

第六，学生对动画片很感兴趣，在做问卷调查的时候会情不自禁地交流各自看过的动画片。

我们又分析了中国动画在课堂教学中的现状：

书画版和上教版教材中都有此类内容，但是各有侧重，综合以上两套教材发现学生对动画内容是非常感兴趣的，但是由于课堂教学时空的局限性，不能更深入地学习相关知识。

关注学生的兴趣点，以现有的学生认知情况为基础，与教材内容相结合，学生在活动过程中能感受民族传统文化在动画形象上的表现，从而热爱我们的原创动画。因此，本次活动是源于学生对艺术学习的向往与渴求。

其次，是源于丰富的场馆资源。

上海美术电影展是中华艺术宫与上海美术电影制片厂合作，以原画和动画相结合的形式,展出了大量的中国美术电影历史上的经典之作。作为基本陈列馆,展出的原画作品有 21 幅,演播厅滚动播放《上海美术电影制片厂发展历史》影片,以及部分经典动画。这些丰富的资源极大地扩充了我们美术课堂教学内容。

第三,基于学校艺术教育培养目标。

作为地处老城厢的学校,我们的学生大多是外来务工人员的子女。学校艺术教育培养目标是,懂礼仪、有情趣、乐创作、爱生活。期望通过艺术教育,让学生感受校园生活的愉悦,提高艺术修养,提升文化品质,并能加速融入上海这座大城市,成为新上海人。

综合以上三个因素,我们可以发现本次活动是非常有必要的。

接下来,请大家一起来看看我们如何进行《走进中国动画》主题单元活动的。

活动理念是:每个学生根据自己的兴趣,基于对作品独特的理解,进行开放、互动的活动,发现、感悟,享受艺术的魅力,养成自主探究的学习方式。

主题单元活动总目标是:学生初步知道中国动画的发展史以及多种表现形式,通过资料收集、信息交流、现场参观、作品临摹后,创作导览图,发现中国传统艺术在动画创作中的传承,感悟我国动画发展史和教育意义。激发学生热爱中国原创动画与传承中国文化的浓厚情感。

主题单元活动分为:我知道的中国动画、触摸中国动画、我与中国动画的故事三个环节。

主题单元活动的记录与评价:两卡、两表、一图。

接下来,让我们跟随学生的脚步,走进中国动画。(学生活动记录)

大家好!我是二年级的连心怡,现在让我带领大家走进中国动画。

第一次"快乐活动日",我们围坐在一起。老师告诉大家:"这次'动画知多少'的调查结果是全校只有一位学生喜欢《小蝌蚪找妈妈》。你们看过这部动画片吗?你们对中国动画了解吗?知道第一部中国动画片是什么时间制作的?"我们一片茫然,大家都不知道。

在老师的引导下，大家发现还有许多知识我们想要了解，于是提议先进行资料的收集，还一起设计了《我知道的中国动画》资料收集卡。

第二次"快乐活动日"，我们认真交流自己查到的相关的资料，灵灵同学特别介绍了水墨动画《小蝌蚪找妈妈》，并制作了PPT，大家还一起观看了这部具有中国特色的经典动画片。老师也播放了她自己制作的《上海美术电影发展史》视频。之后，我们把收集到的资料制作成《中国经典动画一览表》。

第三次"快乐活动日"，我们终于来到了中华艺术宫。看，老师在分发参观记录卡，要求我们仔细记录。

在中华艺术宫里我们全神贯注地记录着自己喜欢的动画片，看到自己感兴趣的动画片原稿把它临摹下来。有的趴在地上，有的蹲在凳子前，认真临摹。我们来到演播厅，为水墨动画复杂的制作过程，典雅优美的画面所感染，发出阵阵惊叹。

第四次"快乐活动日"，我们在学校创意室里用各种工具描绘自己喜欢的动画形象。

雨豪大哥哥画了一个大大的孙悟空，他说《大闹天宫》具有宏大的中国气派和浓郁的民族色彩，非常有气势。

楠楠姐姐画了《骄傲的将军》，造型是借鉴京剧的脸谱艺术，她告诉我们临摹这幅作品就是为了提醒自己不要骄傲。

画好之后，我们根据记录卡和临摹作品按照展览中作品的年代、表现形式、内容分为三组，在《中国经典动画一览表》的基础上制作完整的《上海美术电影展作品一览表》。

第五次"快乐活动日"，在《上海美术电影展作品一览表》的基础上，我们分为三组创作绘制了《上海美术电影展手绘导览图》。看！这就是我们创作的导览图！

第六次"快乐活动日"，我们来到学校的多功能展示厅布置《艺宫印象·走进中国动画》画展，在展板上写下了互动留言，和老师一起合影留念。

漫茹姐姐说："我长大了也想创作一部有中国特色的动画片。"她的话表达了我们的心声。

我们的学生从寻常的生活中走出来，缩短了与艺术的距离。

《走进中国动画》主题单元活动意义、价值在哪里?

首先,在美术学科中传承中国的传统文化,开发了《走进中国动画》美术拓展课程。

其次,利用中华艺术宫的场馆资源,在开放的美术教育环境中,师生共同创造新的教学方式。

第三,在《走进中国动画》的课程实施中设计的"两卡、两表、一图",作为学生学习活动的记载与作品的呈现,留下学生自主探究、享受艺术的足迹。

在"漫步艺宫"的过程中,老师们引导着学生以独特的视角与方式去接触艺术、理解艺术。《漫步艺宫》校本课程,悄悄地在学生的心灵深处留下了美术体验的烙印,渐渐地成为一种潜移默化的动力,提升着学生的人文素养与生活情操。

图 2-14 参观中华艺术宫奥赛珍藏特展后的
学生临摹作品《艺宫印象·拾穗者》

图 2-15 参观中华艺术宫《清明上河图》特展后,学生在临摹的
基础上进行的艺术创作《艺宫印象·清明上河图》

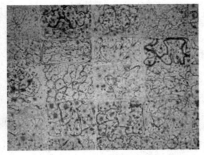

图 2-16 参观吴冠中画展后学生用棉签画的作品《春》

结束语

漫步艺宫,开放学生的思维空间,激发学生的创作潜能;

漫步艺宫,搭建自主表现的舞台,构筑学生与社会的心灵桥梁;

漫步艺宫,熏陶学生的艺术文化,培养健全人格。

课程二 《书画童缘》

梦想起飞:书画同源,艺海童心

沈 涛

书法是中华民族特有的优秀传统文化,是一门独特的视觉造型艺术。然而,书法的学习会很枯燥、乏味,对于好动的小学生而言,难以静下心来反复练习。如何激发学生学习书法的兴趣呢? 这让我想起书与画之间的关系。书法和国画作为我们中华民族的"国粹",同质而异体,其历史源远流长。书法的外在气质是流动的线条,注重气势之美、意态之美、韵律之美。而中国画的线条、墨韵,处处都透露着书法中的抽象之美。书法的用笔是中国画造型的语言,离开了书法的用笔,就很难言中国画,因此书画艺术本同源,它们都使人怡然有得、心醉神迷。基于此,《书画童缘》的编写设计与教学,试图将书画结合,让学生领略两者之间的艺术妙趣。

《书画童缘》是为小学生编写的教材。本教材编写目的在于激发学生学习书法的兴趣,发现书法艺术的奇妙,体验书画一体的乐趣,通过书画作品表现出学生质朴的童心。因此教材取名为《书画童缘》,让我们的学生在学习中与书画艺术结缘。

　　本书分为五个单元,从古今中外丰富的文字艺术介绍到简单的中国书画知识技能的学习。每课分为"知识小问号"、"故事天地"、"写写画画"、"我的作品"、"我知道了"五个栏目,循序渐进,引起学生的好奇,提升学习的热情。

　　·知识小问号:介绍一些简单的书法知识,学生初步了解基础的书法知识与技能。

　　·故事天地:介绍书画家或者与本课内容相关的趣闻轶事,既能开阔学生的眼界,又能提高学生的人品修养。

　　·写写画画:通过详细的步骤图,具体介绍作品的绘制过程,体验书画艺术创作的乐趣。

　　·我的作品:展示学生自己绘制的作品,激发学生学习兴趣。

　　·我知道了:填空和连线等简单的题目,是学生对本课学习后的反馈。

　　书法是我国传统文化艺术宝库中的一颗璀璨的明珠,《书画童缘》努力使这颗明珠在小学生心中发光、闪耀,让学生喜爱书法,喜欢这门课程,让他们在书画艺海中滋养童心!

编织梦想:《书画童缘》子课程方案

沈　涛

一、课程设计背景

　　中国书画艺术是美术学科中不可或缺的一部分。学校期望通过《书画童缘》校本课程的开发,有一本关于书画方面知识,适合低年级使用的校本艺术读本,为中高年级书法教学打好扎实的基础。

二、课程设计理念

　　书法是中华民族特有的优秀传统文化,是一门独特的视觉造型艺术,是基础教育的重要内容。《国家中长期教育改革和发展规划纲要(2010—2020 年)》中指出了书法教育的重要性。

　　让低年级学生体验书法、国画艺术中意蕴、笔墨之美,在书法教学中打破常规,以文字为载体,书画结合的形式,既能掌握书法的基础知识和基本技能,继承书法(软笔)这一优秀的传统艺术,又能通过书画结合方式提高学习兴趣,在学习过程感受我国书法艺术之博大精深，领略书法与绘画之间的密切联系，体验"书画同源"。发现书法艺术的奇妙，体验书画一体的乐趣。欣赏各国的象形字，感悟我国传统艺术历史之悠久，以此提高学生的艺术修养，提升文化品质，积极参与文化的传承。

三、课程目标

（一）通过学习知道常用的书画工具，了解基础的书画知识。

（二）掌握书法、国画中基本的运笔、用墨等技法；熟练运用书画工具以个人或集体的方式创作书画作品。

（三）体会汉字文化的博大精深，领略书画艺术的奇妙，感受"书画同源"。

四、课程内容

（一）课程结构

课程以单元划分，本课程分为五个单元：入门小知识、古老的文字、书体与书风、奇妙的汉字、趣字小链接。从古今中外丰富的文字艺术介绍到简单的中国书画知识技能的学习。循序渐进，引起学生的好奇，提升学习的热情。

具体内容如下：

表 2-4 《书画童缘》课程内容表

主题单元	课题	主要内容	作业形式
第一单元 入门小知识	第1课 文房四宝	认识中国传统书画工具——文房四宝。	
	第2课 开笔护笔	知道书画中工具的摆放位置，以及工具的保养。	
	第3课 执笔舔墨	知道书法执笔的方法，练习正确的执笔姿势和坐姿。	画画大小不同的圆圈和墨点，组成一幅画。
	第4课 墨点墨线	知道舔笔和蘸墨的方法，了解墨分五色。	用不同的墨色和有粗细变化的墨线，画一幅由不同的点和线和组成的画。

（续表）

主题单元	课题	主要内容	作业形式
第二单元 古老的文字	第5课 中国的甲骨文	认识中国的象形文字，学习中锋用笔。	用"山日水月、草牛羊木"八个象形字组成一幅画。
	第6课 江永女书	介绍谭盾的交响乐《女书》了解世界上女性使用的文字——女书。	尝试画画女书，并做成一把扇子。
	第7课 纳西的东巴文	了解东巴象形字的历史，认识一些简单的东巴文字。	写写画画东巴文，做一个有民族韵味的笔筒。
第三单元 书体与书风	第8课 书体的分类	认识我国文字的七种字体。	写写不同书体的生肖文字。
	第9课 楷书四大家	知道唐四家，欧、颜、柳、赵。	
	第10课 中国的印章	知道印章有阴文和阳文。	在钙塑板上写写自己的姓，并把它拓印下来仿制一枚印章。
第四单元 奇妙的汉字	第11课 有趣的合体字	知道合体字是就是由两个或两个以上的单个字组成的汉字，认识一些合体字。	在红纸上写写几个合体字，做成窗花或者门贴。
	第12课 碑帖上的异体字	知道异体字是字音字义相同而字形不同的一组字，认识一些异体字。	用各种"寿"字装饰造型各异的器皿。
第五单元 趣字小链接	第13课 古埃及象形字	了解埃及象形字的历史。	在沙皮纸上用蜡笔画画自己姓名的埃及象形字缩写。
	第14课 神秘的玛雅文	了解玛雅象形字的历史。	临摹玛雅文，填上颜色成为一幅有趣的图画。
	第15课 英文方块字	了解现代创新书法，用中文笔画写26个字母。	写写英文方块字，并设计成小花裙。

（二）课程内容的呈现方式

1. 校本教材

校本教材兼顾学科与学生两方面的需要和情况，以学生为主体，注重学生的兴趣、需要和能力，以艺术熏陶为目的，激发学生学习的热情。

每课分为"知识小问号"、"故事天地"、"写写画画"、"我的作品"、"我知道了"五个栏目。

·知识小问号：介绍一些简单的书法知识，学生初步了解基础的书法知识与技能。

·故事天地：介绍书画家或者与本课内容相关的趣闻轶事，既能开阔学生的眼界，又能提高学生的人品修养。

·写写画画：通过详细的步骤图，具体介绍作品的绘制过程，体验书画艺术创作的乐趣。

·我的作品：展示学生自己绘制的作品，激发学生学习兴趣。

·我知道了：填空和连线等简单的题目，是学生对本课学习后的反馈。

2. 微课程视频

教师制作活动前讲座、拍摄学生创作过程、教师示范过程等视频片段，编辑成微课程。

五、课程的实施

（一）学习对象

我校二年级学生。

（二）课时安排

课时计划：每周一次活动，每次活动两课时。（70分钟）

（三）教学设备

·专用的书画教室

·各种书画工具与材料

·视频资料

·相关书籍

（四）主要策略

在书中大量的书画作品欣赏，让学生发现民族艺术的魅力。《我知道了》小栏目让学生在做题的过程中延伸课堂教育。书中的整个教学过程以学生个体为主体,充分考虑低年级学生的心理特点,用各种形式激发学生学习书法的兴趣,发挥个体主观能动性和创造性的学习。教师引导学生主动学习,深入了解文字之美,毛笔的表现之美。学生掌握基本的简单书画技能与知识。在学习行为中,不断内化、积淀相应的学习素质。

六、课程评价

(一)关注学习过程评价

根据低年级学生的心理特点,以鼓励为主。在教学过程中教师及时发现每个学生的优点,表扬学生的每个细节。鼓励学生勇于表达对作品的理解,善于倾听他人对作品的介绍与评价。

(二)评价的形式

评价的方法采用学生自评、学生互评、教师评价,布展展示相结合的方式,从不同的角度进行多元的评价。

(三)教材的评价

教师在教学过程中,寻找最佳的教学方案,发现学生学习过程中的兴趣点,在综合评价下,不断调整课程内容、教学策略等。

七、课程特色

(一)书与画的结合

书法和国画作为我们中华民族的"国粹",同质而异体,其历史源远流长。书法的外在气质是流动的线条,注重气势之美、意态之美、韵律之美。而中国画的线条、墨韵,处处都透露着书法中的抽象之美。书法的用笔是中国画造型的语言,离开了书法的用笔,就很难言中国画,因此书画艺术本同源,它们都使人怡然有得、心醉神迷。基于此,《书画童缘》的课程开发,试图将书画结合,让学生领略两者之间的艺术妙趣。

(二)激发书法学习的兴趣

本课程在以中低年级学生为教学对象,以掌握毛笔基本的用笔为主要目的。教学中不是单纯地训练技法与枯燥的知识传授为主，而是从大量的图示、同龄学生作品欣赏、小故事来激发学生学习的兴趣。以各种形式激励学生多用毛笔来练习，提高学生对毛笔的掌控。

（三）拓展学生的书画知识

本课程内容包含了大量的古今中外的书画知识，从时间、空间拓展学生的知识面，开阔学生对书画知识、技能的了解，从而感受书法、绘画艺术的魅力。

八、课程成效

（一）形成《书画童缘》校本教材

（二）教案

（三）学生作品集

梦想成真：我与课程的故事

—— 弘扬传统文化，开启智慧之门

沈　涛

为贯彻《国家中长期教育改革和发展规划纲要（2010—2020年）》精神，全面实施素质教育，继承与弘扬中华民族优秀文化，教育部对中小学开展书法教育提出意见。阐述了书法教育的重要意义"书法是中华民族的文化瑰宝，是人类文明的宝贵财富，是基础教育的重要内容。通过书法教育对中小学生进行书写基本技能的培养和书法艺术欣赏，是传承中华民族优秀文化，培养爱国情怀的重要途径；是提高学生汉字书写能力，培养审美情趣，陶冶情操，提高文化修养，促进全面发展的重要举措。"[①]

依据《国家中长期教育改革和发展规划纲要（2010—2020年）》，我校在四年级下学期和五年级上学期开设了毛笔写字课，每一届学生有一年学习毛笔写字课的时间。通过几轮教学实践发现，学生对软笔书法很感兴趣，学生也很愿意学。但由于时间的关系在课中只

---

① 中华人民共和国教育部.教育部关于中小学开展书法教育德意见[Z].2011—8—26.

能以练字为主,一些传统文化的知识就很难在课中讲解。在毛笔字教学中还发现有一些接触过国画的学生掌握起来就比较快,自信心也比较强。

我想能不能编一本教材,在学生学习书法的之前就接触毛笔,学会执笔、坐姿、洗笔、蘸墨等一些基础知识,为写书法打下基础的教材。这本书既能让学生接触毛笔,使学生不觉得枯燥,又能让学生了解书画基本知识。

书画同根又同源,俗称书画同源,根据学生的特点,于是我编写了《书画童缘》校本教材,本教材结合画画的各种形式,以毛笔为主要工具,以文字为载体,以培养兴趣为主导,让学生接触软笔,使用软笔。

在实施之初我们是以2—5年级学生自愿报名,每周五下午有70分钟的时间在拓展课中进行教学。还有一些内容穿插在两年级的美术课中。结果发现有此基础的学生学起书法来更有自信,更有兴趣,进步也更快。于是我们把本教材实施放在每周五快乐活动日的拓展课中,教学对象为全体两年级学生。

以下记述在实施本教材中的第一单元第三课《执笔添墨》的一个片段。

"同学们,请看电视屏幕,请你猜猜这张作品像什么?"老师话音未落,已经有好几个学生举起了手。

"这像打枪用的靶子。"

"我看像石头落在水里形成的一圈一圈的水面。"

……

学生们越说越多。"同学们! 你们想象力真丰富,老师很佩服。刚才的这张作品老师给它取了一个名字《同心圆》,因为它是围着一个圆心一圈一圈地放大。请你们再猜猜这里一共有几个同心圆?"

"50 个"

"20 个"

……

"到底是几圈呢,现在我们一起来数一下 1,2,3,……35,一共 35圈。这张是老师画的猜猜用什么笔画的?"

"毛笔"

"怎么一下就被你猜到了，老师就是用你们桌子上的毛笔画的。"

学生们脸上露出了惊讶的表情。

"现在你们想不想也来画一画？"

学生们异口同声地说："想"

教师讲解画法："先在方形的纸上画两条对角线，找到中心。接着围着中心一圈一圈地画，圆圈和圆圈之间不能碰到，画到不能再画完整的圆圈了，请你数数有几圈。开始。"

随着老师的一声令下，学生们开始了舔墨，铺纸，作画的过程。教师一边巡视，一边提醒和纠正学生的坐姿，握笔姿势。

很快有几个学生就画完了。

"现在我们来统计一下。看看谁画得最多。"

"我 12 个圈"

"15 个圈"

"老师他画了 20 个圈"……

"现在请 10 个圈以上的人举手。"班级里一半以上的人举起了手。

"现在请 15 个圈以上的人举手。"举手的学生又少了一大半。

"16 个圈以上的。"班里只剩了三个人，"请你们报一下，你们分别画了几圈。"

"17""19""26"

老师分别把画了 26 个圈和 10 个圈的学生的作品投射在大屏幕上，请学生讨论："你觉得画得多少的原因在哪里。"

"老师，10 个圈的那张他的线条太粗了。"

"10 个圈的那张的中心偏了，所以他画得少了。"

"26 个圈的那张每一圈都靠得很紧，而十个圈的那张每个圈都离得很开。"

"你们观察得真仔细，你们知道如何把中心找准吗？"

"对，小明说得很好，一定要把两根交叉线画得直。要把交叉线画得直一定要有正确的坐姿，握笔的姿势。"

现在跟着老师的口令复习一遍正确的书写姿势：身直肩平，头正不偏，双脚放稳，避开两端。毛笔握笔法：拇指按，食指压，中指勾，无名指顶，小指抵，指实掌虚。教师巡视检查。再次纠正学生的基本动作。

老师发现你们现在的动作标准多了,我们再来画一张。学生开始了第二张的练习。教师巡视,手把手地纠正学生的握笔姿势。

"现在老师想请比第一张画得多的学生举手。"全班的学生都举起了手。"现在我们都比第一张进步了,说明只要练习,我们就一定会有收获。"

接下来,老师请班里画得最多的学生谈谈:"我写书法已经 3 年了,每天回家要练习 30 个字。参加比赛时每天练习得还要多。"

"小妮同学为什么写得那么好的秘密你知道了吗? 每天坚持练习就是成功的秘诀。"

"你们想不想再来一次?""想!"

学生又一次安静地画圈……

通过画圈的练习,学生锻炼了手腕的灵活性。把枯燥的练习变成了有趣的练习。教师在学生画圈期间也有了更多的时间检查学生的写字基本姿势,由于有了比赛学生兴趣很浓,每个人都想成为画得最多的那一个。经过老师的总结,学生知道了多练习是进步的关键,你要从超越自己开始,只有持之以恒才能成功。

教师的感悟:

1. 学生对用毛笔写字和画画很感兴趣。

2. 教师在美术课国画课程教学课中,学生用笔灵活了,画面更丰富。

3. 为进入书法的学习打下了基础。

学生的收获:

1. 学生经过本书的课程学习,了解了一些书法的常识——什么是文房四宝,笔、墨的保护,知道了印章中什么是朱文,什么是白文,中国书法家的小故事,简单区分楷、行、草各种字体等一些传统文化的知识。

2. 培养了学生的良好习惯。学生知道了:走出座位要把笔放下,毛笔每次写完要洗干净。

3. 知道了中外的许多象形文字,而汉字是唯一沿用至今的文字。蕴含着丰富的文化。

　　愿《书画童缘》这本成为开启传统文化的一把钥匙，愿学生在不断的学习和实践中喜欢传统文化。

课程三　《五彩创意》

梦想起飞：点亮学生心中创想的"心灯"

翁晓川

　　最早接触创意美术是年少时看小神龙俱乐部的节目《Art Attack》（中译：艺术创想，是英国 CITV 的一档针对 4—16 岁孩子的高人气艺术类儿童节目。）主持人尼尔通过"创意小角落"向大家介绍如何利用日常生活中一些非常普通的材料，通过"艺术创想"，制作出各种意想不到的、具有个人独特风格的实用美术作品的方法。随着时间的推移，我有幸站上了三尺讲台成为了一名美术教师，每每回想《Art Attack》中每一件创意作品的诞生，心头便会有一种瞬间划过的欣喜。往往在你不经意间，几件寻常物品就华丽地变了身。想象有多精彩，作品就有多精妙。一直努力教书育人的我，真心实意地想将这种瞬间欣喜的感受带给我的学生。

　　机缘巧合之下，我校搬至黄浦区豫园地区，从而使得我校北靠城隍庙，东临黄浦江，每天我们都可以看到环城的 11 路沿线行驶。我校还畅享着豫园、城隍庙、沉香阁、小桃园清真寺、清心堂、大境阁以及数不清的石库门和木板房等资源，这些给我们带来了取之不尽、用之不竭的艺术源泉。

　　正是基于以上的两种缘由，使我萌发了编写《五彩创意》的想法，以课堂教学为载体，从学生学习生活、居住环境等一系列熟悉的事物出发，创设大量的生活创意情境，来激发学生的想象，使学生的创意迸发贴近生活；同时引导学生尝试运用不同材质、工具进行美术创意表现，让学生在实践体验中感受美的应用，在探索中培养创新意识、发展实践能力。

　　愿《五彩创意》能像一粒种子，深深扎入学生的心田；愿《五彩创意》能像一阵春风，习习唤醒学生沉睡的创意；愿《五彩创意》能像一场雨露，滋润着学生想象的脉络枝干。而我愿成为一根火柴，擦亮自己，点亮学生心中创想的"心灯"。

编织梦想:《五彩创意》子课程方案

翁晓川

一、课程设计背景

我校作为黄浦区艺术特色学校,多年来坚持"会做人、会学习、有特长"的培养目标。在"以艺辅德、以艺促教"的整体规划下,学校艺术教育氛围浓厚、特色鲜明、成果丰厚。在抓住教育教学质量生命线和艺术教育特色发展线的前提下,学校提出了以艺术教育为特色促学校发展的"艺术育人观",用科研引领、课题立项、校本课程的充实,整体提升了学校的教育教学水平。

近年来在新课程的洗礼下,中小学教育教学整体面貌应该说已有了大的改观,各种新的教育理论、思想、观点纷至沓来,各种新的教育教学模式、方法、技术、手段不断涌进课堂。作为二期课改攻坚阶段下的一名小学美术教师,笔者秉承教师在教学中应从更高的层面和更广阔的视角去把握教材,并根据学生的发展需要做出新的设计和处理。

《五彩创意》校本课程正是在这样的教育发展背景下孕育而出。笔者认为艺术的表现与创作其本身就是创造性的劳动,不应循规蹈矩、墨守成规,而应从学生自身理解、想象、执行、创造等多维角度出发,教师辅以学生自由、充分的学习工具、环境、空间,让学生打开拳脚,调动所有的激情,尽情发泄自己的创作欲望,这样才能创建出学生真正喜欢的课堂,从而推动实现"办学生喜欢的学校",落实"以学生发展为本"的课程理念。

作为校本课程《五彩创意》以课堂教学为载体,从学生学习生活、居住环境等一系列熟悉的角度出发,贴近生活,发挥想象,尝试运用不同材质进行美术创意表现,让学生在实践体验中感受美源于生活、高于生活,在生活中美化生活。

二、课程设计理念

《上海市中小学艺术学习领域课程指导纲要》在第四部分"艺术体验与实践要求"中明确指出:"艺术的表现与创作是创造性的劳动,

也是艺术学习的重要环节，学生的理解力、迁移力、想象力和创造潜能都是在创作活动中得到高度融合和充分发掘，学生的艺术情感和体验能力也在创作活动中被激活，因此，要充分认识艺术表现与创作的不同层次及其相应的要求，广泛开展多样化、多层次的艺术创作实践活动。关注艺术表现与创作活动的过程，不过分强调表现与创作的结果，使学生的各种能力在表现与创作活动中得到协调发展，也使学生的创造力得到明显的提高。"①

秉承《上海市中小学艺术学习领域课程指导纲要》的精神，《五彩创意》立足生活，适用于小学三、四年级学生。课程核心词汇"艺术创想"定义为：艺术，一种文化现象，大多为满足主观与情感的需求，亦是日常生活进行娱乐的特殊方式，其根本在于不断创造新兴之美。文字、绘画、雕塑、建筑、音乐、舞蹈、戏剧、电影等任何可以表达美的行为或事物，皆属艺术。而"创想"融合创造力与想象力，是知识、智力、能力及优良的个性品质等复杂多因素综合优化构成的，更强调的是在掌握一定的知识面的基础上，其中新颖性和独创性是关键。②

由此可见，《五彩创意》契合《上海市中小学艺术学习领域课程指导纲要》的精神，在重视培养学生乐于动手，勤于实践，勇于创新的意识、习惯和能力上有着显著的作用，有助于促进学生的可持续发展和学习能力的形成。

三、课程目标（参考美术课程标准）

（一）初步认识形、色与肌理等美术语言，学习使用各种工具，体验不同媒材的效果，通过看看、画画、做做等方法表现所见所闻、所感所想的事物，激发丰富的想像力与创造愿望。

（二）学习对比与和谐、对称与均衡等组合原理，了解一些简易的创意和手工制作的方法，进行简单的设计和装饰，感受设计制作与其他美术活动的区别。

---

① 上海市中小学课程教材改革委员会办公室.上海市中小学艺术学习领域课程指导纲要[M].上海：上海教育出版社，2004：32.

② 上海市中小学课程教材改革委员会办公室.上海市中小学艺术学习领域课程指导纲要[M].上海：上海教育出版社，2004：32.

（三）观赏自然和各种美术作品的形、色与质感，能用口头或书面语言对欣赏对象进行描述，说出其特色，表达自己的感受。

四、课程内容

《五彩创意》课程内容在各单元的制定上从学生生活的豫园老城厢、学习生活出发，根据学生实际，由浅入深地呈现相关学习内容，并以丰富多样的艺术创想活动贯穿该课程的始终。整个课程包括五个单元，单元之间各自独立成块，共计 16 节课，折合 32 课时。在每一课里都大致包括了"生活回顾"、"工具、材料呈现"、"作品欣赏"、"步骤示范"、"认知拓展"五个方面的栏目。每单元教学内容如下。

表 2－5　《五彩创意》教学内容表

单元	教学内容	教学目标	工具和材料
单元一：我家在豫园	1.《我爱我家》	认识儿童版画，知道房屋外形的基本结构，围绕"我爱我家"这一主题展开讨论、交流、构思，绘制自己喜欢的房屋、添画故事，并尝试用纸版印制的方法进行表现。	圆珠笔、彩色卡纸、水粉颜料、滚筒
	2.《家住石库门》	通过影片欣赏粗浅地了解石库门的历史和造型特点；知道线描的步骤方法，尝试用黑色签字笔以左右对称的方式画画石库门照片，并用彩墨渲染。	签字笔，宣纸
	3.《豫园纪念磁盘》	知道瓷盘画是一种融瓷器工艺与书画为一体的艺术，欣赏豫园景色影片，画画以豫园为主题的充满装饰性的纪念瓷盘，并运用不同的画面定位方法添加环形花边。	蓝色勾线笔、纸盘
单元二：我的五彩生活	1.《彩色玻璃纸》	认识玻璃纸，巩固和应用原色及间色的知识，学会用三原色玻璃纸的叠加变色进行创意拼贴制作花瓶外罩、灯罩。	剪刀、塑封机、玻璃纸
	2.《生肖灯罩》	认识彩色薄膜刮蜡纸，学会用竹签笔表现不同形态、疏密、粗细变化的线，尝试运用竹签笔在彩色薄膜刮蜡纸上画画自己的生肖属相。	竹笔、彩色薄膜刮蜡纸

单元	教学内容	教学目标	工具和材料
单元二：我的五彩生活	3.《我画恐龙》	粗浅地知道刮蜡画色彩对比强烈、画面均衡的形式美感，在复习线的形态变化的基础上进一步了解点、线、面在刮蜡纸作画中的不同运用，尝试用竹签笔在刮蜡纸上画画恐龙。	竹笔、彩色刮蜡纸
	4.《喷洒的彩点》	知道用两种原色喷洒彩点可以产生间色；初步认识镂版喷色的方法，尝试制作镂版，并用镂版喷绘的方法表现团花图案的彩点画。	水粉颜料、喷瓶
单元三：我的朋友	1.《艺术笔》	知道用纸条卷圆珠笔芯可以制作圆珠笔，并通过设计尝试用超轻土装饰出具有自己创意的艺术笔。	圆珠笔芯、纸条、超轻土
	2.《黑板上的吸铁石》	通过设计尝试用超轻土装饰出具有自己创意的吸铁石。	吸铁石、超轻土
	3.《书本上的夹子》	通过设计尝试用超轻土装饰出具有自己创意的夹子。	木夹子、超轻土
	4.《瓶子的超级变变变》	知道通过设计废弃的酸奶瓶能够制作出多样的笔筒造型，能利用废弃的塑料瓶、超轻土制作具有自己创意的小笔筒。	酸奶瓶、超轻土
单元四：我们的节日	1.《快乐六一拉花灯》	通过折、卷、撕、粘贴等纸造型基本技法，尝试用彩色卡纸制作立体灯造型，并利用粗细长短不一的彩色纸条装饰灯造型；并将自己的卡通明星以挂饰的形式与立体纸灯进行组合。	各色彩纸
	2.《化妆舞会》	利用超轻土装饰各种造型的半脸面具，做做有趣的圣诞面具，并用羽毛、亮片等进行美化。	面具模板、超轻土

（续表）

单元	教学内容	教学目标	工具和材料
单元四：我们的节日	3.《元宵兔子灯》	知道元宵拉兔子灯的习俗，尝试利用铅丝、纸、皱纸做做可爱的兔子灯，并用蜡光纸进行美化。	铅丝、皱纸
单元五：我身边的艺术	1.《我爱皮影》	粗浅地知道我国传统民间艺术皮影戏和传统皮影的制作方法，尝试用玻璃颜料马克笔和涤纶薄膜仿制不同造型的皮影。	玻璃颜料马克笔、油漆笔、涤纶薄膜
	2.《夏日凉风》	知道中国扇文化的悠久历史和"制扇王国"称呼的由来；利用空白绢面扇子画画以菊花为主题的扇面，或是利用各色卡纸剪剪、贴贴、画画，做一把以中国龙为主题的扇子。	签字笔、水彩笔、绢面扇子

五、课程实施

（一）学习对象

三年级对创意制作有兴趣的、动手能力较强的学生。

（二）课时安排

以一个学期为限，安排 16 次课，每次活动两课时。（70 分钟）

（三）设备要求

学校美术教室。

（四）呈现方式

校本教材

（五）教学策略

为了顺利、有效地开展教学，《五彩创意》提倡教学和学习方式的多样化，因此教学及学习方式的设计就显得尤为重要。在教学的过程中针对新材料、新工具的接触学习，教师可以运用演示法，还可以多创设情境，通过游戏、比赛的形式增加学生练习、实践的机会。另外，在学习和作业环节中可以让学生有个人独立自主学习和与人合作的机会：交流观察结果、协作完成小组作业等。期望通过本课程的学习让学生在独立设计、思考的同时，增强团队合作学习经验。

1. 作业材料选择策略

第一种是废弃材料：报纸、旧挂历、牛奶盒、废弃瓶、罐等等，寻找我们平时生活中可加以循环利用的纸材和塑料制品，鼓励学生自带。

第二种是带有一定专业性的材料，需要教师提供，比如：彩色玻璃纸、超轻土、刮蜡纸、薄膜刮蜡纸、各色卡纸、宣纸、纸盘、各式面具模板、皱纸、涤纶薄膜、绢面扇子等。

2. 作画工具选择策略

美术工具多种多样，充满趣味性。这里建议教师可以提供圆珠笔、油墨、滚筒、签字笔、蓝色油性笔、剪刀、塑封机、竹笔、水粉颜料、喷瓶、圆珠笔芯、超轻土、吸铁石、卷笔刀、铅丝、玻璃颜料马克笔、油漆笔、水彩笔等。

六、课程评价

在整个课程的进行过程中，注重学生的过程评价，在每单元结束都采用《五彩创意》课程学习评价表评定。评价表分"我的参与"、"掌握新知"、"完成情况"、"作业效果"四方面对学生的课程参与度、新工具、材料的使用情况、作业完成的情况以及作品的好坏进行评定。同时，还采用档案袋的形式将学生整个学习过程中的作业、学习感言保存下来。

表 2-6　《五彩创意》课程学习评价表

评价方式 ＼ 评价内容	我的参与	掌握新知	完成情况	作业效果
自　评	☆☆☆☆☆	☆☆☆☆☆	☆☆☆☆☆	☆☆☆☆☆
互　评	☆☆☆☆☆	☆☆☆☆☆	☆☆☆☆☆	☆☆☆☆☆
师　评	☆☆☆☆☆	☆☆☆☆☆	☆☆☆☆☆	☆☆☆☆☆

表 2-7 《五彩创意》学习感言

我的作业:(用照相机给你的作业留个影吧!)
我的感言:(可以谈谈用作业表现豫园、老城厢或作业参展文化节日后的感受)

梦想成真:我与课程的故事
——我身边的艺术创想
翁晓川

构建与开发

随着课程理念的不断更新,我发现不同时期的课程标准对育人价值的要求也不一样。在 2011 版《国家美术课程标准》中就提出:"学生在美术学习中自由抒发情感,表达个性和创意,增强自信,养成健康人格。"[①]我校作为黄浦区艺术特色学校,在"以艺辅德、以艺促教"的整体规划下,近几年学校亦是提出了以艺术教育为特色促学校发展的"艺术育人观",以期用艺术文化塑造懂礼仪、有情趣、乐创造、爱生活的董二学子。

由此,在《上海市中小学艺术学习领域课程指导纲要》的引领下,我首先从《Art Attack》中筛选出我所感兴趣的教学内容。因为是一档知名儿童节目,《Art Attack》的观众群很大,节目内容包罗万象,从制作学习用品、景观小装饰到环保艺术拼图,一直在不断

---

① 中华人民共和国教育部. 义务教育美术课程标准(2011 版)[M].北京:北京师范大学出版社,2012.

地更新中。另外，《Art Attack》教学内容安排上偏向于中型至大型的立体制作，推及小学生，可能在制作的难度上、时间的花费上较难掌控。考虑到这些，我选择《Art Attack》教学内容时严格遵守"适合我校四年级学生年龄段、有新技法的学习、能在35分钟内完成"这三点；挑选出《水彩画技巧》：利用水彩画出逼真的天空效果，《吸管吹画》：用吸管吹出头发造型，《神奇粉笔画》：利用铅笔和粉笔画恐怖塔，《画男画女小技巧》：利用鸡蛋和香肠画人物比例技巧，《美妙蜡笔画》：利用蜡笔和水彩创作出一幅版画，还有各种以"相框"为主题的创意制作，以及盐团造型等较适合我校四年级学生尝试制作的主题。

然后，我尝试将《Art Attack》与现用的小学美术教材相整合。例如：将《Art Attack》中根据半张海报人物脸，运用左右对称的原理画半张脸或是用不同纸材拼贴另半张脸的《对称的脸》和如何对着镜子画自画像的《给自己的自画像》与《美术》课本（第五册）第二单元《可爱的家》第五课《合家欢》相整合，设计《给爸爸、妈妈画张像》一课。围绕"我家在古城"的情怀，从家庭生活出发，用签字笔结合水彩画的形式画画学生熟悉的家庭成员肖像。另外，《Art Attack》中还有一课《刮蜡画》：尼尔教授是在黑色卡纸上经白色蜡笔涂画后，再用牙签或塑料刀等工具进行刮蜡作画。我在看到此内容后，即刻联想到《美术》课本（第六册）第四单元《刮蜡画》第一课《快乐刮画》。该课中原有一幅以恐龙为主题的儿童创作画，画面中央是一只大恐龙，在恐龙的身边围绕着许多的小朋友。在绘画方法的教授上，书中出示了由恐龙嘴到头逐一添加的由局部到整体的这样一个作画方式。同样节目中也是由尼尔从老虎的头部开始作画，我考虑到书上、节目里由局部到整体的作画方式较适合有一定绘画基础、能进行独立儿童画创作的学生，不适合课堂教学，所以借鉴了《Art Attack》另一期《画男画女小技巧》中利用鸡蛋和香肠"不同椭圆造型"的方法，设计了《我画恐龙》一课。首先观察恐龙的整体造型，然后用大小、形状不一的椭圆进行概括：椭圆的头部、蛋圆形的身体，前肢和后肢因充满肌肉感可以用小椭圆的组合进行表现，尾巴粗壮有力，可以根据画面留下的空白进行构图位置上的变化，使画面更饱满。由于恐龙造型、作画方式上的选择变化，使得本课作画整体难度有所提高，课堂作画时间紧张，因此我不要求学生再添画小朋友，而是略添加一些小石块、植物、远处的山等。

除了《Art Attack》中现成可以挑选出来的教学内容，我一直被《Art Attack》中结合各国本土节日、在地文化所延伸出来的制作内容所吸引，比如：《纽约城笔筒》、《浮出海面的亚特兰蒂斯》、《阿兹克特肥皂雕像》、《中世纪决斗者》、《国王的宝座》、《圣诞环》、《木乃伊铅笔盒》、《人兽半面像》等，像这样的制作题材直接搬入我国小学课堂显然会水土不服，没有这样的文化背景，学生肯定感受不到这其中蕴含的意味。于是，我借鉴《Art Attack》的创意开发出适合我校学生的充满本土文化韵味的"艺术创想"活动——《家住石库门》、《豫园纪念磁盘》等。

通过一段时间的挖掘、整合、实践，我将《Art Attack》中选择出来的内容与小学美术教材或在地文化相整合，从而形成适合我校学生的《五彩创意》课程体系。

然后再根据学生的学习、生活，将《五彩创意》划分为五大单元，分别是单元一《我家在豫园》、单元二《我的五彩生活》、单元三《我的朋友》、单元四《我们的节日》、单元五《我身边的艺术》。每一单元根据单元主题寻找相应的在地文化资源进行整合，再细分产生出每个单元下的各课教学内容。例如：《我家在豫园》单元中包含《我爱我家》、《家住石库门》、《豫园纪念磁盘》三课；《我的五彩生活》单元则包含《彩色玻璃纸》、《喷洒的彩点》、《生肖灯罩》、《我画恐龙》四课。在每一课里我都设计了"生活回顾"、"工具、材料呈现"、"作品欣赏"、"步骤示范"、"认知拓展"五个方面的栏目。

表 2-8　各单元整合一览表

《Art Attack》内容	小学美术教材	在地文化	《五彩创意》课程	
《给自己的画像》《对称的脸》	《合家欢》		《我爱我家》	我家在豫园
《美妙蜡笔画》	《快乐小屋》	老城厢建筑		
《神奇粉笔画》		老城厢石库门造型	《家住石库门》	
《浮出海面的亚特兰蒂斯》	《瓷盘上的故事》	豫园	《豫园纪念磁盘》	

（续表）

《Art Attack》内容	小学美术教材	在地文化	《五彩创意》课程	
各种材质综合运用	《彩色玻璃纸》		《彩色玻璃纸》	我的五彩生活
《吸管吹画》	《喷洒的彩点》		《喷洒的彩点》	
《刮蜡画》	《仿彩色玻璃》		《生肖灯罩》	
《轻松画恐龙》《画男画女小技巧》	《快乐刮画》		《我画恐龙》	
《纸造型》		豫园元宵灯会	《快乐六一拉花灯》	我们的节日
			《元宵兔子灯》	
《制作古代勇士面具》		豫园小商品	《化妆舞会》	
《纽约城笔筒》		豫园小商品	《瓶子的超级变变变》	我的朋友
《盐面团笔》		豫园小商品	《艺术笔》	
《盐面团笔》		豫园小商品	《黑板上的吸铁石》	
《盐面团笔》		豫园小商品	《书本上的夹子》	
		豫园老街皮影	《我爱皮影》	我身边的艺术
		豫园扇文化	《夏日凉风》	

五彩掠影

在近三年的实践与积累中，我和学生们在光影中捕捉色彩，在老城厢回味家的味道，在团搓揉捏中塑造自己心中的梦想。

看看《彩色的玻璃纸》的作业，你会发现学生不在意自己窗花剪得怎样，更多是在意塑封成形后大家拼贴成灯罩，小台灯点亮时的那一刻。有些同学的窗花，就剪了几个基本形，但他用了许多强烈、热情、明亮的颜色色块进行互相衬托，也许在他心中窗花的形状如何并不重要，重要的是生活中绚丽的色彩。这正是孩子纯真无邪思想的自然流露，虽然稚拙、简单，但他表现出的想象力是那么大胆、真诚。

　　阳光透过彩色的玻璃纸照耀进教室,温暖而斑斓;彩色的玻璃纸不仅带给我们丰富的色彩享受,还让我们教师看到了寒冷冬天里孩子们一张张开心的笑脸。玻璃纸映衬出的不光是简单的色彩,更是学生质朴、单纯的五彩童心。

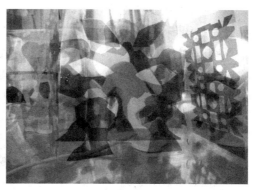

图2-17 《彩色的玻璃纸》学生课堂作品

　　走近《瓶子的超级变变变》,我选择了学生喜欢喝的酸奶饮料入手,让学生利用废弃的酸奶饮料瓶和超轻土制作具有自己创意的小笔筒。在整个活动的实施中,我以不同造型的超轻土笔筒实例为素材激发学生的想象力,用饮料瓶为载体大大地降低了学生立体造型的难度,使学生能把精力用在创意装饰上。另外,在学生创作的过程中,我也给了大量的卡通造型图片的欣赏,并一直循环播放至学生完成创作。这其实也是一种创作素材的供给,能够让学生在笔筒创作的过程中有所借鉴,从而得到和以往完全不同的效果。

图2-18 《瓶子的超级变变变》学生课堂作品

　　充满艺术气息、向毕加索致敬的"蓝脸"小笔筒,苹果树造型的小笔筒,创设情境的蜂蜜罐笔筒……,无不向我们展示着制作者天真烂漫的童心世界。

　　《我爱皮影》是我校结合上海美术馆迁址中华艺术宫开幕展《来自校园的问候》大型学生美术作品展，意图用新材料、新工具，用现代的手法表现上海美术馆馆藏第一的中国皮影。同时，让学生通过本次活动认识中国皮影的历史及制作工艺，感受中国皮影瑰丽独特的美感，并捎去我校学生对于上海美术馆迁址中华艺术宫的诚意问候。我们在中国传统皮影的纪实中感叹民间艺人的心灵手巧，在现代的绘画材料和工具中探寻皮影新的表达方式。学生通过观看，在涤纶薄膜上描摹传统皮影的形，再用油性记号笔、玻璃颜料赋予其现代晶莹剔透的色彩，灯箱一照，果然效果出众（图 2－19）！

图 2－19　《我爱皮影》学生作品在中华艺术宫开幕展中展出

　　历史与现代撞击出灿烂的火花，学生穿梭在过去与现在，沉浸在民间艺术的海洋。创意皮影加深了学生对民族艺术文化的认识，进一步了解了民族传统文化，体会了民族文化的可亲和可贵。

我的收获

1. 重视学生的实践体验是教学创新的动力源泉

　　在此番课程开发的过程中，我最乐意看到的是学生在活动中流露出的表情，有幸福的、兴奋的，也有失望的，真性情的流露最直接地反映出学生在各个教学环节、活动中最真实的实践体验与感受。实践与体验是艺术学习的核心环节，是学生对艺术产生学习兴趣的源泉。因此，作为教师我们要高度重视、保护学生的学习兴趣；要通过创设丰富的学习活动和学习情景，引导学生在艺术实践过程中，运用多种感官参与体验，以培养学生的艺术感受力、领悟力和创造能力。同时，还要重视课程内容同社会生活的紧密联系，以学生的生活积累与社会实践为基础设计课程。当然，我们教师还不能止步不前，我们更要设计出丰富多样的允许选择学习的课程内容，使具有不同艺术兴趣、能力和需要的学生,都能得到平等的艺术学习机会。

2. 对教学活动中的学习指导能力有了进一步提升

首先,我努力营造良好的课堂氛围,让学生敢于提问。其次,学生在不同材料、工具的使用中会碰到各种各样的问题,有的是普遍存在的,有的是特殊的,这就需要教师因势利导。既要鼓励学生大胆提问,又要设法保护学生提问的自尊心,让学生有足够的心理安全感,积极评价,捕捉学生的智慧火花,让学生感受到成功的喜悦,从而使学生乐于钻研。再次,笔者设计的课堂提问指向更明确。在教师示范后,可以请学生来说说老师的步骤,教师在学生描述的过程中可以发现或者强调容易犯错的问题,从而帮助学生解决教学重点;另外需要学生观察、比较、欣赏的情况出现时,多问问学生"仔细观察比较,找找变化?""有什么不一样?""走近瞧一瞧,你有什么发现?"等等,使学生能从教师的提问中受到启迪,发现并学会观察的方法。

3. 教学内容的开发和整合具有可持续性

本课程的开发基于《Art Attack》、现用美术教材和在地文化等资源。其实就资源本身而言就在不断地维护、可持续发展中,在此次课程开发中也尚未完全展开,而后续的开发中还可以结合教师自身的特长、校园文化,可以更灵活地、创造性地开发出更具特色的教学内容,从而使我们的美术课堂更加丰富多彩。

最后,愿《五彩创意》能像一粒种子,深深扎入学生的心田;愿《五彩创意》能像一阵春风,习习唤醒学生沉睡的创意;愿《五彩创意》能像一场雨露,滋润着学生想象的脉络枝干。而我愿成为一根火柴,擦亮自己,点亮学生心中创想的"心灯"。

课程四　《童声飞扬》

梦想起飞:唱响童年,飞扬歌声

徐　忆　周瑞芝

记得小学二年级的时候,我幸运地被选入了区少年宫合唱团(现春天少年合唱团前身),从此与合唱结下了不解之缘。当我成为了一名小学音乐教师之后,一直承担学校童声合唱队的训练和指挥伴奏工作,《童声飞扬》的编著,使我这些年来所学所悟的积淀获得绽放。

　　我校的合唱队多年来一直在黄浦区的各类合唱比赛中屡获佳绩，这也让更多的学生喜欢上合唱这门艺术拓展课程。拥有一本属于我校学生的合唱校本教材是众望所归，《童声飞扬》合唱教材就此诞生了。它体现了我校艺术教育的特色和"艺术育人"的教育理念，让学生放声歌唱自己美好的童年。

　　童声歌唱有着一种特别迷人的艺术魅力，音色的稚嫩、歌唱时的自然发声方法、声音的清纯，都能带给歌唱者和聆听者美的享受。《童声飞扬》课程的开发不仅对学生进行审美教育，培养其喜爱音乐的兴趣，提高其对歌曲的表现能力，激发、振奋孩子们乐观向上的精神，丰富其思维能力。合唱还有着群体协调、声部均衡、和谐等综合性的艺术要求，个人必须融进集体中得到升华和陶冶，能培养学生相互协作的团队精神，为他们未来能够协调、和谐地发展奠定基础。

　　《童声飞扬》作为拓展型课程的教材完全根据我们多年来合唱训练经验的积累，根据我校学生的认知特点，具有其独特的内容。其中歌唱的发声方法和基本技术练习内容融合了我们精心挑选的训练童声自然发声的方法，循序渐进的练声曲适合不同程度的学生，可供教师根据学生实际情况予以挑选。教材中还选取了一些近代和当代的优秀合唱作品，贴近时下青少年的生活和符合孩子们的年龄特点。

　　愿《童声飞扬》，使我们的学生懂得聆听，懂得合作、懂得声部的和谐相处；愿我们的学生能循着《童声飞扬》的指引，听见美，找到美，唱出内心的真善美。

编织梦想:《童声飞扬》子课程方案

徐　忆　　周瑞芝

一、课程设计背景

（一）学校特色发展的需求

　　作为一所百年老校，我校有着优秀的办学传统和深厚的文化底蕴。坚持"以艺辅德，以艺促教"的理念开展艺术教育，连续三届被评为黄浦区艺术教育特色学校。同时作为地处老城厢的学校，我们的学生大多是外来务工人员的子女。学校期望通过艺术教育,让学生感受校园生活的愉悦,提高艺术修养,提升文化品质,融入上海这座大城市,成为新一代上海人。

（二）学生艺术兴趣培养的需求

我校的合唱队多年来一直在黄浦区的各类合唱比赛中屡获佳绩,这也让更多的学生喜欢上合唱这门艺术课程。由于家庭条件的制约,我校大部分学生在学前未受过任何正式艺术培训,但对歌唱学习有着极大的兴趣。通过本课程进行普及与提高相结合、个人与团队相结合的合唱教学活动,激发学生对艺术的兴趣,陶冶情操,全面提高学生综合素质。

二、课程设计理念

（一）理论依据

《上海市中小学音乐课程标准》提出音乐课程的理念为:强化音乐审美体验;凸显音乐课程特质;提高音乐文化品位;重视音乐实践与创造;完善音乐学习评价机制。[①]

钱大维教授在其所著的《合唱训练学》中指出:合唱作品必须通过音响来完成它的全过程。而音响则是由合唱团群体演唱来共同制造。因此,在集体中,声乐方面的共性要求显得尤为突出。而这些共性要求需经过一定的训练才能获得。同时,每个成员更要发挥在集体中的主动性和积极性,没有积极性的演唱是没有生气的。而这种主动性和积极性也是需要训练和培养的。此外,还要训练各成员的敏捷性、准确性、灵活性和集体适应性。各成员只有在熟练地掌握这些技巧后,才能产生合唱作品艺术再现时的完美效果。[②]

（二）设计理念

以《上海市中小学音乐课程标准》中提出的课程理念为依据,根

---

① 　上海市教育委员会.上海市中小学音乐课程标准[M].上海:上海教育出版社,2010.

② 　钱大维.合唱训练学[M].上海:上海音乐学院出版社,2009.

据童声合唱的特点，结合自身多年合唱教学经验，笔者尝试进行《童声飞扬》校本课程的开发，利用各种发声方法与技巧，通过聆听、示范、模仿等训练，逐步培养学生自身的歌唱能力和团队的合唱能力。在中外各类合唱作品的排练过程中，引导学生用不同音响效果展现作品魅力，进而拓宽学生的艺术视野，增进艺术欣赏水平和审美能力。

三、课程目标

（一）了解歌唱的基本知识与技能，学习基本的声乐发声方法。

（二）培养学生相互协作的团队精神，参与各种练声和作品排练活动，个人融入集体中得到升华和陶冶，为他们未来协调、和谐的发展奠定基础。

（三）通过合唱团队活动对学生进行审美教育，培养其喜爱音乐的兴趣，提高其对歌曲的表现能力，丰富其思维能力，激发、振奋孩子们乐观向上的精神。

（四）开拓音乐课堂的时间、空间，学生在合唱团队中懂得聆听、懂得合作、懂得声部的和谐相处，在学习歌唱的过程中听见美，找到美，唱出内心的真、善、美。

四、课程内容

本课程按单元划分，共有六个单元：合唱队的组建、歌唱的准备、正确的发声方法、歌唱的基本技巧、认识简谱、歌曲的学唱。课程围绕这六个单元主题确定相应的内容，学生开展童声合唱的各种活动。每个单元都有细化的单元学习内容和要求。（附表　课程结构）

表 2-9　《童声飞扬》课程结构表

单　元	主　题	学习内容
第一单元	合唱队的组建	☆合唱队员的选择 ☆合唱队的队列安排 ☆合唱队的声部划分
第二单元	歌唱的准备	☆正确的歌唱姿势 ☆正确的呼吸方法

（续表）

单　元	主　题	学习内容
第三单元	正确的发声方法	☆母音练习 ☆单音练习 ☆连音练习 ☆跳音练习 ☆两声部练习 ☆带歌词的练声曲 ☆简单的三声部的练习
第四单元	歌唱的基本技巧	☆循环呼吸的方法 ☆音量的控制 ☆咬字、吐字的方法 ☆不良音色的纠正方法
第五单元	认识简谱	☆调号 ☆拍号 ☆音高 ☆音的时值 ☆符点节奏 ☆休止符
第六单元	歌曲的学唱	☆《只要妈妈笑一笑》 ☆《外婆的澎湖湾》 ☆《卖报歌》 ☆《快乐的节日》 ☆《保尔的母鸡》 ☆《真善美的小世界》

五、教材编排

为体现本课程"开放式"的特点,校本教材兼顾学科与学生两方面的需要和情况,以学生为主体,注重学生的兴趣、需要和能力,强调学生已有的经验作为教材编写的出发点。我们根据多年的合唱教学经验精心设计了教材的各个单元的内容,语言浅显易懂,符合小学生的认知水平,目的是让每个学生都能看懂教材,能跟着教材练唱,并喜欢唱歌。教师可以根据教材内容以及学生的反馈选择适合他们当前合唱水平的练声曲目、合唱歌曲进行教学。

教材中每个单元的内容分为三个部分:第一部分为学习内容,学习内容其包含了形象的文字说明、图片、乐谱等。学生可以参照图片对着镜子练习口型。第二部分是学习提示，每个发声练习，包括每首歌曲都有练习提示，这也集结了我们平时教学中遇到的问题和积累的经验。在学唱的过程中，唱会了我们给予的练习提示部分，学唱将变得容易和有趣。第三部分为学生的自测题。我们用选择、填空题和表演的形式让学生记录下学唱过程中的感受。

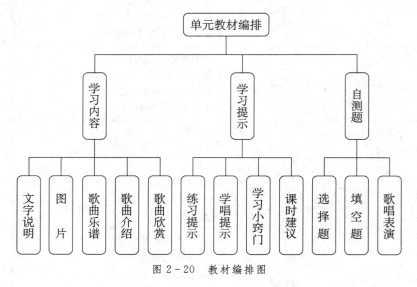

图 2-20　教材编排图

六、课程实施

（一）学习对象

我校二至五年级学生，喜欢音乐，喜欢唱歌，音色优美动听，音准比较好的学生。

（二）课时安排

·课时计划：一学期十五到十七次，每周一次活动，每次活动两课时。（70 分钟）

教师根据学生的需求、自身的特点、课时的长度等情况加以取舍，凸显本课程"灵活性"的特点。

·表演比赛活动：合唱队员积极参加市、区的合唱比赛，学校艺术节的活动和七彩小舞台的演出活动等。

（三）教学设备

▲场地

·专用的合唱教室

▲软硬件

·钢琴

·媒体设备

（四）主要策略

根据音乐学科新课程标准,歌唱教学的学习目标:一是生动活泼的歌唱实践活动,激发兴趣、喜欢唱歌。二是了解一些中外歌唱文化、能欣赏合唱艺术,掌握歌唱的基本知识和技能,能自信地、有表情地演唱。三是通过多种形式的演唱实践、培养自主学习的音乐能力、合作精神,加深审美体验,养成健康向上的审美情操,为终身喜爱歌唱奠定基础。本课程围绕新课程理念和学习目标,运用多种教学策略展开童声合唱教学活动。[①]

本教材中"学会发声方法"的活动,我们运用了"范唱—模仿"的教学策略。我们选取了一些循序渐进的练声曲让学生练唱。在练唱的过程中指挥的范唱尤为重要。例如,如何呼吸,如何发声都需要教师一遍一遍地示范,学生通过不断地模仿找到正确自然的发声方法。

本教材中歌曲学唱活动,我们首先运用了"聆听—感悟"的教学策略。我们选择了著名合唱团和歌唱演员的作品,让学生聆听、欣赏歌曲,感受歌曲所表达的情绪,优美动听的旋律来打动学生。接着教师介绍歌曲的创作背景、小故事等。这一教学策略的运用能帮助学生喜欢上歌曲,激发学唱歌曲的欲望。

歌曲的学唱就是对音乐的理解和表现的过程,学生在这一过程中用歌声来尽情展现自我。在学习合唱的过程中我们还运用了"师生互动—声部合作"的教学策略。"师生互动"是指教师和学生分别演唱各自声部,一起演唱歌曲的过程。例如学唱一首两声部的歌曲,

---

① 上海市教育委员会.上海市中小学音乐课程标准[M].上海:上海教育出版社,2010.

当学生分别学会了自己的声部，但是和别的声部配合时还不自信的时候，教师可以担任高声部的演唱和低声部学生配合，高声部的学生可以倾听自己的声部如何和低声部进行合作配合，反之亦然。"声部合作"是合唱教学中独特的部分。学生通过学习合唱，各自演唱自己的声部，并和不同声部的同学合作，感受声部的和谐、和声的美妙，增加同伴间的合作能力。

七、课程评价

（一）认知方面自测题的评价形式

每个单元的最后都会有几道自测题，大多以选择题的形式出现，题目都是这一单元的学习内容，可以帮助学生加深印象。

（二）歌曲演唱、表演方面的自我评价形式

合唱教学最终还是一个歌唱表现的过程，因此我们还设计了一些歌唱和表演的自我评价形式，让学生通过有感情的歌唱和表演来唱好歌曲，也是鼓励学生在合唱队训练之余的时间多唱歌，并唱给家人、同学、朋友听，把歌唱的欢乐带给身边的每个人！

八、课程特色

本课程对于启发与加深学生学习音乐的兴趣，发掘学生音乐潜能、培养学生的音乐审美能力、表现能力和进行思想品德教育有重大的意义。

本课程能使学生真正感受到合唱艺术的魅力，培养学生独立识谱的能力，发展他们的音乐听觉和音乐记忆力，提高音乐修养和鉴赏水平，理解和掌握各种音乐表现手段，让学生获得美的享受、艺术的享受。

本课程还可以培养学生的集体观念和群体意识，从而陶冶情操、启迪智慧、增进团结、合作的能力，使身心得到健康的发展。

九、课程成效

（一）形成《童声飞扬》校本教材
（二）教案
（三）案例

梦想成真：我与课程的故事
——我和《童声飞扬》的故事
周瑞芝

记得小学二年级时,酷爱唱歌的我幸运地被选入了南市区少年宫合唱团(现春天少年合唱团前身),从此与合唱结下了不解之缘。后来的日子里,我一直接受着正规的声乐训练,也参加过不少知名的合唱团体,登上过国内外各种比赛舞台,但都仅仅只是以一个歌者的身份。十多年后的我踏上工作岗位,终于成为了自己梦寐以求的音乐教师,亲手组建了属于自己的合唱团队,在合唱团中的角色也从团员变成了训练老师和指挥,从此才真正从另一个角度开始贴近合唱。

作为地处老城厢的学校,我们的生源具有其特殊性:学生大部分是外来务工人员子女,初到陌生的学校学习,生活上、心理上缺乏归属感;学生们喜欢合唱这门艺术课程,但由于家庭条件的制约,大部分学生在学前未受过任何正式艺术培训。学校基于"艺术育人"的目标开发了"梦工厂"课程,希望他们通过学校的艺术教育活动,感受到校园生活的愉悦,提高艺术修养,提升文化品质,在心理上对学校乃至上海产生良好的归属感,从而更好地学会做人和学习,完成基础教育学校培养合格新上海人的社会责任。为此我萌发了撰写合唱校本教材的念头,于是经过一年的筹备和撰写,属于我校师生的《童声飞扬》合唱教材就此诞生。

在教材内容的选择与安排上,我遵循学生的认知规律,由浅入深、由个体到集体过渡的编排,尽量按照普及与提高相结合、个人与团队相结合的模式安排合唱教学活动。其中,第一章介绍了合唱团队的组建,从如何选择合唱团队员,到如何划分声部,再到合唱团队的队列安排。将合唱团队的选招程序完全透明化,所有志愿加入合唱团队的孩子都可以此为鉴,对照自身特点和能力参与选招。而同样觉得自身音乐素养不够完善的孩子,也可以根据书中的要求有针对性地去提高自己。第二章介绍了学习合唱的准备工作,包括正确的呼吸方法、歌唱发声之前的准备及要点和正确的歌唱姿势。这一章的内容不仅适用于合唱团队的训练,也同样适用于每一个想学习歌唱的孩子。为了能够更直观地表现教学内容,我还邀请了个别优秀学员来做"示范小老师"，把他们的口型、姿势等拍成照片加入教材中。第三章介绍了歌唱的发声方法和基本技术练习，包括单音练习、连音练习、由连音过渡到跳音的练习、跳音练习、两声部练习、带歌词的练声曲和简单的三声部的练习等等。这些练习曲适合不同层次的队员，其中带歌词的练声曲还有队员参与创编歌词的环节，让孩子们能充分参与到训练活动中去，体现他们的主动性和积极性。通过以上一系列个体过渡到集体的技巧学习之后，第四章步入到合唱技巧的学习，包括循环呼吸的方法、音量的控制、咬字、吐字的方法和不良声音的纠正方法。以上四个章节主要都是技巧方面的培养，为了减轻合唱曲目训练的难度，我还加入了第五章的简谱识谱教学，为第六章中外童声合唱歌曲的举例及歌唱和处理方法做铺垫。

　　编著的过程可以说是一个"痛并快乐着"的过程。快乐的是，因为编著《童声飞扬》资料搜集的需要，我去彻底整理了近十年的合唱训练资料，惊喜地发现自己竟然已经拥有了一本厚厚的合唱笔记，其中包括大量形形色色的练声曲，各种发声的表达方法和所有训练过作品的处理分析，这些教学经验是我除了队员孩子们以外最宝贵的财富之一，如果要从中选出部分组成一本教材可以说轻而易举。所以真正让我感到"痛"的，并不是资源不够丰富、内容太过空洞，而是不得不割舍！在教材的目录和框架初步拟定之后，我知道要将这十年的经验浓缩进一本教材里，必须做出取舍。有些太过专业的技巧和词汇必须舍弃，换以儿童化的表述；有些比较相近的要求或是练声曲，需要重新提炼组合；好听的合唱作品有太多，对于孩子们的程度而言太过艰深，也只能割爱……随着一次、两次、无数次的修改，教材不断提炼升华变得精准，而我也随之蜕变。为了获得更多理论支持，我们一次又一次地翻阅查找相关著作；不放过书中的谱例图片有小小的差错，与出版社一次又一次地沟通；为了书中小老师们的示范照片更具美感，一次又一次地拍摄，与美编商榷……在这样的忙碌之中，内心竟然无与伦比地充实与快乐！

　　终于，我们的《童声飞扬》集结成册出版了！我永远忘不了合唱团队的孩子们收到以后如获至宝的神情！他们把教材捧在手上，反复翻阅，从中可以看到他们的过去——曾经唱过的每一条练声曲，老师在训练中提过的每一个要求，甚至是做过的每一个示范动作，都在教材的文字和图片中有迹可寻。他们也能看到将来的训练——有些耳熟能详的合唱作品被选编进了教材,会在以后的合唱训练中接触到。他们甚至惊喜地发现身边的同伴变成了教材中的示范小老师,忍不住流露出艳羡加后悔的表情——早知道以前训练的时候我就应该更认真一些,那样我的照片也能被选进书中了呢!而照片中的孩子们难掩自豪之情,在今后的训练中态度更加自觉又认真。

我们的合唱团队成立十余年来,在黄浦区的诸多比赛中都获得了骄人的成绩,更多的学生喜欢上了合唱这门艺术拓展课程,越来越多的孩子憧憬着能加入合唱团队员的行列。我特别能够理解他们对歌唱的热爱,也时常能看到他们望着合唱队员手里的《童声飞扬》投去的羡慕眼光。作为普及型的教材在学校快乐活动日面向全校同学使用。

《童声飞扬》是这十年合唱训练的精华和总结,同时又是另一个起点。于我,是自己前十多年的所学和后十年的所想所实践结出的硕果;于孩子们,是星星点点播撒在他们心上渐已萌芽的音乐种子。希望孩子们借助《童声飞扬》的学习,能离"会做人、会学习、有特长"的目标越来越接近,在艺术技能的练习中养成学习的习惯,学会学习的方法,掌握歌唱的艺术特长,即使无法成为一个专业的歌者,也能知道歌唱最基本的技巧,即使无法跻身优秀的合唱团队之列,至少在今后的各类艺术演出中能懂得欣赏合唱表演。在真、善、美的熏陶和感染中学会做人,在合唱团队中懂得聆听,懂得合作、懂得声部的和谐相处,在学习歌唱的过程中听见美、找到美,唱出内心的真善美。

课程五 《民俗情艺》

梦想起飞:在民俗 DIY 中,爱上中国节
应谢洁

在传统节日历史发展演变过程中产生的艺术作品形式,不仅凝聚了深厚的民族民俗文化,而且具有独特浓郁的审美价值。这些艺术作品形式因其可观赏性和可操作性而与儿童好奇、好玩、好学的天性相合。因此在 2006 年,我校开始的"中国人过中国节"系列校园活动中,我们便尝试了让这些民俗艺术作品走进孩子。

在"中国人过中国节"系列活动中,孩子们包汤圆、剪窗花、做青

团、做香囊、做月饼……这样的过节方式，孩子们喜欢。他们静静地观察、用心地感受，快乐地体验，动脑又动手。一个个看似复杂的民俗艺术作品在一双双巧手中诞生了，学生在愉悦的体验中获得了成就感与自信心。

编写本册《民俗情艺》校本教材的宗旨是让学生在过中国节的体验中感受民俗艺术的魅力，传承中华民族的优秀文化。教材选取了具有丰富的、浓浓的民俗元素的五个传统节日——春节、清明节、端午节、中秋节、重阳节。将 DIY 元素融入课程，形成本课程的民俗艺术 DIY 特色，让孩子更喜欢我们的"中国节"。

《民俗情艺》的活动设计，创设了体验教育的环境，满足了小学生的认知与心理需求。通过说说上海闲话，做做民间工艺，玩玩民俗游戏，让学生多接触民间艺术，多感知民间文化。在民俗艺术的多元互动 DIY 中，他们能展示自己的作品，也能将自己的作品与家人分享，孩子们真正地感受中国传统民俗艺术文化的魅力所在。真心希望《民俗情艺》能引导孩子玩转传统民俗艺术，喜欢祖国的传统节日，爱上中国节的 DIY 活动。

编织梦想：《民俗情艺》子课程方案

应谢洁

一、课程设计背景

作为一所百年老校，我校有着优秀的办学传统和深厚的文化底蕴。坚持"以艺辅德，以艺促教"的理念开展艺术教育，学校期望通过艺术教育让学生在实践体验中感受美源于生活、高于生活，在生活中美化生活的人文情怀。

怎样才能让孩子学会欣赏中国的传统美，继承中国的传统美呢？我们决定从民族的传统节日入手，引领着学生过这些传统节日，让学生在过节的同时，了解中国的农历，感受浓浓的节日氛围，认识和领会中国民族的传统文化。2006 年，"中国人过中国节"系列德育活动诞生了。

两轮的"中国人过中国节"主题活动中，孩子们对我们的传统节日有了一些了解，开始喜欢上了这样的节日。看着同学们在中国传统节日中包汤圆、剪窗花、做青团、做龙舟时的那种投入，那种仔细。

看着他们静静地观察、静静地思索,动脑、动手,到最后作品完成后的喜悦,我不禁被深深地感染。这不是现在正在流行的 DIY 吗? 这不是我们的民俗艺术吗?

做香囊、做风筝、做月饼……这些传统节日的民俗 DIY 艺术,让学生着实体验了一把民俗,感受到了自己的能干。当他们把一个个看似复杂的民俗作品,通过自己的双手完成时,他们获得了满满的成就感和自信心。

五个传统节日承载着不同的民俗元素,也有着其不同的特色。于是,我们选取了具有中华民族特色的民俗元素,并将这些零星出现的一些民间广为流传的艺术形式,融入到我们的传统节日中,以体验教育为重要途径,让学生感受到民俗艺术的丰富内涵,在潜移默化中培养学生的民族感情。

二、课程设计理念

《民俗情艺》课程的设置,满足学生兴趣爱好的需求,有机整合了现有的学校课程,又突破时间与空间的局限,打开校门充分挖掘与利用社会资源,让学生在自主选择的活动中获得更多的学习经验,获取更多的学习经历,让学生们在轻松愉快的活动中学会做人、学会做事、学会锻炼、学会合作。活动方案的设置体现出以下特点:

(1) 社会性:《民俗情艺》课程内容的选择与安排,根据各年级学生的生活经验、身心发展特点和学习基础。并充分发挥家长的资源,让家长也参与到我们的课程中,发挥家长育人的作用,为学生提供丰富多彩的自主学习机会。

(2) 自主性:《民俗情艺》课程分为必修课和选修课,同学们可以根据自己的喜好参加选修的课程。让学生在课程中,充分自主参与。

(3) 体验性:《民俗情艺》课程设计中,立足于小学生的认知与心理需求,创设体验教育的环境。在民俗艺术的多元互动 DIY 中,让他们真正地感受中国传统民俗艺术文化的魅力所在。

三、课程目标

(一) 通过简单的 DIY 制作,了解传统节日及中国民俗艺术。

(二) 创设体验教育的环境,在民俗艺术的多元互动 DIY 中,让学生真正感受中国传统民俗艺术的魅力所在。

（三）让每个学生获得成就感，喜欢上我们的"中国节"。

四、课程内容

表 2 - 12　《民俗情艺》课程内容表

主题	学习内容	分年级要求
红红火火 过大年	☆上海闲话话春节 ☆美丽的雪花 ☆张灯结彩 ☆汤圆，圆又圆 ☆民俗歌曲：卖汤圆 ☆亲情小贴士 ☆美妙一刻	低年级： 开展弄堂亲子游戏；学唱新年快乐歌曲。 高年级： 制作欢庆春节的小物件。
细雨绵绵 祭先祖	☆上海闲话话清明 ☆做青团 ☆做风筝 ☆跳皮筋 ☆小小家谱 ☆亲情小贴士 ☆美妙一刻	感受民俗，体验传习俗。 ① 一～五年级：品尝民俗食品青团。 ② 三～五年级：我心目中的英雄故事比赛。 心愿放飞 五年级：制作风筝，结合春游活动进行"风筝与心愿放飞"活动。
艾叶飘香 迎端午	☆上海闲话话端午 ☆小香囊的制作 ☆动手做粽子 ☆端午龙舟赛 ☆亲情小贴士 ☆美妙一刻	三年级：制作端午蛋网。 四年级：制作香囊。 五年级：包粽子。 一二年级：小八腊子赛龙舟。 三——五年级：做龙舟赛龙舟。
幸福团圆 在中秋	☆上海闲话话中秋 ☆学猜灯谜 ☆中秋故事会 ☆中秋月饼 DIY ☆亲情小贴士 ☆美妙一刻	一年级亲子游戏剥毛豆。 二年级学生中秋猜谜。 三年级布置"寄情墙"。 四年级学生进行亲情 24 点。 五年级学生学习制作月饼。
尊老敬老 显孝心	☆上海闲话话重阳 ☆小品：彤彤的重阳节 ☆折纸：郁金香 ☆校园登高赛 ☆亲情小贴士 ☆美妙一刻	一——五年级：登高赛。 四、五年级：制作郁金香。 四、五年级：制作蛋糕。

五、课程实施

（一）参与对象

全校学生参加。

（二）课时安排

每学年一个节庆活动，每位学生至少参加两项内容。活动时间为一周——一月。

（三）实施途径

· 班会课

· 阅读

· 心理游戏团队活动

· 班级活动

· 亲子活动

六、课程评价

本课程注重在评价中，激发孩子对生活的热爱，对中国民俗的了解。在活动体验中，让每个同学都获得成就感。在整个课程的实施过程中，注重学生的过程性评价，在每单元的结束不仅有对情感、技能的自我评价，还有在教师帮助下的综合性评价。

表 2-11　《民俗情艺》自我评价表

在红红火火过大年中，我最喜欢的是＿＿＿＿＿＿＿＿＿＿＿＿

＿＿＿＿＿＿＿＿＿＿＿＿＿＿＿＿＿＿＿（活动）　。告

诉你哦！我还学会了＿＿＿＿＿＿＿＿＿＿＿＿＿＿＿＿＿＿

＿＿＿＿＿＿＿＿＿＿＿＿＿＿＿＿＿＿＿＿＿＿＿＿　。

我动手能力的评价指数：☆ ☆ ☆ ☆ ☆

表 2-11 是以自我评价为主的。设置为"最喜欢的活动项目"和"自己所学技能"，由学生自我填写，记录下活动中的情感。并对自己在活动中的动手能力做一个自我评价。

表 2 - 12　《民俗情艺》综合评价表

我的作业：(用照相机拍下你活动中最精彩的一个瞬间)

　　表2-12综合性的评价，能记录下学生在活动中最幸福的一刻，包括学生的作品，学生参与活动时表现的精彩瞬间，真实记录下了学生当时的心情和表情。

梦想成真：我与课程的故事
——民俗情艺 DIY
应谢洁

　　随便翻翻古诗词，就发现描写中国传统节日的词语举不胜举。但是为什么我们的学生却不太喜欢自己的传统节日呢？为了寻求这一答案，我与孩子聊天，和孩子游戏，并询问他们喜欢不喜欢学校的"中国人过中国节"活动。孩子们告诉我，不是不喜欢这些节日，就是不知道如何喜欢这些节日，这些节日似乎与自己没有太大的关系。听着他们的话语，我陷入了沉思，我们的学生大多来自外省市，爸爸妈妈为了生计将他们带到上海来读书，闲暇之余，父母根本没有空带着孩子好好过节。孩子来上海几年，去最多的场所就是学校。他们对上海熟悉，熟悉的只是自己居住的周边地区；他们对上海陌生，因为他们从未真正了解上海。所以孩子不喜欢这些节日，也是有着他们的道理。而反看我们的活动呢？大多都是老师设计好，让孩子参与一下。孩子只是被动地参与，一点激情都没有。可是如何在我们的传统节日中，放入孩子们喜欢的元素呢？

　　带着读小学的女儿逛商场时，发现她特别喜欢商场里的 DIY 工艺制作,这几乎成了她的必玩项目。就那么一瞬间,我想到了自己的学生。如果,我在中国传统节日中挖掘 DIY 元素,让这些 DIY 作品适合孩子的年龄,这样孩子们是不是会喜欢上我们的传统节日呢?

带着这样的思考,我开始观察、搜集中国传统节日中的 DIY 工艺制作项目了,并通过生劳课,让孩子们简单尝试了一下剪纸。剪纸虽然简单,但是孩子们确实开心得很,个个积极投入,主动参与。课后的成品,非常漂亮。看着孩子们的笑脸,我懂了,孩子们的性情是相同的,它们都喜欢这样的活动。可是怎么才可以把活动做到常态化? 系统化呢? 这个念头在脑中反复出现了好多次,思考中,碰到了邹老师。她与我说到了课程。对了,课程! 我何不……一个念头一闪而过,我何不把原来的德育活动,设计成一个课程呢? 让所有的学生能依据这本课程来完成 DIY 制作,完成五年的"中国人过中国节"。

想法有了,接下来需要的是方案。如何设计整个课程的框架,内容呢? 在原有的"中国人过中国节"基础上,我们与《上海市学生民族精神教育指导纲要》结合起来选取了五个民族节日:春节、清明节、端午节、中秋节和重阳节。每学年,我们在这五个节日中选取一个传统节日作为重点。如何将方案转化成课程,并融入学生喜欢的 DIY 呢?

我们选取了方案中一些好的部分保留下来,比如端午节的香囊制作。在原本户外活动的环节,加入了 DIY 元素,清明放风筝,原先是放,现在更注重做风筝,教会孩子自己用竹篾制作个性化风筝;在红红火火过大年环节,我们加入了孩子喜欢的剪纸——剪窗花……

一系列的改动,让孩子与民间艺术走得更近了,在他们喜欢的 DIY 活动中,不知不觉就学会了这些民间艺术。

初步的设计必须要尝试一番。于是我们选取了"细雨绵绵祭先祖——清明节"进行了活动。

当然清明节除了有祭扫新坟生离死别的悲酸泪,还有踏青游玩的欢笑声,是一个富有特色的节日。于是我们结合这个特殊的节日,设计了一些 DIY 项目。

这是一次学生喜欢的节日活动,他们在参与中,了解了清明节的 DIY 元素,但是却有孩子来问:"老师,为什么清明节要做这些东西?

其他时候就不能做吗?"对啊！孩子不明白,传统节日的内涵。是的,光有着 DIY 活动,光有着民俗技能的学习,似乎还不能满足孩子的需求。我们反思了整个活动后,在课程中加入自主阅读内容,让孩子了解更多的中国民俗文化。当然,对于我们这些外来学生,也要学学上海本地的语言,课程中,又纳入了新的一块——上海闲话。

有了这些内容,我们便开始搭建课程框架。反复琢磨、研究后,教材的框架出来了！课程以 DIY 项目为主线,加了一些户外的民俗活动。整个《民俗情艺》课程就是让同学们动起来,跳起来。喜欢上我们的节日。当然,除了这些还有节日介绍、上海闲话,还包括后面的亲情小贴士,活动评价和美妙一刻。

这样的框架定出后,我们就开始寻找相关内容,拍摄相关照片。努力让这个课程成为学生的最爱。

节日介绍——用最简短的话语,告诉孩子们这个节日的来历。

DIY——选取孩子们最喜欢的元素和传统节日相结合,再纳入民俗工艺,让这些孩子能传承我们的民俗技能。

亲情小贴士——中国的节日,最关注的还是亲情。孩子们在过节的同时,给家人送上祝福,和家人一起劳动,体会自己是家的一分子。

活动评价——在活动之余,说说自己喜欢这个节日的哪一个活动,并对自己做一次评价。

课程编制结束,我们开始了实践,想看看这门课程的价值是不是存在。于是乎,我们结合了"艾叶飘香迎端午"又开展了一系列的活动。有"上海闲话话端午"、"小香囊的制作"、"动手做粽子"、"端午龙舟赛"等,这些活动与《民俗情艺》紧密结合。更多的 DIY 在其中,让学生们在活动之余,锻炼动手能力。尝试了端午节后,我们又尝试了春节。同样的结构,同样的方法,开展了"红红火火过大年"活动……

我发现课程切入口越小,越容易贴合小学生实际。在美丽的雪花制作中,一、二年级的孩子们发挥了自己的聪明才智,剪出了各式各样的雪花——窗花,颜色也不一样。贴到窗上后,孩子们都乐开了花。三、四年级孩子的难度要比低年级大,他们用自己的巧手,做出了各种灯笼,挂在教室里,顿时有了节日的气氛。最能干的要数五年级的孩子,他们突破了传统的汤圆观念,居然做出了"熊爪"汤圆、"菊花"汤圆、"米老鼠"汤圆……真让人刮目相看。

最数精彩的就是亲子活动环节,请来爸爸、妈妈或者爷爷、奶奶,来干吗呢? PK 讲上海话,进行上海闲话话春节的比拼,还要唱一首关于春节的歌。平日里一直说孩子的家长,这一刻也开始忸怩了。因为在我们的家长中,外地人占了大多数,好多家长的上海话都是洋泾浜的。这一刻,明显孩子占了优势,但是我们的家长也不怯场,稍作整理后,也硬着头皮上,虽然沪语不标准,但是怎么也算是潇洒走一回。

两个节日走下来,我感觉到《民俗情艺》满足了学生的兴趣爱好,让学生们在轻松愉快的活动中学习。我们针对不同年级学生的身心特点,课程内容也有所侧重,孩子们在快乐中,享受了"民俗情艺"所带给他们的技能,感受到了传统的魅力。

读"梦工厂"课程中任何一个我与课程的故事,文字质朴,但感受丰富。你能看到我们教师在课程开发中闪烁的智慧火花,能感受到我们教师发自肺腑的情感流露,情真意切地想和学生分享自己的艺术感受。而"梦工厂"课程正好给了我们一片自由、宽广的蓝天。

第二节　"艺术育人"文化实施,追逐梦想的乐园

学校教育的主阵地在课堂,这是教师与学生最直接、最亲密的交流场所,那么,学生喜欢怎样的课堂? 我们的课堂应该是什么样子的? 应该形成怎样的课堂文化? 这是我们一直在思考的问题。课堂教学要取得有效性,不仅需要研究学生、教材,还须研究教学的方式,追求教学的艺术性,使教学过程有沁人心灵的美感与乐趣。

一、以艺促教——课堂上的艺术教育

把课堂教学看成是一门艺术,这是一个既古老又恒新的话题,说其古老而恒新,是因为从古至今许多中外教育家、思想家及科学家都非常重视教学艺术,如我国伟大的教育家孔子提出:"不愤不启,不悱不发,举一隅不以三隅反,则不复也"。当代著名教育家、前苏联的苏霍姆林斯基认为:"教学和教育过程有三个源泉:科学、技巧和艺术";

美国教育家艾德勒则明确提出了要"使教育过程成为一种艺术的事业"。总之，古今中外的教育家、思想家、科学家都普遍认为，教学是一门艺术，而只有讲求教学艺术的教学，才能够取得良好的教学效果。

就含义而言，教学艺术是指教师娴熟地运用综合的教学技能技巧（语言、表情、动作、心理活动、图像组织、教学组织、调控等手段），按照美的规律而进行的独创性教学实践活动。简单地说就是老师高明的教学方式、方法。这些方式、方法能让学生乐学、易学，使知识得以掌握，能力得以培养，智慧得以启迪，情操得以陶冶，总之让学生学有所得。

上出"具有课堂教学艺术的课"，实属不易，让自己上的课都能——哪怕是绝大多数的课能够称得上"具有课堂教学艺术的课"更为难得。而正是这样一个钻研"艺术"的过程，成就了我们的专业成长，也才能够真正享受到课堂教学作为一个创造过程的全部欢乐和智慧的体验！

"以艺促教"需要教师在课堂实践中运用好教学艺术的魅力，从而在课堂中强化学生各方面的能力，在给学生带来幸福和快乐的同时，也给自己带来无穷的快乐。当老师充分施展教的艺术，艺术地教，教学的艺术充盈教室空间时，当教学的过程时时流淌着诗意，处处洋溢着温馨，天天充满着激情时，当师生共同享受着课堂，享受着生活，享受着学习时，我们才能自豪地说：这个课堂是有生命的课堂，是幸福的课堂，是师生向往的地方。

【教学案例集锦】

案例一：民族艺术融入创编歌词

［背景］

《音乐课程标准》在总目标中指出"通过教学及各种生动的音乐实践活动，培养学生爱好的情趣，发展音乐感受与鉴赏能力、表现能力和创造能力。"十分明确地把表现能力和创造能力的培养作为音乐教学的总目标。在新课标中同样为创造教学作了如下的界定：音乐创造教学包括两类三项学习内容：其一，发掘学生潜能的即兴创造活动。在这类内容中，又包含了探索音响与音乐、即兴创造两项内容。其二，运用音乐材料创作音乐。据不完全统计，几乎每册教材中都有此项内容,而最多的一册此项内容多达 4 次,由此可见,音乐创造教学是音乐教学中一个不可缺少的内容。在此,我先以创编歌词为切入点,对音乐创造教学进行初步的探索和研究。①

· 换一种方式体验民族音乐

[描述]

五年级第一学期第四单元歌曲《圆圆和弯弯》

圆圆的橘,圆圆的柑,圆圆的葡萄结串串,圆圆的蘑菇打伞伞啰,圆圆的粮囤冒尖尖。啰哎！哎啰！农家金秋圆圆多喂,敲锣打鼓唱丰年啰！

弯弯的犁,弯弯的镰,弯弯的稻穗沉甸甸,弯弯的菱角头尖尖啰,弯弯的香蕉味甜甜。啰哎！哎啰！农家金秋弯弯甜喂,张灯结彩唱丰年啰！

这首歌曲分别用圆形与弯形的果实和农耕工具作为歌词,歌唱出农民丰收的喜悦之情,歌曲旋律委婉起伏,抒情优美。学生在学习的过程中通过歌词对歌曲的情绪有很直观的感受,掌握情绪也很到位,于是在单元教学完成之后,我选择了这一首歌曲作为创编歌词的基础,请学生在民族乐器中分别选择吹奏型乐器和敲击型乐器,以它们的名字和对应的象声词作为创编素材,完成《吹吹和敲敲》的创编歌词环节。

首先我和学生一同结合这些年学习的音乐知识进行了总结和梳理,完成如下表格:

表 2 - 13

演奏类型	演奏方式	名称	象声词
吹管乐器	吹	笛子	嘀哩嘀哩（参照《吹起我的小竹笛》）
		萧	吁嘀吁嘀（参照《萧》）
		唢呐	嘀哩哒啦咪哩吗啦
打击乐器	敲击	锣钹云锣	当当当哐哐哐
		堂鼓	咚咚咚
		木鱼	笃笃笃

① 上海市教育委员会.上海市中小学音乐课程标准[M].上海:上海教育出版社,2010.

学生对乐器的演奏方式、名称、对应的音响象声词有了一定的记忆以后，我要求学生能够对应原歌词的字数和旋律位置，并结合如下要求进行创作：

圆圆（创编演奏方式）的橘（创编乐器名称），

圆圆（创编演奏方式）的柑（创编乐器名称），

圆圆（创编演奏方式）的葡萄（创编乐器名称）结串串（创编对应乐器的象声词），

圆圆（创编演奏方式）的蘑菇（创编乐器名称）打伞伞啰（创编对应乐器的象声词），

圆圆（创编演奏方式）的粮囤（创编乐器名称）冒尖尖（创编对应乐器的象声词）。

啰哎！哎啰！

农家金秋圆圆多喂，（由教师给出歌词点明创作的主题：中国民族乐器多喂，）

敲锣打鼓唱丰年啰！（由教师给出歌词点明创作的主题：吹吹敲敲好热闹啰！）

我还创编了两句歌词给予简单的示范作用："吹吹笛子，敲敲木鱼笃笃笃。"

五年级的学生在歌词配唱旋律上已经积累了不少经验，他们懂得创编的歌词与原歌词在字数上有出入的时候，适当地选择一字多音和一音多字的技巧可以顺利地把歌词填入原曲中演唱。伴随着浓郁民族风味的旋律，学生们唱出了自己创编的民族乐器之歌《吹吹和敲敲》，收获创作成就感的同时，也加深了对民族音乐和民族乐器的情感。

附学生创作的歌词：

吹吹笛子，吹吹唢呐，敲敲锣和钹当当当，敲敲木鱼笃笃笃笃，敲敲堂鼓咚咚咚。啰哎！哎啰！中国民族乐器多喂，吹吹敲敲好热闹啰！

敲敲木鱼，敲敲堂鼓，吹吹小竹笛嘀哩哩，吹吹我的萧吁嘀吁嘀，敲敲小木鱼笃笃笃。啰哎！哎啰！中国民族乐器多喂，吹吹敲敲好热闹啰!（这位同学的创作属于比较强的,已经能够按照歌词旋律的需要进行微调整。)

［反思］

五年级的学生在经历了多年的音乐学习之后,对民族音乐和民族乐器方面的知识有了一定程度的积累,但许多的知识都存在碎片化的现象,经过系统的重新梳理固然可以改变,却对记忆收效不大。《圆圆和弯弯》本就是一首具有浓郁民族风味的歌曲,我想到了在创编歌词环节中加入民族乐器的元素。由学生自己来执行,在思考、组合、填词、演唱等一系列活动过程中,给予他们足够的时间和空间,细细品味民族音乐的纯真与美感,用自己的形式将体会外化呈现,从而获得自己的作品,升华对民族音乐的情感。

·引导学生唱出心中的期许和喜爱。

［描述］

四年级第一学期第一单元《我和提琴》

和黄牛在一起,我最最开心,和黄牛在一起,我最最开心,但我把那黄牛去换来提琴,但我把那黄牛去换来提琴。你唱啊我的提琴,你唱啊,我亲爱的提琴。

我拉起了提琴,它多么动听,我拉起了提琴,它多么动听,大家一起跳舞脚不停,大家一起跳舞脚不停。你唱啊我的提琴,你唱啊,我亲爱的提琴。

尽管我会变老,会眼花耳聋,尽管我会变老,会眼花耳聋,但这一只提琴可谁也不送,但这一只提琴可谁也不送。你唱啊我的提琴,你唱啊,我亲爱的提琴。

四年级第一学期第一单元的这首《我和提琴》描述了歌者是一位非常非常热爱音乐的人,虽然他喜爱和自己的黄牛一起玩耍,但为了自己心爱的乐器愿意用黄牛去交换,即使在以后的生活中自己遭遇人生的困境也不会舍弃对音乐的爱。完整学唱完这首歌曲以后,我首先与学生讨论他们所熟知的乐器:1.你曾经学过或是正在学习的乐器;2.音乐课上老师给你们使用过的小乐器;3.你没有学过但是非常渴望学习的乐器,最后出示创作主题"我和我喜爱的乐器",请学生把歌词中的"提琴",换成自己钟情的乐器创编歌词,名为《我和××》。另外需要注意的是第二段歌词中的"拉"字,是提琴的演奏方式，在学生的创编过程中需要提示大家换成自己所选乐器的演奏方式，才能更符合歌词的内容。

附学生创编的歌词：

部分学习民乐（古筝/二胡/笛子）的同学和渴望学习民乐的同学：

和黄牛在一起，我最最开心，和黄牛在一起，我最最开心，但我把那黄牛去换来古筝/二胡/笛子，但我把那黄牛去换来古筝/二胡/笛子。你唱啊我的古筝/二胡/笛子，你唱啊，我亲爱的古筝/二胡/笛子。

我弹/拉/吹起了古筝/二胡/笛子，它多么动听，我弹/拉/吹起了古筝/二胡/笛子，它多么动听，大家一起跳舞脚不停，大家一起跳舞脚不停。你唱啊我的古筝/二胡/笛子，你唱啊，我亲爱的古筝/二胡/笛子。

尽管我会变老，会眼花耳聋，尽管我会变老，会眼花耳聋，但这一只古筝/二胡/笛子可谁也不送，但这一只古筝/二胡/笛子可谁也不送。你唱啊我的古筝/二胡/笛子，你唱啊，我亲爱的古筝/二胡/笛子。

部分喜欢使用小乐器的同学：

和黄牛在一起，我最最开心，和黄牛在一起，我最最开心，但我把那黄牛去换来三角铁/铃鼓/小铃/双响木（等等），但我把那黄牛去换来三角铁/铃鼓/小铃/双响木（等等）。你唱啊我的三角铁/铃鼓/小铃/双响木（等等），你唱啊，我亲爱的三角铁/铃鼓/小铃/双响木（等等）。

我拉起了三角铁/铃鼓/小铃/双响木（等等），它多么动听，我拉起了三角铁/铃鼓/小铃/双响木（等等），它多么动听，大家一起跳舞脚不停，大家一起跳舞脚不停。你唱啊我的三角铁/铃鼓/小铃/双响木（等等），你唱啊，我亲爱的三角铁/铃鼓/小铃/双响木（等等）。

尽管我会变老，会眼花耳聋，尽管我会变老，会眼花耳聋，但这一只三角铁/铃鼓/小铃/双响木（等等）可谁也不送，但这一只三角铁/铃鼓/小铃/双响木（等等）可谁也不送。你唱啊，我的三角铁/铃鼓/小铃/双响木（等等），你唱啊，我亲爱的三角铁/铃鼓/小铃/双响木（等等）。

[反思]

《我和提琴》表达了歌者对提琴的喜爱和对音乐的无限热爱之情,民乐一直是我校的艺术特色项目,学校中学习民乐的同学不在少数,这种感情对学习民乐的学生来说最有切身体会。另外在音乐课堂上,有许多学生也曾经对敲敲打打小乐器表现出浓厚的兴趣,在期末成长手册的填写上也不止一次表达过对演奏小乐器的喜爱之情。还有少部分转学过来的学生虽然没有任何学习乐器的经验,相信他们的内心对学习乐器还是有一定的憧憬。结合学生的学情和音乐学习经验,我将创作主题设定为"我和我喜爱的乐器",在创作难度上来说不高,只需要把提琴二字换成自己喜欢的乐器名称即可。虽然有些乐器的名称放入歌词中并不押韵,这丝毫没有影响学生的创作和演唱热情,而我主要的着眼点亦正是在于让学生在创作的氛围中,唱出自己的心声。

[小结]

创编歌词和演唱的过程,是学生与学生互相学习借鉴的过程,也是学生与教师教学相长的过程。有些学生创编的优秀歌词,无疑给予了伙伴和教师又一次美的享受。"艺术育人",可以解读为用"艺术"去育人,亦可解读为"艺术"地育人,作为艺术教师,应当搜寻身边一切与"艺术"相关的资源,去"艺术"地育人,用发展的眼光去看待艺术教育,用发散的思维去创新艺术教育,传播美好与正能量,才更能体现"艺术育人"四字的核心价值。

（周瑞芝）

案例二:小学语文作业批改中巧用评语

[背景]

批改作业是小学语文教师的一项常规工作,是对课堂教学的延伸与提高。它对于指导学生学习,检查教学效果,调整教学方案,发挥着至关重要的作用。[1] 一般说来,教师习惯在作业批改中采用等级制,"优、良、及格"都是常见的等级。除此以外,文字评语较少出现,除了作文。一份作业,映入眼帘的常常只有红色的批改符号,简

---

① 周玉梅.小学语文作业批改的思考[J].陕西教育:行政版,2012(4):26.

单的圈、叉、勾。长此以往，学生与老师的积极性也有所下降，很少会去思考这些司空见惯的符号背后的意义，因此它们最初的激励、评价功能也日渐消失。我曾经在班级里做过一个小调查，当我问"拿到作业本，会关注老师评语的，请举手"。28个学生都齐刷刷地举手了；当我问"你会根据评语的内容受到鼓励或接受老师的意见并改正吗？"时，又是全体学生举手，可见批改评语有着不可小觑的力量。

[措施方法]

将评语引入语文作业的批改中，肯定其成绩，指出其不足，调动学生的学习积极性，将会取得较好的效果。

• 肯定式评语

采用肯定式评语评价，开发学生的潜能，激活创新意识，培养学生积极的上进心。作业批改中的人文性激励评语内容，沟通了师生情。从学生的每一点每一滴进步中，我深深感悟到教育的真谛：爱学生要体现在教师的一言一行之中，教师对学生的尊重、爱护与引导，将让学生牢记在心，终生受用。如在写话、小作文等作业的批改中，更多的是给予学生肯定的、正面的评价。[①]

在一次小作中，我发现两位学生用了比喻句，不但画上了好词好句的红浪线，还在最后写了"你真棒！""想得妙，用得巧，这比方打得真形象、真生动"。后来再写作文，就会发现很多学生在用比喻句、拟人句，都想展示自己的奇思妙想，学生感受到了作文的乐趣，这样有利于培养学生的想象能力，拓宽学生的创新思维。学生在作业中，书写工整，或者是比上一次作业有进步的，我都会在他的本子上奖励一个优三星给他们，并适当加上一句信任的鼓励、关爱的评语，如"你的字真漂亮""有进步！继续努力！"使他们心理因素得到优化，进入良性发展状态。

• 期待式评语

采用期待式评语是为了促进学生发展，应尽量发现学生的闪光点，以鼓励的语气调动他们的积极性。对难度较大的作业，批改中采用期待式评价评语，提出富有层次性、指导性、针对性的改进与提高

---

① 陆文超. 作文评语 [J/OL]. http://www. wtsx. cn/blog/user1/lwc462208461/archives/2014/18290. html。

的目标,让学生树立起再前进一步的信心。①

如对作业拖拉的,写上"老师相信你,今后能按时完成作业的";对书写糊涂的学生写上"能干的你会把字写得工工整整"、"你准行!因为你付出了劳动"、"你很聪明,如果字再写得好一点,那就更好了!""不懂的地方,老师欢迎你来问"……诸如此类的期待式评语,增强了学生自主行为的调控力,确立了认识动机,增强自信心。

· 评语式批评

评语式批评能维护学生的自尊。现在的学生都很敏感,自尊心很强,如果不注意批评的方式方法,往往会事倍功半。在作业中,连抄写生字词这样简单的作业,也不可能每个学生都能百分百地做对,这时在批改作业中光凶巴巴地打上一个"×",也许有的学生听之任之,根本不注意,不订正。但是写上"再对照课本,仔细看清楚,一定写得好!老师相信,你能行!""你的字有进步,相信你能做得更好"、"别灰心,再来一次好吗?"等评语,在订正错误时,提供给学生"改正再表现的机会",让学生在老师的评语动力启发、帮助下改正错误,维护了学生的自尊心,保护了学生学习的积极性。

[成效与反思]

作业批改是一个重要的教学环节,更是一门艺术。评语,正是一种艺术性作业批阅的方式。优秀的评语拥有很大的正能量,巧用得当,在一定程度上能提高学生的积极性,从而提高教学效果。每个人都希望自己受到别人关注,教师在作业批改中,恰到好处地从评语中表达对学生的欣赏,提出指导与鼓励,学生就会发自内心地接受,而且愿意把它转化为学习的动力。这样也能在无形中加强与学生的交流,不失时机地进行因势利导的思想教育,从而收到意想不到的教育、教学效果。

事物总有正反两面。俗话说:"入芝兰之室,久而不闻其香"。教师给予学生的评语如果过多过滥,不仅耗费了大量的时间,学生看多了也就会习惯。久而久之,评语就失去了原有的意义。一般来说,教师给每个学生的评语每周以 1—2 次为佳。这是其一。其二,作业评

---

① 余丽梅. 小学语文作业评语和批改［J/OL］. http://i. yanxiu. com/blog/9873728/37402608104522!cateId＝0

语多以鼓励、赞扬为主,但也不宜一味地肯定,评语也应适当地加以委婉的批评,让学生既看到优点,又能发现不足,得到全面的提高。其三,教师对学生的评语应实事求是,反映客观事实,做到公正、合理。合理的评语往往是师生感情的催化剂,但不公正的评语则会起到相反的效果,学生会感到委屈、不平,产生消极情绪,反而不利于学习的进步和身心的发展。其四,写评语应字迹工整、规范,做到为人师表。

(俞　岚)

案例三:板书设计的空白艺术

[背景]

《新课程标准》明确指出"学生是学习和发展的主体",体现在板书中就是要求打破教师"一手包办"现象,倡导开放与生成的板书。这样有利于学生拓展思路、开启心智,利于师生关系的默契和合作精神的培养。于是在备课时,我坚持更多地从学生的角度与文本对话,教学中关注学生的讨论,让学生参与板书的设计与书写。让板书在动态中生成,让学生在合作中发展。

[呈现]

在教学《一个小村庄的故事》一文时,我是这样设计板书的:

9. 一个小村庄的故事

(图)美丽(　　　)　(图)什么都没有了

破坏环境→受到惩罚

(注:括号内由学生自学课文中间部分之后用自己概括归纳的词填写)

教学伊始,我抓住学生的心理特征,创设教学情境:(出示小村庄变化前后的图片),让学生用上合适的词句进行描述(师总结,并板书:美丽;什么都没有了)后,引导他们进行对比。然后抛出一个牵一发而动全身的问题:"一个美丽的小村庄就这样在一场大雨中消失得无影无踪了,这是多么令人心痛的事啊!人们不禁要问:这到底是谁造成的呢? 来,自由读一读,动手填一填,你能用简短的词来概括小村庄被冲毁的原因吗?你可独立完成,也可与同桌或四人小组合作完成。"学生们立刻认真地读起书来,他们有的默读静思,有的边读边划,有的相互讨论。当看见有的学生举起了手,便让他们自由上台填写。不一会儿,括号里写上了十几种不同的填法:(生板书:"暴雨洪水"、"过度砍伐"、"乱砍乱伐"、"破坏环境"、"缺乏环保意识"、"只图眼前快乐"、"不爱护自然"……)"你是从课文的哪里体会到的?"我紧接着问。

生 1:"谁家想盖房,谁家想造犁,就拎起斧头到山上去,把树木一棵一棵砍下来。这里的两个"谁"表明这里人们都没有环保意识,对树是想砍就砍,没有一点节制。因此,森林被破坏也就顺理成章了。"

生 2:"我从这个'拎'字看出了人们一种非常随意的心态,从"一棵一棵"体会到他们砍得很多,根本没有将砍树当作一回事,这也就是小村庄毁灭的原因。"

生 3:"我从'树木变成了一栋栋房子,变成了各式各样的工具,变成了应有尽有的家具,还有大量的树木随着屋顶冒出柴烟消失在天空了。'这句话体会到了人们对森林的破坏非常严重,而且他们对自己乱砍滥伐的行为还很自以为是。"

……

师:"你们真会学习,能抓住关键的字、词来理解句意,体会到暴雨洪水只是直接的原因,而小山村消失的真正原因是——(生答师书:破坏环境→受到惩罚)学到这,你们想对小山村的人们提出什么建议吗?"

(小组讨论,代表汇报。)

生 1:"如你们一味地任意妄为,后果将不堪设想。我建议你们多植树造树,保护环境。"

生 2:"无知的人们啊!再这样下去,你们会遭报应的!我建议你们爱护森林,增强环境意识。"

生 3:"这就是大自然对人类进行的残酷惩罚。我建议你们不要乱砍乱伐,要爱护树木,要珍惜热爱大自然。"

生 4:"小山村的人们,你们要早一点清醒,该多好呀!我建议你们退耕还林,把森林分为很多块,有计划地砍伐,一手砍一手栽。"

……

本案例中,学生们的建议提得真好,是因为教师根据教学内容和学生的认知特点，巧妙运用"内因启动法"，在学生的学习过程中努力激发他们主动学习的情感意向，并捕捉了"闪光点"，启发了"觉悟点"，诱导了"迁移点"，抓住了"巩固点"，不断地唤醒学生的主体意识。尽可能地给学生多一些思考时间，多一些表现和交流的机会，多一些尝试成功的体验，让学生自始至终积极参与教学的全过程。

[反思]

板书是语文课堂教学的重要手段，它能体现教学意图、落实教学计划，是个灵活的"显示器"，巧妙地显示着课文内容，给学生指点迷津；它揭示课文学习的思路、重点、难点，培养学生能力，是个"起动器"，爆发学生智慧的火花；它以朴实、美观的布局吸引学生的注意力，激发学生学习的兴趣，是个"吸引器"。①

然而，由于黑板的容量和课堂时间的限制，教师板书的信息，不应是"全息"，而应在重新排列、组合、匹配若干信息，截留某些信息以形成一种潜在信息，创设"空白"的教学情境，让学生抓住本质进行加工整理，从而完成能力的培养。

叶圣陶先生认为，教师的作用"不在全般授予，而在相机诱导，必令学生运其才智，勤其练习，领悟之源广开，纯熟之功弥深"。美学原理中也提到"空白美"。因此，板书设计也应富有启发性，在课文关键处，激疑处微微闪开一道通往大千世界的缝隙，把某些东西特意控制不写，造成学生接受上暂时"断流"。然而，这没有写完的东西，就好比给学生思维埋一把打开知识大门的金钥匙。②

在小学语文教学中可尝试这几种留白设计：

·在文章重点、难点、特点处设置空白

板书设计应集教材的编排思路、作者的行文思路、教师的导读思路、学生的阅读思路于一体，熔重点、难点、特点于一炉，而这"三点"正是学生获取新知识的主要内容。因此，于文章重点、难点、特点处设置空白以激疑生思，使学生快速进入角色。

·在文章关键处设置空白

---

① 赵晓敏.优化语文教学的板书设计例说[J].教育研究,2010(2):68.

② 邹明.运其才智勤其练习——谈谈语文教学中的相机诱导[J].阅读与写作,1995(8):27.

　　文章的题眼、文眼往往提纲挈领,统摄全篇,是观察的出发点、选材的侧重点、内容的核心点、思想的闪光点、主题的聚焦点。对这些关键处教师不必全部呈现,可由教师"画龙",让学生搜索课文,推敲词句来"点睛"。

　　· 在连接处设置空白

　　好的板书应用箭头、曲线、圆圈等符号表示不同意念。有意识地在联结处"空白"一下,使各呈现点形断意连,板书更加血肉丰满。

　　· 在表格处设置空白

　　表格是教师常用的一种板书。设计时,先摘取部分关键词填进表格,巧加组合留出空格激励学生去按图索骥,填补"完形"。

　　· 在文章比较处设置空白

　　一篇文章内部或多篇文章之间某一侧面、角度都有比较。设计时,可明确显示某特点,空出相邻面,让学生或横比或纵比或正比反比或交叉比,以掌握共性及个性。

　　当然,要使板书设计具备空白美,唤起学生参与意识并非易事。需要教师精心构思,充分考虑学生的好奇、求新、求全的心理和求知、求解、释题的欲望,使板书中每一点都是关键或具有启发性。这样不仅有助于教师生动的"授业",更有助于学生主动地探究,是促进他们积极思考、丰富想象,自主学习的一方舞台。留下空间,留下期待,留下创造,方可让学生的思维开出绚丽的智慧之花。

(王　玮)

　　案例四:数学作业预习单设计的艺术

　　[背景]

　　数学教学中,有一个问题常常纠结于心。那就是要不要让学生课前预习,如果预习了,学生们了解了学习的内容,知道了答案,那么课堂上会不会放松了学习的状态,对于教师由浅入深的导入教学会不会产生负面效应。预习,对于孩子知识的掌握究竟是弊大还是利大呢? 怎样设计预习作业有助于学生的学习? 带着这样的思考,我在自己任教的五年级进行了预习单设计的艺术的实践研究。

　　[案例]

　　首先在上课的前一天,将设计好的预习单发给学生,要求大家根据预习单去完成预习作业，下面是我设计的本节课预习单。

预习内容：上教版第九册　小数的应用——水、电、天然气费用

预习要求：

·认识电费单

阅读教材 P79 表格 1

上月抄见数	本月抄见数	倍率	用电量（千瓦时）	单价（元）	金额
3	267	1	264	0.61	
63	283	1	220	0.30	

提示：表中第一行是高峰时段（早上 6 点到晚上 10 点）用电情况

表中第二行是低谷时段（晚上 10 点到次日早上 6 点）用电情况

思考：观察用电量一栏，想一想用电量是怎样计算的？

如果你还没有发现用电量是怎么计算的？可以去观察本月抄见数和上月抄表见数，相信你会有所发现。

高峰时段的电费是怎样计算的？（　　　）×（　　　）＝（　　　）

低谷时段的电费是怎样计算的？（　　　）×（　　　）＝（　　　）

每月总电价你会计算了吗？

找出家里的一张电费单，用计算器算一算，验证你的算法。

·认识水费单

找出家里的一张水费单，仔细观察，可以发现每个月的水费是由供水费和（　　　）费两部分组成的。

你是否从中发现供水量和排水量之间的关系呢？如果你发现了，可以将下列填空完成：

供水量×（　　　）＝排水量

如果你没有发现也没有关系，明天上课仔细听哦！

供水费每立方米是（　　　）元

排水费每立方米是（　　　）元

·认识天然气费单

阅读教材表格 3

根据天然气费单，你发现总价是（　　　）元，天然气消费量是（　　　）m^3，这样可以算出天然气的单价是（　　　）。

提出你在预习中的困难和不理解的地方。

第二天上课前,我先检查了大家预习单的完成情况。课堂上,三张收费单都请学生来介绍,学生积极举手,踊跃发言,可以看出,绝大多数的学生对于三张收费单有了正确的了解,我只需对学生还有疑惑的地方进行适度的解释和点拨。基本教学目标很快就完成了,我还抓紧时间对本节课内容进行适度的拓展和应用,学生也积极思考,课堂气氛活跃。显然这和以往不经过预习直接上课有了很大的不同,以往教学中很多学生会对教师课堂出示的这些收费单一脸茫然,教师不得不花更多的时间让学生先认识这些收费单,这个过程需要教师讲解得较多,课堂的气氛比较沉闷,看来这是一次有益的尝试。

[反思]

预习,作为课堂学习前学习个体独立自主的探索性学习,不仅让学生做好了学习的心理准备,更重要的是让学生在自主探究过程中,获得重要的数学知识以及基本的数学思考方法和必要的应用技能,初步学会运用数学的思维方式去观察、分析、解决日常生活和学习中的问题,培养初步的创新精神和实践能力。因此,预习不仅仅是为教师的教服务,更重要的是能促进学生的学习能力,本次预习单的设计,我有以下几个体会。

· 有效预习,让课堂教学能从学生的认知基础出发

这节课的教学内容以我们成人的视角来看,那是非常生活化的一个内容,也非常符合数学知识贴近生活实际,服务生活实际。但是我们往往忽视了一点,就是这些知识并不是学生生活的实际,在日常生活中学生很少去关心家庭日常生活开支费用,这些事情都是由家长去完成的。因此,学生们并不真正了解每一种收费单,如果事先不预习,教师在课堂教学中直接出示这些收费单的话,教学时间往往会更多地用在解释和说明收费单每一栏的含义,使得课堂教学停留在较浅层次上,通过预习,能够让学生对所学知识有初步的理解,利于课堂教学中对知识的深入了解。

· 有效预习,让学生学习的能力能得到更大的提高

预习是一项重要的学习习惯,学生在预习单的指导下,去阅读教材,去仔细观察,去静心思考。在这个过程中,学生自主学习的能力和独立思考的能力不断得到提升,在数学学习上,每个学生的

知识储备和学习能力是存在差异的,我在设计预习单的时候做了一定的考虑。那些学习能力较强的学生通过预习能够基本对所学内容有所掌握,久而久之,自学能力不断提高。而对于那些学习能力较弱的学生,我在预习单中设计了不少"扶手"帮助他们正确理解知识,努力让不同层次的学生都能有正确理解知识的机会,让这些学生通过预习有效减轻课堂学习的困难,对于提高他们课堂学习的效果和学习的自信心有积极的作用。在预习单最后一部分里,我安排了让学生提出问题或者不理解的地方,这样设计的目的,是促进学生不断思考、不断质疑,培养学生的问题意识,最终促进学生的思维能力。

・有效预习,让学生的学习兴趣得到提高

在这节课的预习中,我安排了学生用家里的水、电、天然气账单作为学习的工具,用看一看,算一算的手段让每一个学生进行实践的练习,由于贴近学生的生活,容易激发学生的学习兴趣,课堂教学中,我又因势利导,让学生比一比家庭水电天然气的开支,引导他们养成勤俭节约的好习惯,让孩子逐步增强责任意识和家庭责任感,我感到同学们在比较中确实加强了对家庭生活的了解,对于学生的全面成长有积极的意义。

・有效预习,需要教师根据不同的教学内容合理安排

在对教材的深入解读中,我感到,针对不同的教学内容,我们的预习作业也要进行分类设计。如对概念的教学中,"让学生经历概念的来历,体验概念的形成过程"是我们教学概念课的追求。当新的概念与旧的概念联系比较紧密时,在预习中可以通过对旧概念的复习引申推导得出新的概念,当新的概念与学生的生活实际比较紧密的时候,我们可以让学生通过观察、回顾生活中的事物引入概念,比如《有余数的除法》这节课的重点是让学生体会余数的产生,理解余数要比除数小,针对这两个重点,很多老师会在课堂上通过摆一摆、算一算、说一说来突破重点,但学生往往学得不够扎实,对这些概念体会不深,老师可以在上课之前设计这样一份预习单:

请同学们准备 20 个小圆片,用自己喜欢的方法分一分,摆一摆,并记录下来,并请学生用一个算式把分的结果记录下来。

总个数				
分成几组				
每组的个数				
余下的书				

在完成这个预习作业过程中,学生会真切体会到余数的产生,理解余数要比除数小的意义。

如对问题的解决中,我们可以设计一些相关解决问题的练习,并要学生说说思考过程,让其对数量关系有初步的感悟和理解,直接为第二天的课堂教学服务。如在《植树问题》教学前,可以设计这样的预习单:

在一条长 10 厘米的线段上,每隔 2 厘米画一个圈,你有几种不同的画法,填一填。

	画法	圆的个数	分成了几段	我发现了什么
第一种				
第二种				
第三种				

在第二天的教学中,让学生们交流自己画的结果,让学生对圆的个数和段数之间的关系有一个初步的感悟。

教学的艺术在于设计的巧妙,数学预习单的合理设计,拓展了学生探究的空间,改进了学生回家作业的形式,也对于学生的成长是一项有意义的探索,值得进一步研究。

(王卫民)

案例五:故事教学 快乐学习

[背景]

Oxford English 1A Module4 Unit1 On the farm 第一课时,本课通过小朋友参观农场的故事,引导学生学习相关的语言知识,如农场动物单词 chick, duck, cow 和 pig 及句型 What's this/that? It's a... 能听懂别人询问,给出正确的回答,还能听辨模仿这些农场动物叫声。

[描述]

· 利用话题，引入教学，激发学生对英语故事学习的兴趣

T：Do you like small animals？（屏幕上出现可爱的小动物的图片）

S：Yes（孩子们高兴地说）

T：Do you know a QQ Game "QQ Farm"？（屏幕上出现 QQ 农场游戏的场景）

S：Yes.（在英语课上，孩子们看到平时自己喜欢玩的游戏画面，各个都兴奋地大喊起来）

T：There are many animals on QQ Farm.

· 让学生听故事，整体感知故事内容

T：Today，let's learn a short story about "QQ Farm". 要求学生先试着听故事，尽可能地理解故事内容。这样不仅锻炼了学生听的能力，而且使他们的理解力得到提高。

QQ Farm

Welcome to QQ Farm，boys and girls. It is a nice farm.

Hello! I'm a chick. I'm small. Peep…Peep…

Hi! I'm a duck. I'm thin. Quack…Quack…

Good morning! I'm a cow. I'm big. Moo…Moo…

Nice to see you! I'm a pig. I'm fat. Oink…Oink…

We are happy on QQ Farm. We like QQ Farm!

让学生在感知整个语篇意义的过程中，建立起外语的语感。通过语言和音乐在听觉上的输入，使学生对整个小故事有一个大致的、生动的了解。

· 丰富的教学方法，教授故事里呈现的新单词 chick，duck，cow 和 pig

T：What animals do you hear? 听辨不同的农场动物叫声，学说 chick，duck，cow 和 pig

T：What animals do you see? 在图片的帮助下，模仿动物的形态，跟读单词。简单直观的猜谜 What's this/that? It's a…教师和学生通过互动的方式，巩固单词的正确读音。学生绘声绘色地模仿，把 chick，duck，cow 和 pig 的音、形和义深深地印刻在脑海里。

Chant(儿歌)：QQ Farm，QQ Farm

I like QQ Farm

QQ Farm，QQ Farm

I see ... on QQ Farm

· 角色扮演，再次熟悉故事，巩固新单词和句型

T：Please choose your favourite animal on QQ Farm and act as it in your group.

带上头饰的小朋友饶有兴趣地扮演着自己喜欢的小动物角色来。

S(小鸡)：I'm a chick. I'm small. Peep...Peep...

S(鸭子)：I'm a duck. I'm thin. Quack...Quack...

S(母牛)：I'm a cow. I'm big. Moo...Moo...

S(猪)：I'm a pig. I'm fat. Oink...Oink...

这个演一演的活动，符合一年级学生爱动爱玩，善于模仿，好表现的特点，激发了学生参与学习的热情，让学生感受到了学习的成功。这些一年级学生在这一生动有趣的故事情景 QQ Farm 中学习了 chick，duck，cow 和 pig 这 4 个农场小动物，以及它们的叫声，并能简单地描述它们的特征，不仅激发小朋友学习的兴趣，也进一步实现语用。

［评价与反思］

· 联系学生生活实际，整合文本内容

随着时代发展的丰富多彩，网络普遍走进孩子们的生活，时常挂在嘴边的有 QQ 音乐，QQ 头像，QQ 游戏等。对于一年级的英语教学，我尽可能从孩子们的年龄特点和喜好出发，设计生动有趣的小故事，让学生开开心心，轻轻松松地学。"QQ Farm"的小故事，就是其中一个。我把课文里的新旧知识进行合理地整合，创设了丰富的语言素材，让小朋友扮演故事里小动物的角色，寓教于乐，让学生有意或无意地开口练习，努力在课堂内形成"能言能语，可言可语"的故事氛围。

· 丰富的教学活动，激发学生的学习兴趣

讲故事，扮演角色，听听唱唱儿歌和歌曲，猜谜，模仿动物的叫声……直观多样化的游戏形式更符合一年级小朋友的年龄特征，更能引起他们的兴趣。在设计教学环节时，让学生听一听农场动物的

叫声,猜一猜 QQ Farm 里的动物;看一看动物的外形特征的图片,找一找 QQ Farm 里的动物。一年级的学生对未知的东西充满好奇,无论猜对与否他们都表现得乐此不疲,使用他们感兴趣的活动方式,促使他们不断地说,激活他们已有的语言,使他们沉浸在故事的情景氛围里。

  ·循序渐进培养学生的思维能力

  自编故事 QQ Farm 里的有序信息有利于一年级学生理解、吸收和运用。教师在教学活动中逐步提高活动要求,活动方式的变化也更为多样化,使知识学习和思维在同一教学活动中完成。故事这一载体,在课堂上体现了英语学习的完整性,学生更为积极主动地参与,求知欲更强。

  故事里,有丰富的语言输出和输入,学生在小故事里,体验人物角色的变化,学会听故事,理解故事,讲故事,表演故事,感受故事中语言表达的快乐。我经常在平时的课堂教学中适当引进故事教学法,并在讲故事的过程中创造性地设计适合学生的各种活动,它有利于激发学生的学习兴趣和学习动机,有利于培养学生主动运用英语的意识和综合运用英语的能力,也具有情景真实、便于组织和实施等一系列的优点。作为小学英语教师的我,可以在今后的课堂教学中多多运用故事教学法,充分体现"用中学,学中用,学以致用"的新型教学理念,展现英语故事教学的艺术魅力。

(崔恒清)

  案例六:教材整合的艺术

  [背景]

  目前,我校探究型课程使用的是 2004 年市教委编写的《小学探究型课程学习包》,该学习包为执教老师提供了探究的内容和形式,每个探究活动的设计都包括活动目标、活动准备、活动过程,拓展了教师的设计思路,让教师根据学生情况自主选择。虽然学习包为教师提供了大大的便利,但是学习包中有些内容的设计可能更注重倾向艺术的方向,少了点探究的乐趣,因此,我根据我校低年级学生的特点,在使用学习包时对学习包做了一些调整,删除一些内容,增加一些有探究味道的内容,调整以后的活动设计更符合探究型课程的要求,更有利学生参与探究。

小学探究型课程旨在促进学生在学习基础型课程和拓展型课程的同时,联系生活经验,面向自然和社会,通过问题探究、活动体验等方式,让学生在多样的学习中经历自由的探索,培育自主和创新精神,提高实践能力,强化合作与发展意识,提升综合素养。

［学习包的开发与整合］

《紫甘蓝的"魔法"》是小学探究型课程学习包二年级第一学期第五单元的内容,该单元包括两个主题探究活动:活动一《用紫甘蓝做紫色水》、活动二《用彩色水画画》。

在执教时,我发现活动一的内容有可操作性,也有趣味,学生自主探究用哪些方法可以使紫甘蓝水颜色更深,很符合二年级学生探究的需求。然而,在活动二里探究的味道少了,更注重"画画",在涂有紫甘蓝水的画纸上用铅笔勾勒出草图,再涂抹白醋和肥皂水,见证紫甘蓝水的"变色"。我觉得这样设计的话主体活动在"画"上,至于紫甘蓝水碰到"谁"会变颜色,没有开展探究,失去了探究白醋和肥皂水的味道。因此,我觉得从学生的角度出发,应该对学习包做个调整,设计一个更开放更具有探究趣味的活动设计。

基于课程目标的设定,我对学习包做了一些加减法:

首先,学习包中"奇妙的实验"这一块保留,该板块通过小实验知道紫甘蓝水遇到白醋会变红,遇到肥皂水会变蓝。这一板块除了保留,还要将其做足做好,把实验探究的味道在这里充分地挖掘出来。

其次,把"用魔法画画"完全删除,学习包中画画的意图就是让学生体验紫甘蓝水遇到不同液体会变色,增加学习兴趣,提升艺术修养。但是如果我保留这一板块的话,势必"画"的时间长了,"探"的时间短了,因此,如果要考虑到学生的需求,联系生活经验,体验探究的过程的话,"画画"就得放弃。

调整之后的教材我更注重了"实验探究",根据低年级学生的认知规律,把实验分三个层次展开,每个层次有不同的要求,由易到难,层层攻克,体验成功。

本课我设计了三个活动内容:

活动一"见证魔法,猜一猜"这个环节作为导入由老师变魔术来吸引学生的注意力,引入本次探究的主题《紫甘蓝水的"魔法"》。老师会出示两杯相同的紫甘蓝水和两杯相同的透明液体，将两杯透明液体分别倒入两杯紫甘蓝水中并搅拌，这时其中一杯紫甘蓝水会变成红色。老师请同学们猜一猜那一杯很有"魔力"的液体，是什么。学生有兴趣探究也很想知道这个宝贝是什么，由此展开活动二"寻宝游戏，找一找"活动。

活动二"寻宝游戏，找一找"由老师提供一套实验器材，请学生简单设计操作步骤，并执行操作，在游戏中寻找到使紫甘蓝水变色的"宝贝"是白醋。老师会提供每个小组一个盘子，里面有三种透明液体，他们的量是相同的，分别是①盐水②纯净水③白醋，除此之外，还有三杯相同量的紫甘蓝水和三个小勺子，简单讨论一下怎样利用这些材料来寻找到这个宝贝？做个简单的实验步骤设计。这一步对于学生来说并不难，只需要将三杯液体分别倒入三杯紫甘蓝水中即可得到答案：使紫甘蓝水变色的是白醋。这个环节看似简单，却是为我后续的活动做铺垫，我给各个小组的实验器材中有一个变量是不同的，那就是各组中紫甘蓝水的量都是各不相同的，这样实验后学生呈现的紫甘蓝水的颜色深浅是不同的，因为紫甘蓝水的量多量少决定了紫甘蓝水颜色的深浅程度不同。学生在观察8杯水后，产生生成性的问题：为什么紫甘蓝水的变色有不同呢？紫甘蓝水变色深浅不同到底与什么有关呢？针对这些问题，我们继续开展活动三的"寻秘探究"。

活动三"寻秘探究，试一试"将要开展两组对比实验，实验一探究是否与紫甘蓝水的多少有关，实验二探究是否与白醋的多少有关。两组实验器材上稍有区别，但是实验步骤基本相同。老师在实验前要指导学生思考实验器材上如何做到"实验公平"，也就是"控制变量"，设计实验是本课的重点和难点。

最后，作为迁移部分，我设计了"紫甘蓝水再次变色"。请学生思考还有没有其他的液体也能使紫甘蓝水变色呢？然后教师再次表演魔术：一杯透明碱水倒入一杯紫甘蓝水，紫甘蓝水变成了绿色。引起学生再次惊异，看来紫甘蓝水还真有魔法，呼应课题。

［课堂实践］

师：今天老师让你们见证一下紫甘蓝水的魔法，信不信？

生：信！

生：不信！

师操作:将 2 杯不同的透明液体(白醋和纯净水)分别倒进 2 杯等量的紫甘蓝水中。

生惊呼:变颜色了!

师:怎么样? 紫甘蓝水遇到"魔法宝贝"时就会变颜色,想知道这个宝贝是什么吗?(出示 PPT 课件白醋、清水、盐水)这个宝贝就在其中,怎么把它找出来?

生:把紫甘蓝水倒进去呗。

师:那么我就随便倒了,想怎么倒就这么倒,大家没意见吧?

生:不行,要公平。

师:怎么公平呢? 请大家小组讨论一下操作的步骤吧。(教师引导学生自主设计实验,体现实验中的控制变量意识,简单交流之后,学生探究实验。)

师:请各组把找到的"魔法宝贝"放在讲台上吧。(8 组学生递上8 杯标有白醋的杯子)这个魔法宝贝是——白醋。

生:奇怪,为什么 8 个小组杯子里的水都不一样啊?(学生已经在比较了,关注到 8 杯液体的不同)

师:是吗? 你们发现有什么不同?

生:有的水多,有的水少,只有一点点。

生:有的颜色深,很紫的,有的颜色淡淡的。

师:大家观察得很仔细,可为什么会出现不同呢? 你想过这个问题吗?

生:可能白醋加多了吧?

生:是不是紫甘蓝水倒得少了,没有完全倒光啊?(立即有学生举起杯子反驳:"我们都倒光的,没有剩下紫甘蓝水"。)

师:(开始帮助学生归纳)大家觉得问题可能与白醋的多少有关,也可能是和紫甘蓝水的多少有关。(版贴:两大问题)我们怎么验证到底和什么有关? 你们需要哪些器材? 打算怎么做?(引导学生设计对比实验)

生:(小组讨论实验的器材和实验步骤)

师:按照你们的设计开始寻找答案,记得要把实验结果写在记录单上噢。

生:(分组实验,填写记录单,最后交流各组的结果,多数小组认

为影响紫甘蓝水变色深浅的是白醋的量，白醋越多，颜色越深）

师：（出示另一杯透明液体）老师手上还有一杯"魔法宝贝"，想再次见证一下奇迹吗？

生：不会又是白醋吧？哈哈哈

师：眼睛睁大看一看呗（将神奇宝贝倒入紫甘蓝水中，水变成深绿色了）

生：咦！……变绿来了，老师，这是什么呀？（悬念又被激起）

师：这个魔法宝贝你家也有，回家去做做小实验，看看谁能找到这第二个宝贝。下课！

［反思］

教材整合不是指改变教材的编排顺序，而是从整体上把握学科的本质，把握学科知识，抓住学生的认知规律，保持探究的兴趣，关注学生思维过程，按照学科的目标体系、思维方法体系和基本技能把知识、兴趣与能力整合起来，使学生更容易接受。

本课重新设计之后，活动内容跟原学习包的内容有很大出入，学生在经历这一次探究活动后，兴趣一直是围绕着"魔法宝贝"，从"见证魔法"—"找到宝贝"—"验证猜想"—"再次见证魔法宝贝"，这一路的设计，学生始终处在探索的热情中，直到下课铃打响，探究的热情还未终止，仍在关注老师手里的第二件"魔法宝贝"。可见，学生对探究所保持的兴趣是检验探究课成败的关键之一。

整合教材后，加大了"实验探究"的学习容量，学生的探究能力和素养是否得到发展是检验探究课成败的关键之二。从本课活动二"寻宝游戏，找一找"这一环节来看，学生能初步设计对比实验，并初步体现"控制变量"的意识，学生认为三个杯子中的紫甘蓝水应该一样多，盐水、清水、白醋也应该一样多，这样寻找宝贝才公平。对于二年级来说"控制变量"这种实验设计能力是有难度的，学生能提出"公平"，已经是控制变量意识的初步体现了，并且学生在活动三"寻秘探究，试一试"中尝试着自己设计对比实验，关注到实验器材的"公平"和实验操作的"公平"，应该说学生实验设计的能力是有很大的进步。因此，整合教材对教师来说是一门艺术，整合成功了能收到事半功倍的结果。

（陈　芳）

案例七：以学定教　提高教学艺术

［背景］

凡是称之为"艺术"的东西，总是"迷人"的。教育教学的艺术就是要迷住并吸引学生全神贯注、专心致志地学习。作为教师在课堂上又该如何吸引学生呢？法国教育家卢梭认为："教育的艺术是使学生喜欢你所教的东西。"教学艺术的本质是教学的合规律性与合个性的统一。课堂是学生学习的主要场所，只有被吸引才会喜欢，学生才能积极、主动、有效地参与到各项学习活动中，真正成为学习的主人，获得最佳的发展。以学定教的课堂教学恰好就能满足这一点，那就要求我们教师一切为了学生的发展，以学生的学习需要为教学出发点，以学生的学习方式和学习能力为依据，去制定教学目标、设计教学过程、选择教学方法、确定教学评价。教师只有在课堂教学中符合教学艺术的本质，做到以学定教，才能让每个学生在课堂教学中都能得到最大限度的发展，喜欢你的课堂。

《蜗牛的外形与运动》是小学自然科教版第二册第七单元《鱼和蜗牛》的第三课时。本课通过寻找蜗牛并进行交流，激发学生探究蜗牛的兴趣，同时让学生留意蜗牛的生活环境为后面探究蜗牛的生活习性做好准备。在这节课的设计和教学中，我尝试遵循学生的认知发展规律，以学定教，力求创设学生喜欢的课堂。

［描述］

上课了，学生对于桌子上用毛巾遮盖的实验器材十分好奇，有些想掀开看看，有些在窃窃私语。我立刻在投影上出示了一张色彩艳丽的蜗牛的图片，并且提出："老师请你们回家找找小蜗牛，现在请你们来说说在哪里找到蜗牛的？"孩子们的眼睛瞬间被吸引了过来，一听要说说自己的发现立刻迫不及待地举起了手。"我在花盆里找到的。""我在花坛里找到的。""我在草丛里找到蜗牛的。"我继续追问："你们都找了几次蜗牛？每次都找到蜗牛了吗？"大家一下子都摇头了，小王大声说："老师我们找了好几次才找到的！""是的，是的，我们也是！"好多同学附和着。"哦，看来蜗牛不是这么好找的啊！"看着孩子们认真的小脸我点头说道，"那老师想去找蜗牛，你们能给我些建议吗？"话音刚落，刷的一下小手都高高地举起了。"老师你不能到晒得到太阳的花坛去找，要去晒不到太阳的花坛里找。""老师你最好在下过雨以后去找，那时候小蜗牛都会爬出来的。""老师你可以去比较湿的草丛里找。"听了孩子们的建议我暗暗高兴，看来他们在找的过程中已经知道蜗牛的生活习性了。"你们观察得真仔细！"我及时对孩子们的表现进行了表扬，并继续追问"对于蜗牛你有什么想知道的?""我想知道蜗牛吃什么?""我想知道蜗牛长得什么样子的?""我想知道蜗牛是怎么爬的?""我想知道蜗牛怎么生宝宝的?"……孩子们的问题一个接着一个，我都来不及把他们的问题呈现在黑板上。"你们的问题真不少，为了便于研究能不能把这些问题分分类?"这个问题一出，孩子们一下子安静了。我不急着找人回答，而是给他们一些考虑的时间。最后在几个同学不断地纠正中把问题分成两大类：外形特征、生活习性，并且确定了能在课堂上进行研究的是外形特征。

明确了今天这节课的学习任务后，孩子们就迫不及待地进入到观察蜗牛的活动中了。第一次我让学生用肉眼进行观察并把蜗牛的外形画在记录单上。孩子们第一次接触蜗牛特别兴奋，记录的时间少，玩的时间多。交流的时候我把几位学生的作品放在实物投影下展示，并让他们自己介绍。这时出现分歧了，小徐同学的蜗牛有两对"触角"，而小李同学的只有一对；小雷同学的蜗牛有嘴，小周同学的蜗牛壳上有花纹，大家画的都有不一样的地方。"那他们谁观察得更仔细呢?"我提出了疑问，大家各执己见。我趁机提出："那我们再来观察一次，好吗?"大家一致赞成。"为了帮助你们观察得更清楚，老师请了个小帮手来帮助你们，他就是放大镜。"我顺势出示了放大镜，并且讲解了放大镜的使用要点。"好下面就请你用放大镜再次观察蜗牛，并把你的新发现继续画下来。"这次孩子们明显没有第一次观察的时候那么兴奋了，安静认真了许多，不时地在记录单上进行着修正。第二次的观察交流学生有了许多的新发现：分清了眼睛和触角、知道了嘴的具体部位、看到了壳上的螺旋形的花纹。第三次观察我要求学生可以去摸一摸蜗牛的外壳和身体，这个提议一下子又引起了学生的兴趣，交流的时候十分积极。

经过三次不同要求的观察，学生对于蜗牛的外形有了一个比较完整的认识了。然后让学生能按照从头到尾的顺序完整地描述蜗牛的外形特征,我也把学生交流的内容在黑板上用图片和文字相结合的形式进行了展示。一节课已经临近尾声,孩子们有点坐不住了。"你们知道我们今天观察的蜗牛叫什么名字吗? 你们找到的蜗牛和白玉蜗牛一样吗? 有哪些不一样? 你知道蜗牛一共有多少种吗?"我提出了一连串的问题,孩子们一下子全望向了我,我继续说:"蜗牛的种类很多,约 25000 多种,遍及世界各地,仅我国便有数千种。""哇!"孩子们由衷地发出了惊叹。"老师这里也收集了各种蜗牛的图片,你们想不想看看?""想!""那边看边观察它们长得一样吗?"孩子们拼命地点着头,迫不及待地看着我。一组配合着欢快音乐的蜗牛图片出现在孩子们的面前,他们和着节拍点着头不时地发出赞叹。一节课就在欢快的音乐声中结束了。

　　[分析]

　　・教学目标的制定要有针对性

　　"目标是指导行为的方向盘,目标是驱使发展的发动机。"教师在制定教学目标时就要根据学生的认知规律与个性差异,有针对性地制定适宜的目标。

　　通过差不多一年的小学生活,学生的学习习惯已经初步形成能独立进行课内外的观察和记录。他们的有意注意也在逐步地发展,但是还是缺乏稳定性和集中性。学生的思维已经从动作思维阶段进入形象思维阶段,开始具有抽象思维能力,但是脱离不了具体事物或形象的支持。就如这项教学内容,学生对于蜗牛有着较强的探究兴趣,知道蜗牛行动缓慢,身体柔软背着外壳,受到惊吓会蜷缩进壳里不出来。对于蜗牛的生活环境有着错误的认识,不清楚蜗牛头部的具体结构、喜欢吃什么、如何运动等。根据学生的认知特点、思维特点和已有经验,我制定了以下教学目标:

　　通过交流关于蜗牛的问题,提高发现问题、聚焦问题以及分类的能力,激发探究蜗牛的兴趣。

　　通过运用多种感官、借助工具多次观察蜗牛,知道蜗牛基本的外形特征,提高观察的能力。逐步形成仔细、反复、耐心观察的科学态度。

　　通过记录和交流观察蜗牛的结果,提高用图画和语言描述观察结果的能力。

有了这样的目标，教师上课就心中有数，而且可以随机调整，不断提高目标的达成度与教学效果。

· 教学环节的设计要抓特点，关注活动节奏的课堂教学艺术

"好奇多问，对什么新鲜事物都感兴趣"是一年级学生的心理特点，教师应在各个教学环节都要抓住学生的心理特点进行设计。

我抓住这点让学生在学习前说说：对于蜗牛你有什么想知道的？利用孩子们好问的特点，培养他们的问题意识及提出合理问题的能力，因为我们都知道：提出一个问题比解决一个问题更重要。学生提出的问题会比较分散无序，为了培养学生梳理问题的能力，于是我让学生对这些问题进行分类：外形特征和生活习性。然后要求学生判断这两类问题哪些是能在课堂中完成的，哪些是不能在课堂中完成的，帮助学生学会选择问题。经过这样的一个活动，初步培养了学生发现问题、聚焦问题的能力，并且使学生在探究中学会研究的方法。

经过三次观察，一堂课接近尾声了，学生的注意力已经出现了疲劳，如果再继续让学生总结整堂课的学习方法的话，势必出现思想不集中的情况。于是我通过让学生猜猜世界上的蜗牛一共有多少种和一组配上轻快音乐的蜗牛图片的展示来吸引学生，帮助学生调整状态，使学生始终处于积极学习状态中。基于学情的一堂课中学习活动与节奏之间的协调，就是我所关注的课堂教学艺术。

· 教学活动的安排要循序渐进，关注学生学习的课堂教学艺术

一年级的学生思维发展的基本规律是以具体形象思维为主要形式逐步过渡到以抽象逻辑思维为主要形式，但是这种抽象逻辑思维在很大的程度仍然是直接与感性经验想联系的，仍然具有很大成分的具体形象性。在教学活动的安排时，我们必须要遵循这样的规律，才能帮助学生积极地、认真地投入到学习中。

要研究蜗牛必须让学生真真切切地观察蜗牛，才能扎实地学习相关的知识。但是他们注意力集中的时间相对较短，自律能力相对比较薄弱，并且只靠一次观察不能做到全面、完整。一年级学生的语言描述能力比较差，活动记录上的表格又过于简单，所以我改用绘画的形式进行记录再交流，这样不同学生的不同能力都得到了发挥和培养。因此在活动中我一共让学生观察了三次，每一次的观察都从学生的需求出发。第一次观察在学生提出各种有关蜗牛的问题之

后,学生的学习积极性较高。由于是第一次观察所以观察的要求比较低,只要求观察蜗牛的外形并且用绘画的形式记录下来。这样一来每个学生都有动手的机会,注意力就会相对集中,也做到了教育的公平性。第二次观察是在学生的第一次记录发现异同时,学生急于知道答案所以就主动投入到第二次观察中。第二次的观察提高了要求,让学生借助工具进一步仔细观察蜗牛的外形,记录下新的发现。第三次观察是运用触觉进行观察,学生的认知规律先是视觉再到其他感官。所以在前两次用视觉观察的基础上提出用其他感官进行观察,符合学生的认知规律,调动了学生的学习积极性。通过三次不同要求的观察和记录,教会学生借助工具、运用多种感官反复、仔细、耐心地观察。在归纳总结蜗牛的外形特征时,针对低年级学生的特点,要求学生有序地、从头到尾地描述蜗牛的外形特征,培养了学生多种描述能力。三次观察任务的要求循序渐进,不仅适合学生的学习需求,而且使学生从投入到吸引再到发现,这就是我所关注的学生学习的教学艺术。

总之学生的认知发展是有一定规律可循的,我们的教学一定要遵循这一规律,设计教学,才能让学生喜欢。

(王　俭)

案例八:运用思维导图,提高品社课堂教学的艺术性
[背景]
《品德与社会》课程是新一轮国家基础教育课程改革设置的新课程。它是一门综合课程,既不同于数学、语文、英语等工具学科,也不同于以前的思想品德学科。它整合了品德、地理、历史、社会等学科的内容,具有更强的综合性、思想性、开放性、社会性,因而受到了孩子们的喜爱。对于这样一门综合型课程这就要求我们教师要有广博的知识,较高的道德品质,先进的教育观,灵活多样的课堂教学方法,然而在实际的教学环境下却由于我们学校的品社学科教师都是兼职教师,根本没有时间去潜心研究教学,再加上品社学科的配套资料局限,尤其到了高年级许多篇目都汇聚了以往中学的地理和历史知识,这对于高年级的老师而言更增加了难度。

随着年级的升高,学生对知识的渴求也越来越强,然而教师一味

地拘泥于教材，照本宣科，把综合性极强的一门课程硬生生地上成了语文课，教师不仅教得辛苦，孩子更是学得无趣。新课程明确指出，教科书不应该也不可能成为唯一的课程资源。因此教学时教师的教学要回归到儿童的生活中，关注他们的生活经验，特别是教材中的弹性空间，意味着我们的教师可以和学生去共同参与教材的意义建构。

五年级的学生已经具备了一定的发现与提出问题的能力，搜集和整理信息的能力，他们自我学习知识的技能已经初步具备，而以往作为教师的我们又始终秉承老套的课堂教学模式，如果不改变传统的教学方法，让学生在一个开放的环境里学习，他们的创造热情和创造能力将得不到激发。

案例片段：以小学品社五年级第一学期"运河的开凿与变迁"这一课为例。

［片断一］

· 回顾历史，了解京杭大运河的开凿原因和变迁

说到运河，想一想：什么是运河？

在没有现代化工具的古时代，开凿大运河是一项耗费巨大财力和物力的艰巨工程，为什么要开凿这条绵延千里的大运河呢？今天我们就来了解运河开凿的原因和变迁。

思维导图板书1：

· 了解京杭大运河开凿的原因

地理环境因素。

（出示中国主要水系图）这是中国水系图，看这张地图，你能说出几条我们中国的河流？

请你根据河流走向，看看这些河流有一个什么共同的特点？（自西流向东——追问"为什么会有这样的特点呢？"）

学生畅谈知识点：（我国地势西高东低，大江大河都是从西向东流的，从来没有一条沟通南北的河道）

那，我们再来看看大运河的走向？你们看到了什么不同之处？

（这条河流与其他河流的流向不同）（它是南北流向的）

小组讨论：当时为何会开凿一条与众不同走向的大运河呢？它有什么作用？请大家交流一下你们课前了解的相关内容再来解答这个问题。预设：①开创了先例；②沟通了南北的交通；③让不发达的地区也能发达起来等。

小结：水路运输经济省力，是古代主要的交通方式，大运河的开凿沟通了中国的南北水道。

政治经济原因。

以小组为单位开展讨论：当时的统治者开凿大运河究竟是什么原因呢？（播放录像）

（播放时插入地图、图片进行补充说明）预设：①为了方便粮食的运输，利于两地的生意来往。②为方便前线的运输，有利于军队的给养。③方便了南方向京城运输粮食和其他物资。小组交流，教师并同时出示思维导图板书 2：

小结：大运河的通航使南北交通有了显著的改善，加强了北方对南方的统治，方便了南粮北运，同时为促进南北方的文化交流发挥了重要作用。

［片断二］

·深入思考，感受京杭大运河的价值

如今随着铁路、公路以及海运的发展，运河逐渐荒废、萧条，清朝末年，运河河道越来越窄，最窄处不足 10 米，运输能力大减，不少河段不能通航，那它还能发挥什么作用呢？（学生资料汇总交流）

（预设：1. 它是活着的历史文化遗产。2. 它是"北煤南运"的干

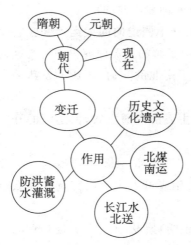

线。3. 它是防洪、蓄水、灌溉的干流。4. 它是长江水北送的主要渠道。)

教师根据学生的交流汇总内容，出示思维导图板书3。

因为以上原因，今天大运河再次被人们广泛关注，很多河段都得到整治，大运河重新焕发新的活力。（课件出示图片、教师小结、刚才学生交流的内容）

小结：大运河滋养了中华文明，它是流动的、活的、宝贵的文化遗产，让我们一起去走走看看，了解它、介绍它、保护它，（板书：了解、保护）让它继续发挥作用。下节课我们继续学习"京杭大运河"。

以下是整节课的思维导图板书：

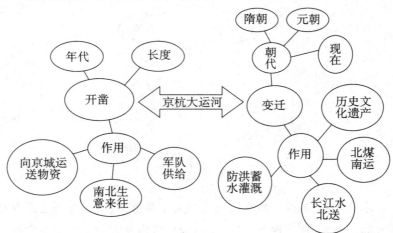

[启示和思考]

·引进思维导图式教学，提高品社教学的艺术性

思维导图作为一种教学策略和帮助学生认知的工具，参与到教学过程来，使学生的学习、教师的教学以及师生之间的交流更能把握全局和细节，更能创造性地解决问题、学习更为高效。学生在预习这节"运河的开凿与变迁"一课前，我引导学生先揣摩课题，然后找准核心词，学生在确定了以《开凿》和《变迁》这两个中心为这一课的小课

题时,并在搜集本上写下,接着分组围绕这两个小课题寻找各自需要由此延伸了解的相关分支内容,如:开凿(年代)、(长度)、(经过的地方)、(采用的设备)……;变迁(历经的朝代)、(作用)……学生们采用线条和图画进行分支的绘制,在制作过程中,将多个零散的知识点进行整理,从纷繁的信息中找到信息之间的内在联系,这样不仅把握了知识结构的全局,整理了知识的框架,还通过不断地添加分支,把握了细节。

　　学生课前思维导图的步步设计也为我这节课的教学目标、教学重难点和教案的制定提供了便捷的途径,在这节课中我设计了以下教学目标:1.在中国地图上找到大运河的起点、终点和大致流经的省、直辖市,说出它们的名字。2.了解大运河开凿的主要原因,并利用地图粗略了解运河变迁的历史,知道大运河是不同历史时期开凿的一些运河的综合体。3.通过世界三大运河比较及运河开凿中故事的分享,体会京杭大运河工程的巨大与艰辛,增强民族认同感。教学重点、难点:了解大运河开凿的原因和变迁的历史,感受我国古代劳动人民的勤劳和智慧,增强民族认同感。通过思维导图的方式来展示教学内容,分析复杂知识的结构,运用直观形象的教学,提高了教学的艺术性,不但使课堂学习内容一目了然,教学效果也成倍加强。

　　·思维导图式教学,提高了学生探寻地理、历史知识的兴趣

　　新课标提出:"学生是学习的主体,学生的品德形成与社会性发展,是在各种活动中通过自身与外界的相互作用来实现的。"课前思维导图的设计,有利于学生们接下来要进行的资料搜集,因为它一改以往学生们无头绪的课前信息搜集,相反更具有针对性和实效性。学生们通过在线查阅资料或相关历史书籍,收集运河历经的朝代特点以及杰出人物的贡献等方面知识,课前学生自主的学习,理清了历史发展线索。

　　地图是学习地理必不可少的工具,它是地理事物空间分布具体而形象的反映。因此在课上教会学生阅读和使用地图是非常重要的任务。在课前的思维导图设计中就有要了解运河的河流走向,于是我将这一分支内容设计进入了教学目标,要学生了解运河的起点、终点和流经的省市、直辖市。为了让学生对一张纷繁复杂的

地图能很快又便捷地认读，因此在课上我首先采用让学生观看中国水系图，让学生去发现中国河流一贯由西向东的流向，并得出这样的流向与中国的地理构造有关，接着让大家去关注今天我们要讲到的大运河的流向，让学生思考当时为什么要挖掘这样一条由南向北的大河呢？学生在图上细数大运河途经的各个省市，在惊叹中发现这条人工运河的由来是多么的不易，并由此更发现了大运河在每个历史时段它所起到的特殊作用。我们让学生在活动中探究，在探究中发现问题和解决问题，让兴趣贯穿始终，激发了学生的探索兴趣。

　　·思维导图式教学，让师生交流合作，思维共享

　　学生之间存在着个性差异，其对信息的理解总是各有不同。这些个性化的理解，就像一颗颗闪烁的珍珠，只要有线，再多、再分散的珍珠，也能串成完美的珠链。同学们利用思维导图，围绕变迁生成了分支内容——大运河的作用——古代（现代），串连起小组成员对所探究内容的不同理解和认识。根据他们生成的信息内容，在课上我让小组交流讨论时，就是遵循大家共建的思维导图。让学生自主感悟，如今随着铁路、公路以及海运的发展，运河逐渐荒废、萧条，清朝末年，运河河道越来越窄，最窄处不足 10 米，运输能力大减，不少河段不能通航，那它还能发挥什么作用呢？学生们将自主探究时获得的资料、信息和个性化理解通过小组交流逐一展现。但是各种文字的交流不可避免地产生枯燥，而这时我在与学生们共同搜集中，将孩子们的文字配上了相应的图片与视频，一下子提升了大家对于现代大运河价值开发的情趣，这些我从生活中选取出的典型内容，使之成为鲜活的教学资源，形成了思维的共享。如今在注重学生个体化发展的新课堂教学中，交流合作被赋予了更活泼、更丰富、更具实效性的内涵，交流合作促进师、生与课文间的三维互动，借助了思维导图式教学，让其生成了更为丰富的课程资源。

　　品德与社会课是一门综合性学科，如果光靠课文内容授课，学生听起来就会枯燥无味、无精打采，逐渐失去对品德与社会课学习的积极性和主动性，作为教师的我们只有在教学中运用教学艺术，拉近师生之间的距离，才能让学生最终喜欢上品社这门学科。

（董莉萍）

　　案例九：以情感人　以美育人

　　[背景]

　　本案例选自上海音乐出版社出版的音乐课本三年级第一学期第三单元歌唱教学《勤快人和懒人》的教学实录。通过本案例意图体现音乐教学审美育人在课堂中的实践。

　　音乐学科作为基础教育阶段审美教育的重要途径之一，有着与一般学科不同的教学方法，它从感性入手，采用体验的方式，以情动人、以美育人。音乐教育作为对学生进行情感教育的重要内容和途径，能有效地丰富学生的精神生活，促进学生在感知、情感、想象等感性方面的健康成长。因此，在音乐教学中如何影响学生的情感意向，如何在长期的、反复的美感发生中，使学生产生对美的热爱，形成审美的情操是我需要不断研究的问题。正如新课程标准中指出：把学生的音乐感受、理解、想象与音乐情感联系起来，才能真正体现音乐审美的意义。[①]

　　根据歌曲的内容和情感内涵，本课以"快乐劳动"作为主线，让学生在课堂中从感受"快乐的劳动"——表现"劳动中的快乐"——创编"快乐的劳动"的过程中领略音乐的魅力和劳动的乐趣，达到以情感人、以美育人的音乐学科育人价值。

　　[教学实录]

　　本案例使用了课例的"导入新课"、"学唱歌曲和歌曲感情处理"、"创编情景表演"三个片段实录。

　　·教学片段一：导入新课——感受"快乐的劳动"

　　欣赏视频《疯狂的厨房》

　　边看视频边思考：这是在哪里？他们在干什么？请找出视频里有哪些声音？

　　请学生模仿听到的声音。如：炒菜声、洗菜声等

　　出示厨房的各种声音和节奏谱，请学生找出声音和对应的节奏，用线连起来。

　　说说为什么这样选择？

---

　　①　陆丹.新课程改革下的音乐教学之我见[J].新课程：教师版,2011(2).

用象声词和节奏模拟在厨房劳动时的声音。

全班拍击四组节奏（注意二四拍的强弱规律）。

分成四组各自拍击节奏两小节。

在教师指挥下每组分别拍击两小节，最后四小节全班一起演奏。

教师弹奏《勤快人和懒人》旋律，学生拍击节奏。

[意图说明]

本课的导入部分，是学生感受"快乐的劳动"的过程，我设计了欣赏《疯狂的厨房》这一教学内容，这也是学生感受"快乐劳动"的过程。学生在欣赏的过程中听辨出视频中的各种声音，并用象声词进行模仿。然后我出示四组节奏，请学生选择合适的节奏来模仿厨房的声音，如洗菜、炒菜等。并请学生分组和全体合作拍击节奏。这一教学过程使学生很快进入了一个小厨师的角色，为接下来学唱歌曲、创编情景和音效表演做好情感铺垫。

·教学片段二：学唱歌曲和歌曲的感情处理——表现"劳动的快乐"

教师范唱。

思考：歌曲给你的感觉怎么样？ 歌曲中有哪两种人，他们分别在干什么？

学唱歌曲第一段。

听歌曲第一段并思考：歌曲第一段唱了怎样的人？ 他们在准备什么好吃的呢？

学唱第一句歌词："有些勤快人呀，正在厨房劳动"，拍拍节奏，按节奏念歌词，找找旋律线的走向。尝试唱唱五线谱旋律。加上歌词唱一唱。

学唱第二乐句和第三乐句歌词。

拍拍节奏，说说这两句的节奏是否相同。按节奏念歌词，请班里学习乐器的学生做小老师视唱五线谱第二乐句，其余学生跟唱。找出第三句旋律和第二句旋律的相同和不用之处。

加上歌词唱一唱，注意旋律不同地方的音准。完整演唱歌曲第一段歌词，有感情地演唱歌曲第一段，用怎样的情绪和速度来演唱？为什么？

学唱第二段歌词。

听歌曲第二段并思考：歌曲第二段唱了一个怎样的人？ 唱唱第

二段歌词,你想用怎样的情绪和速度来演唱? 为什么?

用两种不同的情绪和速度完整演唱歌曲《勤快人和懒人》。

启发学生用跳跃或连贯方法进行演唱。

歌曲的再处理,教师示范演唱,学生说说教师的唱法和之前有什么区别,想象一下要表达的情感和内容,学生唱唱。(第一段快速的、欢快的,第二段由慢到快,把懒惰人叫醒了。)

[意图说明]

歌曲的学唱过程是表现"劳动中快乐"的过程。整个学唱过程中注重学生对歌词内容的理解,学生理解了歌词所要表达的感情就能用自己的真情实感来演唱歌曲。例如通过师生间的提问、互动,让学生体会歌曲情感。

歌曲的演唱处理也是表现"劳动中快乐"的过程。学生通过对歌词的理解,来思考如何用不同的语气、速度、情绪、演唱歌曲,表现歌曲中勤快人和懒人的不同音乐形象。为了更好地对学生进行"爱劳动"的教育,例如:在第二段的演唱过程中,我又设计了速度由慢到快的变化,表现了勤快人把懒人叫醒了,懒人也加入了快乐的劳动中。通过这样的演唱形式表达对勤快人的赞美之情,也能帮助学生从小树立热爱劳动的好品德,达到以美育人的学科育人价值。

·教学片段三:情景表演——创编"快乐的劳动"

再次观看《疯狂的厨房》视频片段。

师:让我们再来看看这段视频,看完后老师请你们创编一个节奏来扮演一名小厨师。

分组讨论,创编情景表演和节奏。

师:让我们分成四组,每组搭建好自己的厨房,拿出你的小乐器,一起来表演"欢乐的厨房"吧!

小组讨论,教师巡视指导。每个小组的小组长带上厨师长的帽子。

每组分别表演(可请学生评价)。

全班在教师的指挥下合作表演。

总结:请学生说说学了《勤快人和懒人》这首歌曲,你有什么收获?

[意图说明]

学生在学会了歌曲之后他们最想做的事情一定是自己也来当一

名小厨师，我抓住学生的这一很自然的想法，开展本课中的第三个教学内容——情景表演"欢乐的厨房"，这是创编"快乐的劳动"的过程。我再次让学生观看视频《疯狂的厨房》，视频中的人物用厨房里的锅碗瓢盆演奏出了一个非常热闹的厨房，体会到了劳动的快乐。学生有了感性的认识后，通过分组讨论的形式，和同伴们一起用小凳子搭建一个厨房，用自己带来的厨房小用品作为演奏的乐器，创编节奏，用象声词、身体动作等模拟厨房中的各种声音、音效，表现一个热闹、快乐的厨房劳动的情景。学生在经历了听辨—感知—模拟—创编的过程后，对打击乐器也会有一个全新的认识和体验。通过这次创编活动，学生知道了其实美妙的音乐无处不在，只要我们有发现美的耳朵，创造美的精神！

［思考］

音乐教育作为对学生进行情感教育的重要形式和途径，能有效地丰富学生的精神生活，促进学生的感知、情感、想象等感性方面的健康成长。情感体验作为音乐作品审美感知的重要目标，它在音乐学习的过程中对于作品内在情绪的体验、人文内涵的理解、不同形式的表现都起到了至关重要的作用，因此准确把握歌曲的风格特点、有效运用情感主线设计教学各环节的学习活动，发挥学科的美育功能，实现学科育人价值，是我追求的理想教学。①

本课教学实践中，我充分认识到情感教育在音乐教育中的重要作用，有效设计教学各环节，促进学生在音乐感知、情感体验、音乐想象力等方面的健康成长，使学生产生对美好事物、美好生活的热爱和追求。

•挖掘教材内容、鼓励情感参与

教师在备课的过程中，首先要仔细研究，挖掘教材中的审美因素，将自己的音乐审美体验积极地融入对教材的分析、处理中。围绕歌曲演唱中可能产生的节奏、旋律等难点精心预设符合本课意境的教学语言，通过既形象又具有感染力的语言帮助学生形成强烈而浓郁的音乐表现力和审美渴望，使音乐技能技巧的学习始终贯穿着学

① 冯海歌.音乐教学进行情感德育渗透之我见[J].快乐学习报：信息教研周刊,2014(9):129.

生的情感参与。

· 贴近学生生活,唤醒美好情感

情感来源于生活,情感体验作为音乐作品审美感知的重要目标,它在音乐学习的全过程中对于作品内在情绪的体验、人文内涵的理解、不同形式的表现都起到了至关重要的作用。①

因此我尝试用贴近学生生活的教学内容来唤醒学生的美好情感。

· 运用已学知识,表现美好情感

音乐教学必须使学生能用音乐的形式表达个人的情感,在音乐实践活动中享受到美的愉悦、表现出美的意境,让创造美的愿望成为学生持久的音乐学习动力。歌曲处理是发乎于心的情感抒发,是对歌曲进行二度创作的过程。

音乐学科的育人价值必须通过学科本身的人文性、审美性和实践性得以彰显,音乐学科的育人功能也必须充分融入音乐审美的全过程,在潜移默化、润物细无声中达成音乐课程的育人目标和育人精神。②

(徐 忆)

二、以艺辅德——活动中的艺术浸润

艺术教育是学校素质教育的重要组成部分,是学校对广大学生进行美育的重要手段。它以最富于情感的、生动鲜明的艺术形象,直接向学生进行美的教育。③ 艺术可以提高一个人的涵养,这对于学生思想道德修养的提高来说也是很有帮助的。但是,如果"以艺辅德"的理念只是存在于一种意识里没有实践的话,那是不能够取得实际效果的。为此,在校园里,要提高学生的思想道德,不仅要有先进的教育理念作为指导,更重要的在于要有足够的平台供学生去实践

① 杨萍.浅谈强调学术体验音乐情绪与情感的过程[J].儿童音乐,2013(8):42.

② 孙红成.审美与超越——音乐课程的性质浅析[J].儿童音乐,2013(9):49—51.

③ 杨斌.学校艺术教育在发挥品德教育功能上的优势[J].小学时代:教师,2011(11):110.

艺术，从而让艺术的作用真正发挥出来。只有这样，才能将学生的思想道德在日常的生活里也能够有效地得到实践。

艺术教育的开展离不开艺术实践，学生艺术审美能力的形成和发展离不开艺术实践，学生创新意识与能力的培养也离不开艺术实践。艺术实践活动本身的行为与过程对学生的思想道德、集体主义观念、协作竞争意识、爱惜财物观念等起到了潜移默化的熏陶作用。当学生对艺术产生了一定感觉的时候，艺术自身的魅力将会很自然地树立起学生的人生观和价值观。这种悄然间产生出来的思想判断对学生而言是愉悦的，也是最为有效的。

如何通过艺术的手段实现提高学生的思想道德修养，也成了我们一直思考的一个方向。

（一）丰富多彩的校园艺术活动
艺能之星

1."艺能之星"的产生

1990 年起在保证完成小学教学任务的前提下，董二小学开始着眼于艺术特色教学的蓬勃发展。在学校"以艺辅德、以艺促教"的德育整体规划下，在"'中国少年雏鹰行动'雏鹰争章实施细则"的引领下，学校本着充分调动学生的潜能，使每个学生能看到自己的进步，感受到成功的喜悦的宗旨，陆续对全校学生开设"绘画之星"、"民乐之星"、"声乐之星"、"泥塑之星"的评选活动，从而构建起了董家渡路第二小学"艺能之星"的评选，旨在挖掘学生的艺术潜能和对艺术学习的兴趣。

随着二期课改、新课程的实施，"两纲教育"的开展，学校因势利导推出了"诵读之星"、"民俗之星"、"沪语小达人"的评选。至此，董二小"艺能之星"的评选日渐丰富而多彩。我们希望这颗小小的种子能在董二小艺术的土壤里扎下根，在这里和同学们一起接受阳光雨露的滋养，并最终怒放出属于自己的姹紫嫣红。

2."艺能之星"的评选原则

从"绘画之星"、"民乐之星"、"声乐之星"、"泥塑之星"到"诵读之星"、"民俗之星"、"沪语小达人"等，每一颗"星星"的产生我们都遵循学生的身心健康发展的规律。我们秉承以下两个原则：

第一,尊重学生的自主性。推出的各项艺能评选是供学生根据自身情况自主选择的。在仔细阅读评选要求的基础上,学生向自身发出挑战。但不强制学生必须向高星级挑战,注重个体差异。

第二,评选项目和要求的非竞争性。评选坚持面向全体学生,评选要求一般通过努力都可以达到。强化普及观念,不强调学生之间的相互竞争,提倡自己和自己竞争,不断地为自己设定新的目标。

3.各领域"艺能之星"的评选标准

(1)"绘画之星"评选标准

表 2 - 13 "绘画之星"评选标准表

评选目的:

　　根据《新课程标准》的要求,力求符合素质教育的要求,加强综合性和探索性,使学生在积极的情感体验中提高想象力和创造力。

评选要求:

　　我们以发展学生的个性为出发点,结合本校的实际,从"美术基础知识与技能"、"造型表现"、"想象创新"、"综合评价"四个方面评选出我校的"绘画之星"。

色彩斑斓奖:

　　色彩搭配协调,颜色鲜艳,涂色均匀。

造型美观奖:

　　线条流畅,能大胆地表现所感所想的事物。

最佳创意奖:

　　大胆想象,有奇特的创意。

小画家奖:

　　综合类奖项,以上三点都能达到,就可以获得"董二小画家"的称号。

（2）"民乐之星"评选标准

表 2 - 14　"民乐之星"评选标准表

评选项目：

　　二胡，琵琶，柳琴，笛子、扬琴、古筝。

评选要求：

　　1.热爱民族音乐，能了解几位民族音乐家的小故事。

　　2.平时在专业老师的指导下能坚持认真学习和训练。

　　3.积极参加学校各类艺术活动和"七彩小舞台"的表演。

分级评选要求：

初级：

　　能演奏一些简单的练习曲与乐曲。

　　演奏姿势、方法正确，比较规范。

中级：

　　能演奏一些有一定难度的练习曲和独奏曲。

　　有一定的音乐表现力和较强的乐感。

（3）"声乐之星"评选标准

表 2 - 15　"声乐之星"评选标准表

评选目的：

　　1.培养学生音乐欣赏能力和表现能力，陶冶情操，形成良好的氛围，提升学生的艺术素质。

　　2.能用正确的发声方法唱歌，使歌声优美动听。

　　3.有一定的韵律节奏感，养成良好的音准感。

评选要求：

　　1.通过音乐掌握乐理、节奏、声韵方面基本技能技巧，在合唱队活动中有高一层次的训练，进一步了解和掌握多声部的合唱训练。

　　2.歌声悦耳动听，音准，节奏感觉良好。

　　3.能唱出儿童声音的本色，能用歌声和表演动作来表现少年儿童健康、快乐、朝气蓬勃的感情。

星级要求：

三星：

　　1.会使用正确的发声方法演唱歌曲。

　　2.有基本的韵律节奏感和音准。

　　3.做到有感情地演唱。

（续表）

四星：(建议合唱队的学生踊跃报名)

　　1. 咬字清晰,做到不走音。

　　2. 有一定的韵律节奏感和音准。

　　3. 能为歌曲加上适当的动作来表现歌曲的情绪。

五星：(建议合唱队的学生踊跃报名)

　　1. 歌声悦耳动听,音准,节奏感良好。

　　2. 能表达歌曲的情感。

　　3. 规定曲目需两人一组分两个声部演唱,自选曲目一人演唱。

附：

"声乐之星"考核曲目

三星：(以下歌曲任选一首演唱)

　　《在欢乐的节日里》

　　《快乐的歌》

　　《捉迷藏》

　　《甜甜的大家园》

四星：(以下歌曲任选一首演唱)

　　《在遥远的森林里》

　　《音乐小屋》

　　《我和提琴》

　　《剪羊毛》

五星：(以下歌曲任选一首演唱,需两人一组合唱两声部歌曲)

　　1.《小乌鸦爱妈妈》

　　　《漂泊的水母》

　　　《可爱的猫头鹰》

　　2. 自选歌曲一首

（4）"泥塑之星"评选标准

表 2－16 "泥塑之星"评选标准表

评选目的：

　　在新课程背景下,我国《全日制义务教育美术课程标准(实验稿)》指出:美术课程的性质与价值是在于"美术课程具有人文性质,是学校进行美育的主要途径。"泥塑的制作符合新课程的要求。

评选要求：

　　泥塑的创作过程,是学生通过自己双手,将自己的想象变成具体成果的过程,这是学生所学知识的展示,是他们观察力和创造力的展示。结合我校泥塑教学情况,以基本造型的表现为基础,强调创造力的发挥,从这两方面对学生的泥塑作品进行评选。设置一个泥塑制作综合性奖项并能获得"我是小小泥塑家"称号。

（5）"诵读之星"评选标准

表 2 – 17　"诵读之星"评选标准表

评选目的：

　　根据《新课程标准》的要求，结合两纲，充分发挥母语的优势，通过阅读，使学生感受祖国语言文字的魅力，激发读书的兴趣。通过强调诵读时情感的表达，帮助学生正确理解朗读的内容，从而激发、培养学生热爱祖国语言文字的感情。

评选要求：

　　一星［一年级］：能正确、比较流利地朗读规定篇目，能读出感情。

　　二星［二年级］：能用普通话正确、流利地朗读规定篇目，能读出感情。

　　三星［三年级］：能用普通话正确、流利、有感情地朗读规定篇目。

　　四星［四五年级］：能正确、流利、有感情地朗读规定篇目。注意句与句之间的停顿，读出不同的语气。

评委：

　　分管教学校长、分管语文教导、阅读教师。

附：

　　对于在当年学校"读书节"中参加各类朗读比赛获奖的同学，将直接授予本年级相应星级的"诵读之星"。

　　"诵读之星"评选指定篇目

星　级	指定篇目
一　星	《春雨沙沙》【课内】
二　星	《我是苹果》【课内】
三　星	《你走了》【课外】；《别踩了这朵小花》【课外】(二选一)
四　星	1.《我们只有一个地球》【课外】、《含羞草》【课外】(二选一) 2. 现场即时抽取一首古诗吟诵

（6）"民俗之星"评选标准

表 2 – 18　"民俗之星"评选标准表

评选目的：

　　根据《新课程标准》的要求，结合两纲，以学校特色活动"中国人过中国节"为载体，让学生通过学习民族技艺，培养良好的礼仪和传统美德，增强民族自尊心、自信心、自豪感。从"造型表现"、"想象创新"、"综合评价"三个方面评选出我校的"民俗之星"。

(续表)

评选要求：

  民俗工艺制作奖：所完成的作品，总体造型合理，能使用。

  民俗工艺创意奖（符合一项便能获得）：

  ·能用多样材质。

  ·外形独特。

民俗巧手之星：

  综合类奖项，以上两点都能达到，就可以获得"民俗巧手之星"的称号。

评委：

  跨学科组老师

（7）"沪语小达人"评选标准

表 2－19 "沪语小达人"评选标准表

评选目的：

  结合两纲教育，以学校的心理周活动为载体，让学生通过"沪语小达人"活动，熟悉沪语并得到沪语方言的训练，提高学生对上海的认知度，进而热爱上海，提升归属感。

评选要求：

  1.海选，让每个学生能说一些简单的沪语。

  2.复赛，通过简短的对话，或者简短的朗读，熟悉沪语。

  3.决赛，能流利地说一段规定的沪语，即能获得"沪语小达人"的称号！

4.实践思考

  作为学校常评常新的传统保留项目"艺能之星"，不仅展示了课堂教学的成果，提供了学生相互切磋的平台，更为学生的校园生活留下了美好的记忆。

  十几年来"艺能之星"的评选活动受到了教师、家长们的肯定与欢迎。在调查中有99％的家长、100％的教师都认为学生参加各类艺术活动不仅能掌握了一项技能，更有利于身心的健康发展。而"艺能之星"的评选为我校艺术教育的普及搭建了更为广阔的群众基础。特别是新课程实施后，我校"艺能之星"实行分级制。在近几年的调查中，有73.3％的教师认为"艺能之星"分级制的实施，提高了学生的参与积极性；24.4％教师认为推进了一部分学生对艺术活动的兴趣，合计有97.7％的教师对此项工作给予肯定。下面让我们通过几位老师的实践思考来看看不同视角下的"艺能之星"。

● 诵读之星

课堂之上，总有她频频举手，积极发言的身姿；课间休息，总有她翻阅书卷，伏案思索的背景；异彩纷呈的校园读书活动中，总有她大展身手的风采，她就是小悦。这个秀气腼腆的姑娘，与生俱来的古典气质。静静地坐着，轻轻地吟着，就会吸引你默默地关注她。

学校"诵读之星"的评选活动开始以后，更激发了她的读书兴趣。教科书，她早就认真预习，熟练朗读，上课时更是聚精会神，巧言善思；课外书，她涉猎广泛，如数家珍，读起来争分夺秒。每晚睡前，都要拿起枕边心爱的书，静静地读上半个小时，伴着书香安然入梦；每次和家人上街，首先光临的必定是书店，在琳琅满目的书架上挑挑选选，找到心仪的书后，就迫不及待地想回家细细阅读。

她不仅自己爱读书，还将书中有趣的小故事，深刻的大道理和同学们一起分享。在学校的"书韵飘香"读书广播中，她绘声绘色地将故事娓娓道来，让小听众们恍如身临其境。"故事孩子讲故事"活动中，她天真烂漫的童颜，惟妙惟肖的演绎，博得了阵阵掌声和欢笑。

古人云："腹有诗书气自华，谈古论今任潇洒。"她希望自己能成为一个知识渊博、才华横溢的人，也用自己的实际行动来追寻她的读书梦。无疑，这个舞台给了她寻梦的路。想到这儿，我笑了……

吴海静（"诵读之星"负责人）

● 绘画之星

大多数孩子天性爱画画，但是随着他们逐渐成长，有的学生竟然会不爱画画、不敢画画，这是为什么呢？在我们的美术教学中发现这样的现象，有的学生涂色、配色很棒，有的学生只擅长于用线条表现造型，有的学生想象力很丰富却难以描绘，当然还有一部分学生各方面都很均衡,这样就促使有一部分学生产生了畏难、退缩的情绪。我们如何来保护好孩子们爱画画的这份热情呢?

我校开展的"绘画之星"活动,鼓励全体学生参与,以学生的个性发展为出发点,设立了"色彩斑斓奖"、"造型美观奖"、"最佳创意奖"和"董二小画家",从多方面建立学生的自信心,从而热爱美术。同时,我们又运用了自评与全体参与投票评选的方法,师生一起评出"绘画之星",这样的评价方式,不仅充分调动了学生的积极性,同时又是审美能力中欣赏能力的培养。学生在欣赏不同美术作品的创意、构图、造型、色彩时体验不同的感受,并且学会用美术专业语言评价自己喜欢的美术作品,提升美术素养。

卡尔·威特说过"绘画可以使孩子一生更加富于色彩,使孩子更能发现生活中美的东西,并使孩子具有积极乐观的人生态度。"由此可见,绘画对于学生来讲不仅仅是一种技能,更是生活中重要的组成部分。而我们的"绘画之星"就是希望学生在活动中发现美、创造美、享受美。

季蓓蕾("绘画之星"负责人)

●声乐之星

每年声乐之星的活动,都是我们学校的一次盛会,全校所有热爱音乐、热爱表演的孩子们都聚集于此。最初,这个活动只是面向合唱队员开放,经过一系列的改革和开发,以不同星级的阶梯形式面向不同歌唱能力的孩子们铺开。活动开始之前,大队部会按照一个班级5个参评名额发放报名表格,但每一次的实际报名人数都会超额,实在有太多的孩子希望能够站上这个舞台,展现出他们的歌唱实力。也正是因为有这样一个活动,合唱队老师才能有机会从中发现不少"漏网之鱼",招兵买马将他们纳入合唱社团的麾下。最近的一次"声乐之星"评选中,特地邀请了两位合唱队的优秀队员李传秀和季晨雅作为"非合唱队员"组别的小评委,让她们也体验了一把选秀节目导师的感受。在活动中,这两位小评委的表情时而纠结,时而惊艳,时而陶醉,时而"痛苦"……。活动过程中她们认真评分,发现可以作为合唱"预备队员"的好苗子还会主动和老师沟通。评选结束之后她们和老师一起交流了感想,发现现在低年级弟弟妹妹们的歌唱实力其实都比她们小时候强了很多,也比她们小时候更敢于表现自己,这点很值得她们学习。其实"声乐之星"这样一个活动，锻炼的不仅仅是孩子们的歌唱能力，能注重的是孩子们的表现能力，给他们一个能展示自己的平台。

周瑞芝（"声乐之星"负责人）

● 泥塑之星

"翁老师，你下周二下午的泥塑之星评选，我能来参加吗？"

"行啊！你们谁想来赶紧找你们班主任报名去！名额有限，欲抢从速！"

"老师，去年我们喝酸奶，拿空酸奶瓶和超轻土做笔筒，今年做什么？"

"嘿嘿！保密！"

临近泥塑之星评选，我经常会被不同年级的学生堵在走道上问长问短。而我的脚步也因为泥塑之星评选的到来而变得匆忙起来。正因为对参与者不设技能门槛的要求，作为负责人的我既要考虑到泥塑作品的美观，又要考虑到不同年级学生泥塑技能的运用。因此，让学生做什么是每次泥塑之星评选准备中的重中之重。

幸而每次精心准备的制作主题都能引起学生的兴趣，从艺术笔、瓶子的超级变变变到圣诞面具……都是学生津津乐道的主题。而每次的制作过程都是一次愉快的聚会，热爱泥塑的同学们在这个舞台上交流技艺、展现自己的创意。甜蜜的蜂巢笔筒、搞怪的圣诞面具、精致的小别墅、"妙笔生花"的艺术笔……。在这里你能看见学生间因创意思维碰撞产生的火花，能看见作品完成后学生脸上充满成就感的笑容，更能在不经意间发掘出学生自信、自强的另一面。

泥塑之星，评的是学生的作品，塑的却是学生的心灵。小小一个展示自我的舞台不仅丰富了学生的课余生活，更是激发了学生对手工制作的兴趣。

翁晓川（"泥塑之星"负责人）

● 民俗之星

"年味儿淡了。"近年来，每逢过年，总有不少人发出这样的感慨。随着西方文化对中国本土文化的冲击，不少传统节日已经逐渐为人们所淡忘，青少年的民族意识逐渐淡薄。说明目前我们传统节日的文化载体和庆祝方式不能满足大家的愿望，没有体现出中华传统节日应有的魅力与感染力。为了让学生也能感悟中国的传统节日,我校开展"中国人过中国节"的活动以来,每年我们围绕一个中国节的主题开展体验活动。民俗之星的评选也随之产生。

孩子们在评选活动中,不光自己去查询各种节日的传统工艺,还发动家长一起利用身边的废弃材料去制作这些工艺品。每次的展示活动孩子们都热情参与,反响热烈。

记得有一年的元宵灯会,我校民俗之星的评选结合灯笼制作进行,我们只给学生制作的主题,其他的要求则是用身边的材料自行创作。学校为这次活动特意在操场搭建了一个展示长廊。全体学生都参与其中,先在班级展示,评出班级最好最有创意的5件作品,然后每个班级的好作品悬挂在操场的长廊,让全校师生一起进行参观评选。这次的灯笼制作让我们老师也惊叹不已,一张普通的手工纸,几个养乐多的瓶,方便粥的碗,爸爸的烟盒等配上一次性筷子都能制作成精巧的灯笼。许多得奖的作品全家都参与设计制作。

通过这些作品的展示,不仅提高了学生的制作技巧,感受到中国节的民俗民风,还与家人有了更多交流沟通的机会,学生由欣赏到互动,由感兴趣到乐传承,这也让我感受到了这些活动,能让孩子们更爱我们的中国节,重建中国的节日文化,应当重视从观念到形式的创新,最主要的是让学生参与到其中。

陈荷静("民俗之星"负责人)

● 民乐之星

民乐之星的评选活动作为我校普及性的艺术活动,也是学校"艺能之星"的评选项目之一,每年举行一次。我校所有学习民乐的小朋友都可以自主报名参加,学生准备一首自己拿手的曲目,由我们的民乐老师担任评委,要求学生可以连贯、流畅、富有表情的演奏自己准备的乐曲,根据民乐之星的评选要求,以鼓励为主,分层分级面向全体学习民乐的学生,让学生感受参与艺术活动的愉悦。"民乐之星"的评选遵循了学校"以艺促教"的原则,充分展示了课堂教学的成果,为学生搭建了一个丰富多彩的学习和展示的舞台,扎实推进了学校的艺术教育工作。

经过这几年的"民乐之星"评选,我们民乐队的很多学生从"民乐之星"这个小舞台中脱颖而出,他们克服了内向、胆小害羞的心理障碍，踊跃参加各种竞赛，增强了民乐队员的自信心，同时也增强了他们的竞争意识，并且还有几个学生通过参加音乐家协会和音乐学院的艺术考级，使他们的专业技艺得到很大的提高和增强。学生深刻地体会到学习一种乐器的过程是很艰苦的，需要每天刻苦练习，但是如果有一天能弹出了几首悦耳动听的乐曲，并有机会在同学、老师面前展示他们的本领，那就是他们最开心的事情！

徐　忆（"民乐之星"负责人）

● 沪语小达人

我校地处中心城区的老城厢，现在外来务工子女已占90％左右，这些外来务工者子女，大多数为流动人口，很多父母忙于生计，无暇照顾孩子的课余生活，使孩子们课余生活单一枯燥。学生们虽居住在中心城区黄浦，但没有去过南京路步行街、外滩的学生却比比皆是。

但根据我们的学生问卷调查显示：100％的学生都希望能在上海完成自己的学业，其中有46.3％的学生希望能一直在上海工作并成家立业。可以看出学生对未来的上海生活是有所期待的，他们将不再是"农民工二代"，而是上海的新一代移民。用艺术与文化熏陶他们，提升外来务工子女学生的人文素养有利于他们未来的城市生活。所以"上海、沪语童谣"成为了我们开展校园艺术普及活动的关键词，通过形式多样的艺术活动让学生认识上海、了解上海、热爱上海，"沪语小达人"评选由此诞生。

为了让学生们在校园中有更多机会说说上海话，说好上海话，我们开展了"沪语小达人"比赛。每个学生都能参与，很多孩子凭着对上海闲话的一腔热情，刻苦学习，经过班级童谣诵读初赛、学校笔试复赛，冲进了最后的决赛。决战中孩子们用上海话演绎了有趣的《蚂蚁和大象》、《菜场里的蔬菜》、《兔子钓鱼》等故事，虽然有时会夹杂着一些洋泾浜，但看到他们的那股认真劲儿，老师们都称赞不已。终于，过五关斩六将，董二小第一批"沪语小达人"诞生了。

每年的"沪语小达人"评选都吸引着大批的学生：认识上海的地标建筑，上海的特色美食，用上海闲话介绍给家长和同伴，让上海话更贴近学生的日常生活，也通过小达人评选，鼓励学生主动学说上海话。

在积极准备,热情参与的过程中,学生们和上海闲话更加亲近了,"小达人"回到班级中就是同学们的小老师,更多同学愿意向他们学习,与他们交流。

徐斌怡("沪语小达人"负责人)

5. 收获与展望

董二小"艺能之星"评选根据自身特点进行分类或分级要求的制定和评选。我们希望通过分级设置有坡度、有层次的评选要求,鼓励更多的学生有信心参与评选活动,在评选活动中得到锻炼,体验成功,树立自信,推进学生健康全面发展,成为有个性特长的董二学子。

2012学年,在六个项目评选中,全校有388人次的学生积极报名参加,一展自己的本领和特长。共有220人次的学生成为董二"民乐之星"、"声乐之星"、"绘画之星"、"泥塑之星"、"诵读之星"和"民俗工艺之星",占全校学生的58.4%。

其间"读书节"中举行的"诵读之星"分级(星)评选更是盛况,全校有112名学生踊跃参加,不少学生展示了较高的朗读水平,反映了平日学习的成果。在学校"艺术节"中又有66件学生的民俗工艺作品接受了全体学生的投票评选,充分展示了我校拓展课教学的成果。

到了2013学年的董二小"艺能之星"评选活动,我校共计有500多人次学生参加了七个类别24个项目的评选活动,参与率达130%。其中有265人次获得了各类各项"艺能之星"的光荣称号,占全校学生数的69.7%,比上年度增长了11个百分点。

时至今日,在全体教师的大力支持和积极努力下,学校传统的"艺能之星"评选活动得到了93%的学生喜爱,自主报名参加评选的占到58%,30%由教师推荐,12%由同学推选。"艺能之星"的评选活动正向着学生自主艺术特色活动良好发展。2014学年有320名学生获得了各类"艺能之星"的称号,占学生总人数的83.5%,比上年度提高了13个百分点,成为名副其实的艺术教育普及性活动。

绚丽七彩小舞台　魅力无限你我他

"校园七彩小舞台"是我校热爱艺术生活的三到五年级的学生在学校阳光电视台为全校师生展示的一个舞台。在孩子们的眼中,艺术是七彩绚烂的,生活是七彩绚烂的,世界亦是七彩绚烂的,故冠名为"校园七彩小舞台"。

通过七彩小舞台的展示，让全体队员在体验中享受成功，在体验中增强自信，在体验中获得快乐，在体验中激励成长。通过这一舞台的展示，让来自五湖四海的随迁学生，对上海这一城市——他们的第二故乡，产生强烈的认同感和归属感。

一、评价全体参与　能力得以发展

［实施过程一］

（一）奖章设立

少先队的"雏鹰争章活动"是本着"重在自主、重在参与、鼓励进取"的原则，以适合少先队员的兴趣、爱好、特长和潜能开发的途径、方法及运行机制而开展的系列活动；它又是少先队的一个品牌项目，因此我校的校园七彩小舞台活动，以争奖章的形式来大力鼓励队员全员参与。

（二）章名、章标的设计

奖章名称和奖章标志的设计则由大队职能部发出倡议，各中队实施征集。以小队为单位设计，中队进行海选，再由大队职能部进行筛选。

在大队辅导员老师的指导和帮助下，大队职能部的同学们最终评选出七枚最美奖章。它们分别是：金手指章——全校参与评选最佳表演节目的同学均可获得；金嗓子章——适用于参加表演唱歌的同学；金舞鞋章——适用于参加表演跳舞的同学；金乐手章——适用于参加表演各种乐器的同学；金话筒章——适用于参加表演语言类节目的同学；金巧手章——适用于参加展示自己的编织、绒绣、剪纸、车模、烘焙等成品的同学；金书画章——适用于参加展示自己的书法、绘画作品的同学。

在大队干部会议中，大队委员会的委员们经多次商量，制定出了操作性、可行性强的争章达标要求及超标加星的要求。由电脑操作娴熟、绘画功底较好的组织和宣传委员设计图案美观的章标。

这样，大大提高了队员们的参与热情，他们的能力也得到了一定的发展。

（三）争章达标细则

一、二年级的同学只参与校园七彩小舞台的评选最佳表演节目的活动,人人可以获得金手指章,但超标加星有具体要求(具体要求如下表所示)。

再则,一、二年级的同学先在班级里,以小组为单位,在十分钟队会课、雏鹰争章课以及少先队活动课上,通过生动活泼的表演形式进行艺术类表演的锻炼。

三到五年级的同学在一、二年级历练的基础上,通过中队推选,年级组 PK,最后登上校园七彩小舞台向全校师生进行展示。

争章基本要求:三到五年级的同学每学期至少选一枚奖章进行争章活动,争取在小学毕业时,能够获得多枚艺术类奖章(各枚奖章争章达标要求如下表所示)。

表 2－20　2014 学年度第一学期"校园七彩小舞台"争章达标要求

章　目	达标要求	超标加星
金手指章	1. 认真观看每一期校园七彩小舞台节目表演。 2. 认真评选自己心目中的最佳表演节目。	没选中最佳表演节目,不加星。 有一次选中,加一颗星。 有两次选中,加两颗星。 有三次选中,加三颗星。
金嗓子章	1. 能用正确而自然的发声方法歌唱。 2. 有一定的音准和韵律节奏感。 3. 表演时,注重礼仪、自然大方。	
金舞鞋章	1. 能用基本的舞步跳一支舞蹈。 2. 有一定的韵律节奏感。 3. 表演时,注重礼仪、自然大方。	1. 同时参加几个节目表演的,可以分别获得相应的奖章。 2. 所表演的节目荣获最佳表演节目的,直接加三颗星。
金乐手章	1. 能用乐器完整演奏一个曲目。 2. 演奏时,节奏旋律基本准确。 3. 注重礼仪、自然大方。	
金话筒章	1. 能口齿清晰地主持或表演节目。 2. 能语言通顺地表达出说话内容的含义。 3. 表演时,注重礼仪、自然大方。	

（续表）

章　目	达标要求	超标加星
金巧手章	1. 能掌握相关艺术品制作的基本知识和技巧。 2. 能绘声绘色地向大家介绍自己的艺术成品。 3. 介绍时，注意礼貌用语、自然大方。	
金书画章	1. 能向大家展示一幅完整的书法或绘画作品。 2. 能绘声绘色地向大家介绍作品内容及技巧等。 3. 介绍时，注意礼貌用语、自然大方。	

［反思］

虽然这些设计章名、章标和细则都可以由大队辅导员老师包办代替，学生只要参与活动其中，也能获得快乐体验，但是建立个性化的评价机制，让队员参与设计章名、章标，制定达标要求细则，这一系列的过程将会使队员在将来的工作、学习中，思考问题更加注重缜密性，在一定程度上提高了他们的认识，培养了好习惯，同时也提高了他们自身的能力。

二、评价的多元价值取向　提高参与热情

以系列奖章为主要激励措施的雏鹰奖章的评价机制，与新课改的评价要求相一致，反对通过单一的量化手段对学生进行分等划类的评价方式，主张"自我参照标准"，引导少年儿童对自己在活动中的各种表现进行评价。在评价过程中，强调评价主体的多元化，即让队员自主评价，同伴相互评价，教师参与评价等；并强调多元价值取向，重视评价内容的过程性，逐步形成以雏鹰奖章为激励目标的、有形有效的、社会认同的素质评价机制。①

----

① 曹林男. 运用"成长档案袋"革新评价之法——谈综合实践活动课程的学生评价[J]. 江苏教育研究，2011(6).

[实施过程二]

分年级开展"校园七彩小舞台"争章活动的评价机制。根据学生的年龄特征及兴趣爱好,进行定章、争章、考章、颁章、护章的过程,通过颁授校级特色艺术类奖章活动,及时进行过程性评价激励,对促进全面发展的成效进行评价,注重队员自我评价和队员相互评价相结合。

从课改的理念中,我们得到的启发是评价只有体现了对客观现实的尊重、体现了对学生个性差异的尊重,才能充分调动学生参与的积极性。因此,只要参加校园七彩小舞台表演的同学都能获得艺术表演类奖章,只要参加评选最佳节目的同学都能获得金手指章,这样大大激发了队员的参与热情。

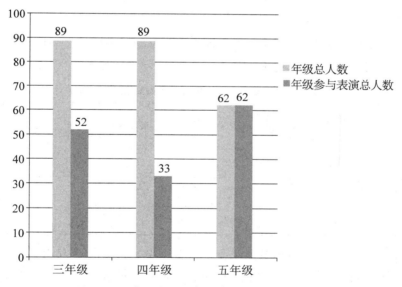

图 2-22　校园七彩小舞台节目表演队员参与率

从图中,可以看出三到五年级各年级组的总人数,还可以清晰地看出每个班级参加校园七彩小舞台表演的具体人数以及参与率。

从以上这些数据可以看出,三年级队员参与率为 58%,四年级队员参与率为 42%,五年级参与表演的队员已高达 100%。这充分说明了我校学生热爱艺术生活,在老师的指导和培养下,学生对上台表演越来越有自信心。

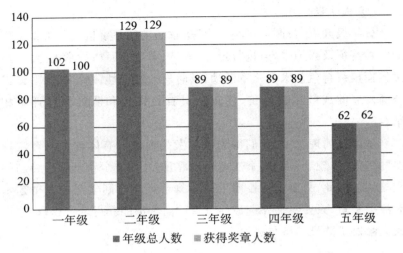

图 2－23　全体学生获得金手指章具体数据统计

　　从图中，可以看出全校所有的学生都参加了评选最佳节目，因此都获得了金手指章，达标率几乎达到了100%。

表 2－21　三、四、五年级学生获得艺术类奖章具体数据统计

年级	年级总人数	获得奖章人数	达标率	超标加星人数	超标率	获得多枚奖章人数	百分比
三年级	89	52	58%	18	20%	8	9%
四年级	89	35	42%	2	2%	6	7%
五年级	62	62	100%	10	16%	24	39%

　　从表中，可以看出各条年级参加表演的学生人数（即获得艺术奖章的人数）以及获得奖章的达标率。超标加星的人数是指每一期最佳节目的获得者，也就是可以直接加三颗星的学生人数。在校园七彩小舞台的节目表演中，如果该生能多次上台表演各种艺术类的节目，将获得多枚艺术类奖章。此表明确统计了获得多枚奖章学生的年级百分比，五年级所占的百分比是最高的。

　　［案例］

快乐成长的舞台　活力四射的队员

　　每月一期的校园七彩小舞台节目内容精彩纷呈，形式丰富多彩。

从编写、排练,一直到上台表演都由队员们自主完成。每一期的节目队员们都热情高涨、踊跃参加。获得校级特色奖章——金手指章、金舞鞋章、金话筒章、金嗓子章、金乐手章、金巧手章、金书画章成为了队员们的终极目标。

飞扬的歌声歌唱七彩的童年;曼妙的舞姿舞动精彩的人生……每月一期的校园七彩小舞台节目又和大家如期见面了。

教室里的小观众们安静地注视着电视机,手中紧紧地拽着评选最佳节目的选票,耐心地等待着节目的开始。只见,五年级的小主持人李传秀和高雄同学穿着红黑相间的 T 恤衫面带微笑走上舞台中央……

此刻,最让人记忆犹新的是上学期五年级校园七彩小舞台由 10 名少先队员自编自演的一曲舞蹈《小苹果》。这一曲舞蹈引起了全场的轰动,得票率竟然高达 92％,当仁不让地获得了最佳节目表演奖;同时获得了金舞鞋章超标加星三颗星。更让人惊喜的是本场五年级校园七彩小舞台的压轴戏又是一曲舞蹈,名称为《小鸡,小鸡》。6 名舞者在舞台上的表演动作整齐划一,队形多变新颖,笑容灿烂绚丽,令人耳目一新,精神振奋。他们以欢快动人的舞姿,又一次打动了全校同学,掌声响彻耳畔,得票率居然高达 95％,他们又一次夺得了最佳节目表演奖的桂冠,获得了金舞鞋章超标加星三颗星的荣誉奖章。整场节目表演,在一个无比欢乐的气氛中落下了帷幕。

回想起这一个个动作的编排,一个个队形的变换,一个个造型的设计,都倾注着队员们集体的智慧,同时也提高了他们自身的能力,真正展示了董二少先队员活力四射,精彩无限的风采。

如今,他们已经成为了我校的王牌舞者,已经成了大家心目中的小偶像。他们在校园七彩小舞台的舞台上展示了自我,在体验中不断增强自信;在体验中获得成功的喜悦,在实践中不断增强自身的艺术修养和个人素质。

校园七彩小舞台活动,通过少先队争章过程中的多元评价,做到了为更多的队员搭建舞台,让更多的队员得到快乐的体验,展示董二小学少先队们朝气蓬勃,积极向上的精神风貌。

七彩小舞台的表演时间虽然短暂,但艺术的快乐却常驻校园。艺术如花绽放在美丽的校园,激情似火点燃了孩子美好的未来。

［反思］

体验是外部教育力量在受教育个体身上的反映，外因必须要通过内因才能起作用。因此，引导队员在活动的每一个环节中去细心地体味活动所得，从解决队员与队员之间，个人与集体之间的关系入手，带领队员在体验中了解队集体观念，在感悟中认识自我，在实践中增强艺术修养及个人素质。

通过多元评价做到了为更多的队员搭建舞台，让更多的队员得到快乐的体验。

［结语］

在新形势、新课程下不断创设新奖章，创造性地提出新的评价机制。引导我校队员积极、主动地参与争章实践活动，从中体验成功、体验快乐，为实现队员们的健康、和谐、快乐成长，体现个性差异，挖掘潜能，提高艺术修养和良好素质奠定基础。

（顾爱萍）

学校艺术节的特色活动

一、学校艺术节的整体设想

作为黄浦区艺术教育特色学校，我校每年都会定期举行学生艺术节活动，艺术节以董二小学"会做人、会学习、有特长"的办学目标为宗旨，展示学校艺术教育成果，展现艺术特长学生的才能，激发学生对艺术的兴趣。

（一）设立学生喜欢的项目

艺术节在每年的五月至六月，为期一个月的时间，期间会设立很多学生喜欢的艺术类项目，鼓励全校学生参加。每届艺术节的闭幕式活动结合"六一"儿童节的主题，让每个学生在艺术的海洋里尽情遨游，度过欢乐的儿童节。近几年来，为了办好艺术节，我校的艺术分管领导、德育室、大队部、艺术总辅导员和艺术教师们群策群力，纷纷贡献自己的金点子，使我们的艺术节越办越好，走向成熟，受到越来越多的师生喜爱。

（二）以主题的形式举办

每届艺术节我们都设立一个艺术节的主题，艺术节就围绕着主题开展各种艺术活动，让学生发挥自己的艺术特长，展现艺术梦想。

（三）创设体验、展示、竞选的艺术氛围

我校举办艺术节的目的就是为学生创设浓郁的艺术氛围，对于刚刚接触艺术的学生，可以通过参加艺术节的活动体验艺术带来的欢乐和魅力，对于已经学习了各种艺术项目，如合唱、美术、民乐、舞蹈等，我们为这些学生搭建了完全属于他们展示的平台，让他们有机会在同学、老师面前展示他们的艺术才能，感受快乐。我们还设置了竞选、奖励的机制，让参加艺术节活动的同学收获成功的喜悦。

（四）追求师生在快乐中感受艺术的魅力

我们全校师生都积极参与艺术节的各项活动，教师也在艺术节中展现她们的艺术才能，和学生合作表演，共同感受艺术的魅力和欢乐。教师和学生的钢琴四手联弹、师生对唱等节目都得到了全校师生的喜爱！

二、历年来艺术节的开展情况

表 2 - 22　历年艺术节开展情况表

时间	主　题	项　目	特　色
2012 年	童心无限、我型我秀	1."舞动快乐"沙龙 2.陶艺沙龙 3.午餐音乐评选活动 4."我眼中的上海建筑"学生美术作品展 5."沪语童谣"沙龙	"激情二胡来赛马"沙龙
2013 年	"六一"我们共同的节日	1."我生活的上海"摄影活动 2."阿拉上海人"心理活动周 3."浓浓上海话特辑"活动	"六一"主题集会
2014 年	艺术豆的七彩梦	1."我来点"午餐音乐点播活动 2."我来秀"艺术节才艺展示 3."我真行"创意瓷器画 4."我来填"七彩梦歌词创编	"我晓得"沪语小达人赛
2015 年	我是艺术小达人	1.我眼中的上海·幸福拍一拍活动 2.动手小达人、实践、体验、DIY 3.沪语小达人比赛 4."快乐艺术豆"六一节才艺展示	扎染沙龙

三、艺术节的特色活动介绍

(一)"激情二胡来赛马"沙龙

2012 年的艺术节中最具特色的项目是"激情二胡来赛马"沙龙活动，这也是最受学生欢迎的艺术节活动。老师带了几把二胡进教室，让学生亲手摸一摸二胡，五年级的哥哥姐姐带着二年级的小朋友一起尝试着怎样让二胡发出声音来，激发了学生的探究欲望。然后再让学生欣赏二胡的名曲《赛马》，感受一下这首乐曲欢快、激烈的情绪，学生还创编了各种骑马的姿势和动作，跟着音乐"激情赛马"。通过这个沙龙活动，学生惊喜地发现了二胡的魅力，学会了如何拉动琴弦发出声音，也对民族乐器有了进一步的了解。

(二)艺术节的吉祥物设计

2014 年的艺术节中，我校的美术教师精心设计了我们艺术节的吉祥物"艺术豆"，小音符形象的艺术豆拿着画笔画出自己美丽的梦想。希望我们学校的每一位小朋友都能和艺术豆一起追求自己的艺术梦想！

(三)"沪语小达人"的评选活动

"沪语小达人"的评选活动一直是我校艺术节的一个特色项目。我校有很多外地来沪学生，他们在上海学习生活，他们也很希望能融入上海这座美丽的城市。为了满足大家想做一名新上海人的愿望，我们在艺术节的活动中开设了"沪语小达人"的评选活动，先由班级进行初赛，请大家用上海话来回答、抢答一系列音乐、上海景观等知识，决赛会有每班的优胜者和爸爸妈妈一起在学校阳光电视台参加比赛，有学校领导和艺术老师担任评委，评选出我校的"沪语小达人"，通过这个活动大家一定会更加喜欢我们生活的城市——上海。

(四)扎染沙龙

2015 的艺术节活动和学校艺能之星的评选相结合，奖励积极参与艺术节活动的小朋友。美术老师为大家准备的扎染沙龙活动，学习扎染手帕的制作，了解中国传统的扎染技艺，亲近民间艺术，并评选出"扎染小达人"。他们在活动之前做了精心的准备，扎染好了很多富有创意的作品，学生们都非常喜欢，他们积极地参与这一活动，提高了他们的动手能力和想象力、创造力。

我校艺术节的活动带给了大家欢乐，也营造了一个良好的艺术氛围,有效地提高了我校学生的艺术素养,使他们能正确地欣赏美、追求美、热爱美。提高艺术社团在全体学生中的认知度,增强吸引力,以学校艺术社团为平台,促进有特长的学生健康成长。

(徐　忆)

孩子们艺术的乐园

作为黄浦区艺术教育特色学校,我们多年来致力于多层次的艺术教育发展,坚持"以艺辅德,以艺促教"的理念开展艺术教育工作。在学校原有艺术兴趣小组的基础上,成立了黄莺合唱队、小荷民乐队、七彩花画社和铿锵鼓号队四个艺术社团。

多年来在学校领导全力支持下,在《董二小学艺术社团管理办法》指导下,在各位社团指导教师的不懈努力下,我们的艺术社团在慢慢地成熟,学生们得益于浓厚的艺术氛围也在悄悄地长大。

一批又一批具有艺术潜质的学生,在日常的训练中提高,在严酷的比赛中磨炼,在成功的喜悦中自信。艺术教育让学生们文静了,谦和了;艺术活动使学生们礼貌了,友爱了;艺术比赛让学生们勇敢了,自信了。面对一摞一摞的奖状和一樽一樽奖杯,学生们理解了付出和回报,懂得了接纳与感恩,更明白了山外有青山的含义。

艺术社团的学生们在指导老师的悉心培育下茁壮成长,在孩子们进步成功的同时,我们的教师也收获了职业的成就感,学生的成功是他们最大的快乐。教学相长,我们的教师在高层次的指导中,不断突破自我,完善自我,站上了更高的台阶,有了更远的目标。

绘出七彩花　童年更美好

七彩花画社——学生在社团活动中尽情地释放自己的美术天赋和绘画才能,用心绘出如同七彩花般艳丽的作品,体验美术创作的乐趣,培养美术创作的能力,提高审美能力,进一步促进学生健康良好的身心发展。

· 我们的活动

七彩花画社的活动是多姿多彩的,既有校园中美术知识、技能技巧的学习,又有校园之外的欣赏和参观活动。七彩花画社的活动突破了校园围墙的艺术大课堂,学生们有更多的机会体验各类美术文化活动，拓展美术体验的空间，感受到美术创作的乐趣。

例如：美术场馆的参观活动、艺术沙龙活动，增加了文化含量，开阔了学生的艺术眼界，加深了艺术对社会作用的认识，树立正确的文化价值观。

在社团活动中学生们能运用多种技法进行美术创作；进行资料收集、名作临摹、现场写生、参观画展等活动，开展综合性与探究性的学习，参加各级各类比赛。

画社中的学生们虽然绘画能力不一，但是我们注重美术创意的表现，社团活动中每一个学生都积极努力，创新思维与能力得到发展。

以七彩画社为基点，将艺术活动辐射到校园内的每位学生。每年的校园艺术节，七彩花画社的学生们就会活跃在艺术沙龙活动中，担任小志愿者，帮助老师布展，展示优秀的作品，指导同学创作，切磋、交流对美的感受。

• 我们的足迹

在沙龙活动中成长
——"快乐小染坊"扎染沙龙活动

"老师，这块扎好的布我已经写上号码了，我来帮您浸湿一下吧！"

"老师，这块染好的布我来剪绳子吧！"

"老师，您放心，那位一年级小朋友我已经教会他怎么捆扎了！"

美术室里，一切都有条不紊地进行着，同学们愉快地参与"快乐小染坊"的扎染沙龙活动。而我担心的混乱的场面并没有出现，七彩花画社的团员作为小志愿者在指导同学们捆扎、印染。

回想一周前，他们也是刚刚学会扎染的简单步骤，现在竟然也像模像样地做起了小老师，看着他们神采飞扬的表情，我也非常欣慰。

"扎染，老师这次艺术节沙龙我们想学扎染。"高年级的楠楠同学最先提议。"扎染作为我国的民间艺术有着其独特的魅力，让大家了解一下是非常有必要的，可是做起来很麻烦，要经历浸水、捆扎、煮染、拆解、清洗、晾干一系列复杂的过程，还有前期的图案设计，基本折法的学习，这样的话一小时是不够的啊！"老师坦诚着自己的担心。

大男孩家叙说："没关系呀！季老师，您先教会我们，然后我们再做小老师帮弟弟妹妹，一些简单的工作我们也能胜任的！"他挺了挺胸脯，用期待的眼神看着老师，看到周围一双双饱含期待的眼神，老师说："那好吧！你们一定要做好我的小帮手哦！"小小志愿者由此诞生了。

接下来的一周里，老师先耐心地教会画社里学生们制作扎染，他们认真学习，在如何捆扎、捆扎时的注意点等重要环节中结合自己出现的问题提出解决的办法以及指导要点，而他们自己也完成了一件件富有创意的扎染作品。

沙龙活动正式开始了，团员们作为小志愿者，分工负责指导同学进行捆扎；捆扎好的作品编号、浸湿；帮助老师拆解。当一幅幅作品呈现在眼前时，画社的志愿者们无比兴奋。

他们在沙龙活动中成长，不仅是美术素养的提高，有学习能力，有团队精神，还有帮助他人的意识，这些都在慢慢地积淀。

在美术创作中找到自信
——"绘·出彩"中华艺术官儿童画展

2012年6月，学校接到上海美术馆教育部的邀请，中华艺术宫选址2010年上海世博会中国馆，建立了儿童美术馆，在开馆典礼上要举办主题为"绘·出彩"的儿童美术教育互动展示活动，需要一些高水准的儿童美术作品，我们有幸获得如此宝贵的机会。

好消息在七彩画社中传开，同学们一起商讨创作哪些作品，一番头脑风暴之后，我们决定一组学生创作电脑绘画作品，一组学生制作皮影，第三组学生运用最新的玻璃纸创作刮蜡画作品。

说干就干，师生同心，一起准备工具、收集资料、设计图稿。冒着酷暑进行创作，学生们是那么的投入，俨然就是画家在进行美术创作。有的在操作电脑，利用数位板和数位笔创作电脑绘画作品；有的尝试用现代的绘画材料和工具表现我国古老的民间艺术"皮影"；还有的在透光性强的玻璃纸上进行刮蜡画创作。经历了反复修改，最终有8幅电脑绘画作品、8幅皮影作品和7幅玻璃纸刮蜡画作品入选画展。

"你们有没有勇气在全校老师、同学，还有其他参观者的面前介绍你们的作品呢？"同学们表现出了强烈的欲望，他们你一言我一语，

"要介绍作品类型，介绍题目，告诉观众作品的意义，创作意图等。"大家认真准备，都写了一段讲稿，天天背诵，期待着全校师生参观的那一天。

这一天终于到来了，在画展上小陶同学表情自然，落落大方地向大家介绍；低年级的皓东小朋友有点腼腆，在老师的鼓励下，终于大胆地向他的小伙伴们介绍他的作品《大恐龙来了》；五年级的小陆同学非常感慨地讲到："今天是令我既激动又紧张的日子，因为我画的一幅刮蜡画作品《斑点狗》在中华艺术宫展出，看到同学们羡慕的眼光，我非常自豪。这样的活动很有意义，我以后还要经常来中华艺术宫参观。"

同学们在展馆里神采飞扬地介绍着，眼中充满了自信。七彩画社团活动让学生找到了自我表现、自我展示的机会，找到了属于他们的舞台。

（季蓓蕾）

在生活中发现美
——"寻找历史的足迹"董家渡天主堂建筑扫描

我校的地理位置正好处于老城厢，董家渡天主堂这座具有海派建筑特点的古老建筑离我们学校很近，但是，孩子们却无视、忽略着这样一幢有着悠久历史的建筑。因此，七彩画社的老师设想通过开展沙龙活动，让学生了解董家渡天主堂的历史、风格，走进建筑艺术的殿堂，感受建筑艺术的独特魅力。

学生对于这样的建筑有怎样的想法与感受呢？老师决定带着画社成员到现场采风，让他们自己去发现周围的美好事物。

来到了董家渡天主堂，只听见照相机的咔嚓声，学生们的感叹声。教堂悠久的历史、简洁的建筑风格、大大的拱形吊顶，两端有着百叶窗的塔楼，神秘地通向唱经楼的小门，这些都深深吸引着学生们。小梁说："你们看！墙面高处的浮雕真精美，有莲花、仙鹤、葫芦、宝剑、双钱，好多图案。""对，这就是海派建筑的特点，中西合璧。"老师说。他们纷纷表示要把今天的收获告诉给同学们。老师趁热打铁说："要不，我们搞一个董家渡教堂建筑介绍专场，你们介绍。"同学们兴趣高涨，回家整理照片、查找资料、制作 PPT、撰写讲稿，一场活动筹备完成。

在活动中,学生介绍了自己的发现与感受:

小梁道:"天主堂,对教徒来说是一个纯洁、神圣的地方。我一直希望可以参观,星期一我完成了这个心愿。主教堂的外边有一种芬芳的气息,是一幢中西合璧的建筑,我们看到很多的中国文化元素,教堂大门两边竟然有着中式的对联,空气中有着一种寂静、神秘的气氛。"

文文是女孩子,敏锐而又细腻,她从细节上介绍:"天主堂,也许你没有注意过,星期一,我们一起去董家渡天主堂参观,我发现那儿的柱子与众不同,是正方体的,而且又高又大,上面的浮雕十分精美,有美丽的鹤,有盛开的莲花,雕刻得活灵活现,还有……,真是太美了!"

孩子们一边介绍一边播放 PTT,图文并茂,坐在下面的同学们听得津津有味,被我们的海派建筑所打动。

在这样充满文化与历史气息的氛围中,我们的学生发现其实在生活中到处都有美,老城厢有它古朴、温馨的美,现代建筑有其时尚的美,法国的大雕塑家——罗丹曾经说过"美是到处有的,对于我们的眼睛,不是缺少美,而是缺少发现。"是呀,世界上并不缺少美,而是缺少发现美的眼睛。只要有一双发现美的眼睛,我们身边的事物都会变得美好,我们的生活才会更精彩!

• 我们的成果

连续多年获得少儿航空绘画比赛全国、市级的一、二、三等奖;

因为优异的成绩学校获得优秀组织单位;

参加上海市中小学生艺术展演绘画作品比赛获得一、二、三等奖;

参加区学生艺术节,书法、素描单项比赛获得好成绩。

黄莺百舌正相呼　歌声伴我心飞扬

黄莺合唱队——学生在学习歌唱的过程中欣赏美,寻找美,唱出内心的真善美,同时把美的感受分享给身边的人。

• 成长的足迹

黄莺合唱队成立之初仅 40 名成员,由三到五年级的孩子们组成。此后的训练和比赛中我们不断进步，越来越多的孩子对合唱产生了浓厚的兴趣，每一年的队员选拔都跃跃欲试，为了能让更多的孩子接触合唱参与合唱，十多年来，合唱队逐步扩展到目前 60 人左右，年龄也扩展到二年级至五年级。有的队员是在音乐课堂中歌唱水平比较突出的同学；而有的则是在"声乐之星"评选活动中脱颖而出的，每一位合唱队员都是年级中的歌唱精英。

在合唱队中，学生们学习基础乐理知识，掌握合唱技巧与方法，更可贵的是在训练中学会了用声音与其他队员和谐相处。培养学生喜爱唱歌、喜爱音乐的兴趣。

五年级的队员们经过四年的专业训练，由稚嫩走向成熟，在团队中起到了模范带头作用，每学期的优秀团员总少不了他们的身影。高年级的孩子们歌唱技巧相对成熟稳固，但由于年龄关系，越来越羞于表达感情，而低年级的孩子们虽然在歌唱技巧方面并没有完全掌握，但热情活跃，非常能够带动气氛。我们的团队正是由这样两股互相取长补短的力量所组成。

在训练的过程中，孩子们渐渐学会了合唱需要声部之间的合作。团队中的每个人固然都是歌唱好手，但在合唱训练中，他们仍然会收敛起自己最有个性的声音，通过仔细的聆听与尝试，和指挥老师一起寻找伙伴之间音色的共性，声部之间音量的平衡，从而完成一首首和谐的合唱作品。

虽然，不少男生正经历着变声期的困扰，即便如此还是不放弃每周一次的训练，因为他们觉得坐在合唱台阶上，听着身边队友的演唱，也是一种美的享受。

合唱训练是艰苦的，往往一次训练，需要历时一个多小时，而这其中大部分的时间都需要队员们站着完成。对低年级的孩子们而言是一项比较困难的任务，但从来没有队员为此而退缩，大家都能坚持完成。如果遇上比赛前的训练，需要孩子们付出更多的额外时间，有时会是上学前的一个小时，有时也会是放学后的一个小时。由于地块动迁的关系，不少孩子们都搬家去了较远的地方，有些甚至需要将近一个小时的车程，但并没有队员因此提过退出，反而以更多的热情投入到训练之中。正因为孩子们的坚持与投入，才能真正感受到合唱艺术的魅力。

在合唱训练的过程中,孩子们渐渐理解了合唱不只是单纯的发声,合唱艺术是一种情感的表达方式,需要在理解歌曲情感的基础上,通过丰富的变化来表达歌曲的内涵,这些变化可以是音色上的,也可以是音量上的。表达自我的情感,黄莺合唱队的队员又多了一种选择。

• 我们的成果

参加黄浦区艺术节比赛,黄莺合唱队都全力以赴参加声乐合唱专场的比赛,屡次获得一、二等奖;

部分出色的队员参与区级小组唱、独唱等专场的比赛,也都载誉而归;

每一年的学校艺术节上,黄莺合唱队都以开场或者压轴的形式带来不同风格的歌曲,给全校师生耳目一新的视听感受。

全校的老师也曾经观摩过合唱队的训练,对孩子们的投入纷纷大加赞赏。各项声乐比赛中获奖也让学生倍感自豪,增强了学生的自信心。

(周瑞芝 徐 忆)

小荷才露尖尖角 民乐伴我共成长

小荷民乐队——悠悠琴声,荡漾于校园的角落,沁入学生的心脾。小荷民乐队的队员们在传统民族乐器的学习中培养艺术兴趣,提升音乐素养,感受中华文化魅力。

• 成长的足迹

董二小学的民乐队有着二十多年的历史,2008 年正式命名为"小荷",是寄希望队员们犹如小小的嫩荷尖角,通过自己的刻苦努力,学习有成,绽放于夏日的水池之中,在传承中发扬中华民族音乐的光芒。乐队从最初的基本乐器二胡、琵琶、笛子和扬琴,近年来逐步增加古筝、中阮、笙及打击乐器木鱼、铜锣、大鼓等,正不断壮大。

近几年小荷民乐队发展态势迅猛,乐队成员的组成已形成阶梯式循环发展,有二到五年级的学生组成。每年都会有一批学生因毕业离校而退出乐队,因此必须补充一批新鲜血液,每年的六月乐队开始酝酿,挑选乐队新成员,竞争激烈。能被乐器老师推荐的学生还要通过一段时间的训练观察,再挑选优秀的进入后备队列中。有的学生没有被选上伤心地哭了,有的也因此更加发奋练琴。对这样积极要求上进的学生,乐队老师会给他们一段时间参加晨练,进步快的学生又很快成为新的乐队成员。很多学生在争取加入小荷民乐队的过程中坚持不懈地努力,学会了锲而不舍,演奏基本功和音乐素养也随之提高。

民乐队的训练是艰苦的,每天的晨练,每周一次的合练,日复一日年复一年,从不间断。根据学生不同的演奏水平,老师采用个别指导、分乐器训练和集体排练相结合,以激发队员的兴趣与学习动力,提高队员演奏水平。

每年,老队员毕业,民乐队会迎来一批新队员,因此在三结合的训练模式中,又增加了"小指导老师",从老队员中选出技术较好的同学,由他们一对一地带教新队员一起练习基本功,这样极大地发挥了老队员的积极性,为了当好合格的老师,他们加倍努力自觉练琴;新同学在"小老师"口传心授的辅导下,渐渐适应乐队排练,起到"一举两得"的效果。老队员成熟了,新队员成长了,不仅提高了专业技巧,队员们在互帮互助中锻炼了与人交往的能力,增强了团队合作的默契。

学生们在小荷民乐队中成长,老的指导教师退休了,新接班的老师接管乐队是个巨大的挑战。因为热爱而执著,可以说老师是与小荷民乐队一起成熟的。刚接管乐队,看到队员的二胡、中阮、古筝等乐器的弦断了不能练琴,面对那么多种乐器,乐队老师束手无策,要等其他器乐老师来修理,这就浪费了同学们学习练琴的宝贵时间,心里很不是滋味。琢磨每种乐器的构造,每当器乐老师在修理琴弦的时候认真看着记下每个步骤,成了乐队老师的又一项工作,刚开始换二胡琴弦动作笨拙,尖锐的钢丝线把手指扎得出血,后来渐渐地动作也熟练了。现在,我们的张老师成了队员们的"万宝全书"。

民乐队的系统训练活动,不仅让队员学到了音乐知识技能、了解各种乐器的特性,领略到音乐艺术的魅力;更是通过相互协调、密切配合的训练过程,增强了团队意识;并且在严格的训练过程中养成了吃苦耐劳、坚忍不拔的意志品质。

· 我们的成果

《金蛇狂舞》、《邮递马车》、《雪绒花》等曲目屡次在黄浦区艺术节民乐专场比赛中获一等奖；

参加上海市学生艺术节民乐单项比赛获二等奖；

参加黄浦区学生艺术节民乐单项比赛获一、二等奖。

校园"七彩小舞台"展示中，队员们的民乐表演是不可或缺的节目。

20多年，小荷乐队走出了一批又一批的学生，有的进入上海音乐附中学习；有的已经成为了音乐学院的教师；还有的师从著名笛子演奏家继续深造；更多乐队成员把民乐作为自己的爱好，演奏成为了他们生活的一部分，民族音乐通过他们在不断传承，不断发扬。

（张　英）

鼓号声声　铿锵有力

铿锵鼓号队——鼓号嘹亮、激越，队员们在奋进的鼓号声中感受少先队组织的昂扬斗志，给校园带来勃勃生机。

· 成长的足迹

铿锵鼓号队始于我校少先队的鼓号特色项目，近年归入学校的艺术社团，是一支富有朝气的艺术团队。

每周一的学校升旗仪式上，全体队员穿戴统一的制服，早早地来到校园敲着铿锵的队鼓，吹着嘹亮的小号迎接全校师生，开始新一周的学习生活。

每年新学期，大队辅导员在三年级学生中选拔节奏感较强、乐感较好，对鼓号感兴趣的少先队员充实到社团中来。众所周知，指挥是鼓号队的灵魂，因此只有个子较高，体型挺拔，节奏感很好的队员才有机会来担任。

平时的训练，在充分利用专家集中教授的基础上，指挥、大鼓、小鼓、大镲、小镲采取"以老带新"的训练方式，采用"一对一"的方法，手把手地教新人，使新的鼓号队员更快地融入到队伍中来。

队号手的训练是一个艰辛而漫长的过程，在整个鼓号队中难度最高。在训练中除了专业的指导，还要过好"三关"：长音练习；高音练习；听音练习。长音练习是项基本功，练好了孩子们才有嘴劲，同时能解决嘴巴漏气的问题。训练中老师时常进行高音个数比赛，看谁的高音吹的个数最多就算赢，以此来激发队员们的兴趣。第三关"听"，学会听懂队友的节奏，才能有很好的配合，才会有良好的合作。

曾经，有个号手小黄同学，在平时的训练中，认真刻苦，逐渐熟练掌握了吹号的技巧，吹奏的乐曲音都很准。他的听音能力也特别强，总能恰到好处地吹奏美妙的乐曲。他嘹亮的号声时常得到指导老师的啧啧称赞，队友们更是以他为赶超目标。在 2009 年黄浦区鼓号大赛中，他带领大家吹奏每一个乐曲，变换每一个队形，博得了评委老师的赞赏。

张宇洁，一个文静秀气的女孩，一个鼓号队的指挥。在 2011 年黄浦区鼓号大赛前夕，为了能取得优异的成绩，她严格要求自己的每一个指挥动作，每天上午七点十分左右就独自来到校园开始单独练习"开棒"和各个乐曲的指挥动作。她不仅要求自己动作准确到位，乐曲旋律正确，还一边指挥一边熟练地唱出旋律，第二遍又唱出小鼓的节奏。此外，她还在鼓号队集训休息时，主动和各种乐器进行单独配合训练，直到完全合拍为止。每次训练结束，都会看见她用左手揉捏自己酸痛的右手臂，然后背起书包信心满满地走进教室。老师心疼她太拼，只要求每天早上练习十五分钟即可。她却执拗地说："我不累！只要我们能取得比赛的好成绩。"小小年纪，能为了团队的荣誉甘心付出，她的毅力犹如掷地有声的阵阵鼓号。

比赛中队员们不仅要吹奏，同时要不断变换队形。每个队形都体现着队员们的团结、友爱、奋发、向上。在大家共同努力下，铿锵鼓号队每次参加黄浦区鼓号大赛都能荣获金号奖。每当这时，他们都会高兴地相拥着，欢呼着，灿烂的笑容绽放得像朵朵盛开的花儿……

鲜花和荣誉不会从天而降，队员们深知只有付出更多的时间，牺牲自己的玩乐，才会有成功。暑假的集训，很多队员是从老家赶回上海的，顶着烈日在操场上一站就是一节课；每周四下午，当同学们都已放学回家，队员们还留在校园里训练……在铿锵鼓号队里，每一位队员总是能把集体的利益放在首位。

每年新队员从零开始，一年后都能演奏出四五个曲子。他们坚持每周一次的升旗仪式鼓号迎宾以及吹奏《出旗曲》，做到有序、整齐、和谐。队员们在这个团队中幸福地成长着，收获着……

铿锵鼓号队十几年来如一日，队员们的训练从未间断，培养出了一批又一批的鼓号小能手，夯实了少先队基础建设，展现了董二学子的精神风貌。铿锵鼓号队已经成为了董二小学一道亮丽的风景线。

• 我们的收获

2004 年、2007 年、2009 年、2011 年鼓号队先后参加黄浦区铿锵鼓号大赛，每届大赛均荣获金号奖；

2005 年 6 月 1 日作为迎宾队参加了黄浦区青少年活动中心召开的区少代会迎接市区领导；

2006 年 5 月，校艺术节活动迎接黄浦区教育系统及各校领导；2006 年 10 月，参加黄浦区董家渡街道文化艺术活动；

2012 年 6 月 1 日，参加黄浦区青少年科技活动中心召开的区少代会，迎接市区领导的到来。

（顾爱萍）

品味民间艺术　感受别样节日

中国的传统节日承载着传统文化、传统民间艺术和传统礼仪。中国传统节日中包含着很多的中国非物质文化遗产，有着很多的民间艺术，而这些民间艺术具有一般艺术不可替代的教育功能，它在提高学生的人格修养，促进学生心智发展，培养学生审美情趣方面有其积极影响与渗透。我们分析了解到不同的节日，内涵不一样、社会背景不一样，相同的节日在不同年龄段的活动要求、内容、形式等侧重点也不一样，选取了"春节"、"清明"、"端午"、"重阳"、"中秋"五个传统节日作为学校传统文化的学习内容，为此设计了《民俗情艺》课程。

《民俗情艺》课程遵循着一个原则：将校内的德育活动向校外延伸，向学生的生活延伸。为了让学生们更多、更好地了解祖国的传统民间艺术，我们结合两纲，用三级目标承载了五个节日的不同特色，根据知情行的育人维度制订了活动框架，并在实施中进行调整、修订。

表 2-23　《民俗情艺——中国人过中国节》活动框架

目标	具体内容	途　径	
知	·了解中国的传统文化,知道有关中国的传统风俗。	·通过主渠道课进行深化。 ·学科内容渗透。	
情	·学习收集与传统节日相关的资料。 ·体会我国传统节日中所蕴涵的情感,感受人们对美好生活的热烈向往。	低年级	高年级
情	·学习收集与传统节日相关的资料。 ·体会我国传统节日中所蕴涵的情感,感受人们对美好生活的热烈向往。	通过观看专题录像短片,了解中国传统节日的悠久历史。	
情	·学习收集与传统节日相关的资料。 ·体会我国传统节日中所蕴涵的情感,感受人们对美好生活的热烈向往。	·向爷爷奶奶和老师了解传统节日的习俗。	·通过网络搜索、小报制作、书籍、访谈等活动载体,了解传统节日给人们带来的那一份浓浓的情;并学习相关的民俗技能 DIY。 ·通过网络搜索,教师介绍,了解关于传统节日的一些诗词。
情	·学习收集与传统节日相关的资料。 ·体会我国传统节日中所蕴涵的情感,感受人们对美好生活的热烈向往。	·与学校德育特色——"艺能之星"、"七彩小舞台"相结合,通过艺术活动,体验传统节庆文化。	
行	·五个传统节日,始终贯穿着一个"礼"字,渗透着对家人的"情";但五个节日又有着自己的一个侧重点。 春节——对新的一年的展望。 清明——对已故家人的思念,更珍惜现在拥有的一份亲情。 端午——对真善美的理解。 重阳——传递对老人的一份孝心。 中秋——家人团聚的快乐。	低年级	高年级
行		家庭	·与家人一起进行节前的准备,感受节日氛围,送上节日祝福。	·与家人一起进行节前的准备,感受节日氛围,送上节日祝福。 ·在节日临近,准备一份独特的礼物赠予家人,表达对家人的感激之情。[自制]
行		学校	开展与传统节日相适应的实践活动,考察学生在节日中所习得的礼仪。	
行		社区	让学生在年级服务队中,传递自己对他人的一份关爱。	

我们在《民俗情艺》课程中，开设了不同的 DIY，让学生通过动手、动嘴、动脑，学习中国的民俗文化，旨在让每个孩子都喜欢过中国传统节日，爱上中国传统节日。

一、"中国人过中国节——欢欢喜喜过春节"，活动主旨是让学生体会、感受我国传统春节的年味、祝福、新年展望等热闹氛围，感受人们对美好生活的热爱、向往。

在每年的元旦后，"中国人过中国节——欢欢喜喜过春节"的活动就拉开了序幕。烘焙课上，孩子们学会了怎么做元宵，小小的汤圆在孩子们灵巧的手中诞生了；剪窗花，红色的纸在孩子们的剪刀中变成了各种各样的窗花，最后都黏在了窗户上；学校的亲子活动，让家长和孩子一同制作各种创意灯笼，在校园里展示，让孩子感受春节中的那种热闹氛围。新的一年新的希望，学生制作一张张心愿卡，写下新年中对自己的美好希望，并给长辈们送出新年第一声祝福。红通通的窗花、喜滋滋的门神、热腾腾的团圆饭、乐融融的全家福……所有元素都在新年的第一个节日——春节欢悦着铺洒开来。我校的学生，也在新春展示着他们一个个新的自我。

"中国人过中国节——清明节"，活动主旨是走进自然，亲近家人，放飞希望。清明节既有祭扫缅怀已故的亲人，又有踏青游玩的欢笑声，也是一个寄托希望的日子。清明节的家庭亲子活动中，家长带着孩子祭祖、扫墓，让孩子了解家族中先人的姓名、经历，并和孩子们共同完成家谱的制作。我校特意在清明节前夕准备了青团，让我校这群来自五湖四海的学生能够品尝到平时不太吃到的食物。还邀请家长进入学校专题指导，示范青团的制作过程，教会学生做青团。跳皮筋一直是民间体育活动，它流传于 70 年代，至今已经被大家遗忘。我们选取"小皮球歇歇来"作为跳皮筋所配的上海童谣，让孩子们重拾被遗忘的沪语。

"中国人过中国节——端午节"，活动主旨是端午·传统·拾遗。在这个节日中孩子感受到的东西甚多。三年级制作的端午蛋网，四年级制作的香囊，五年级包的粽子。在端午这一天学生都带着一份祝福来到了自己最尊敬的长辈身旁。一份心意，让家人感到了浓浓的情。端午的赛龙舟活动更是让学生欣喜不已，因为班级的每位同学都是参赛者，都在为集体出上自己的一份绵薄之力，齐心合力又是取得胜利的基础，这其中不能有太多的埋怨，不能有太多的自我，有的必须是一份合作沟通。

"中国人过中国节——重阳节"，活动主旨是知孝心，明责任。由于孩子的年龄跨度较大，因此在设计活动的时候分了不同的层次。一年级学生向长辈了解重阳节以及它的习俗；二年级的学生在这一天为老人买重阳糕，并学会折纸——郁金香，插在重阳糕上，在送出礼物的同时，送上自己的一份祝福；三年级的学生通过十分钟队会，叙述该如何为老人过节；四年级同学来演一演小品——彤彤的重阳节；五年级同学开展一次校园登高赛。

"中国人过中国节——中秋节"，活动主旨是中秋·快乐·团圆。我们开展绘画之星——"我眼中的中秋夜"、泥塑之星——"中秋节的民俗元素"、声乐之星——歌曲"爷爷为我打月饼"的评选，并邀请家长走进学校共同参加学校的灯谜会，邀请家长走进学校参加学校组织的民俗活动——剥毛豆比赛、做月饼。孩子们和家长在这个节日中做着这些工艺 DIY，学生与家长共同感受着一份节日的快乐与融融亲情，感受着中秋习俗。

"中国人过中国节——端午节"活动片段记载：

"中国人过中国节之端午节"，活动主旨是端午·传统·浓情。从端午制作蛋网，到制作的香囊，到端午粽，每个同学都尝试着用自己的手艺来迎接端午。龙舟赛中，一声声呐喊助威仿佛还此起彼伏……回首这个节日，相信所有参加端午活动的学生，他们的记忆将会永久封存……

（一）淡淡粽叶，香飘端午

"端午节是我国汉族人民的传统节日，这一天，人们往往要履行吃粽子和赛龙舟这两项传统习俗，以此纪念中国伟大的爱国诗人屈原……"于是，结合"淡淡粽叶香，浓浓端午情"活动，我们组织了学生进行了包粽子的活动。由于粽子在一定程度上已经"失传"，于是先由老师学习包粽子。

由一位老师教授需要授课的老师，每天中午，我们的阅览室里可是热闹非凡，老师们认真地学习包粽子。

拓展课中的"包粽子"开始了，同学们个个跃跃欲试。而班主任呢？事先做好了动员工作，请来了会包粽子的家长一同参加这个活动。看着自己的学生们学着包，我们的班主任也跃跃欲试。

家长们都是熟手了，他们和老师一起手把手的教会了每一个同学包粽子，同学们在其中虽然有失败，但是在包粽子能手们的帮助下，一步一步地走进成功！看每个同学手中都有胜利果实。

（二）蛋网香囊，各显其能

端午蛋网，也是同学们所喜欢的。拓展课老师针对三年级孩子的心理特点，运用合理的方法，让学生掌握了蛋网的制作技巧。孩子们凭借自己的巧手，编织出了一个个小巧的蛋网，装上熟鸡蛋戴在了自己的脖子上。

而香囊的制作，对于孩子来说是有一定难度的，面对这些针都没有接触过的孩子，我们的探究老师第一步先让这些孩子学会穿针引线，能将两块大小相同的布缝制在一起。而后，才开始教孩子制作香囊，当然香囊的形状可以根据老师所教的，也可以自己创新。香囊里面再加上香料，一个个别致的小香囊就诞生了。虽然这些香囊看上去有些稚嫩，但是这都是出自我们自己的小手啊！一份欣喜溢于言表。

（三）划动龙舟，其乐融融

在河上"赛龙舟"难于操作，但是与体育活动课和心理课相结合，来进行体育与心理结合的团队"赛龙舟"游戏还是很吸引孩子们的。从制作龙舟开始，同学们就显示了极大的兴趣。做完龙舟头饰后，用报纸开始拼接一条条长长的龙舟，学生需要拼接好几条，放着三条龙舟是最后比赛的时候用的，而其他龙舟则是在训练的时候用。报纸制成的龙舟必须有划龙舟者的位置——那就是几个"洞"，划龙舟者就钻在其中，然后大家步履一致地往目的地走，一定要步履一致，否则将会导致龙舟散架。

训练中，你可以听到同学们在失败后的一次次的交流，而后又可以听到老师一句句的引导，合作在赛龙舟中显得尤为重要。快乐活动日下午，大家充分发挥团队合作精神，各个奋勇争先，全场的呐喊声、加油声、欢笑声不断。整个操场顿时成了欢乐的海洋。

"小八腊子赛龙舟"不仅愉悦了同学们的身心，也培养了他们的团队合作精神，同时也营造了快乐、和谐的校园文化氛围。

·活动评价：多元评价，快乐体验

"淡淡粽叶香，浓浓端午情"作为快乐活动日的一个项目，该如何

进行考评呢？这一直是我们所思考的。为了让孩子能在活动中保持兴趣，不为评价而评价，我们在《民俗情艺》这本书中，引入了自我评价机制。学生通过自我评价，感受到成功的快乐。

在自我评价的基础上，我们结合学校的艺能之星评比，增加了"民俗之星"项目，让同学们通过学习民间技艺，培养良好的技艺和传统美德，增强民族自信心和自豪感。同学们可自愿将自己在活动中的作品交于老师，参加民俗之星的评选。

民俗工艺制作奖：所完成的作品，总体造型合理，能使用。

民俗工艺创意奖（符合一项便能获得）：能用多样材质制作；外形独特。

民俗巧手之星：综合类奖项，以上两点都能达到，就可以获得"民俗巧手之星"的称号。

不要小看了这么几个小小的章哦，同学们可是很在意。

"民俗情艺——中国人过中国节"的活动，通过学生的体验，对中国传统民间艺术的亲身参与体验，加深了对中国传统文化的了解，唤醒了学生对中华传统节日的企盼，对祖国与家人的一份"爱"。"民俗情艺——中国人过中国节"的活动，使学生对中国传统文化学习的兴趣浓了，参与的热情高了，对身边、对生活中的艺术审美思考活跃了。

（应谢洁）

（二）新颖的校外艺术场馆学习

穿越到宋朝逛逛开封府
——中华艺术官《清明上河图》特展参观活动案例

1. 问题的提出

中国画是在我国产生和发展的一种绘画形式，具有悠久的历史，其内容广泛、博大精深,囊括了中国古代的哲学、文化、建筑、雕塑等内容,在构图、技法等方面有着独到之处,同时我国古代流传下众多书画瑰宝,但是我们的学生对国画的了解仅限于教材中的内容,对于一些名画知之甚少。

如何让学生了解一些国画名作? 如何吸引学生欣赏国画名作? 学生在欣赏的过程中会获得哪些感悟呢? 为此,笔者尝试进行中华艺术宫《清明上河图》特展参观活动。

2. 案例背景

(1) 中华艺术宫场馆资源

作为原世博中国馆的镇馆之宝——电子版《清明上河图》从 10 月 1 日起,在中华艺术宫正式对外开放。

电子版《清明上河图》是艺术与科技的结合,而且并非单纯的《清明上河图》放大动画版,而是将原作面积放大 700 多倍,并经宋史及各方专家仔细研究和认可后加工整理而成,所有人物穿戴服饰及行为均有根有据,更加丰满地呈现出当时开封府的繁华热闹和文明发展程度。

(2) 教材中的国画内容

书画版教材中国画内容汇总:

表 2 - 24　书画版教材中国画内容

年　级	课　题
四年级第一学期	第 10 课　墨点和墨线 第 11 课　墨线陶罐 第 12 课　水墨盆栽
五年级第一学期	第 10 课　水墨家园 第 11 课　水墨脸谱

上教版教材中国画内容汇总:

表 2 - 25　上教版教材中国画内容

年　级	课　题
三年级第一学期	第 6 课　墨点的趣味 第 7 课　墨线的变化 第 8 课　水墨游戏

（续表）

年　级	课　题
四年级第一学期	第 5 课　用水墨来画树 第 6 课　汉字变成画
五年级第一学期	第 12 课　彩墨花卉 第 13 课　彩墨风景

　　从以上两套上海市小学美术学科基础型课程中教材来看,这些内容还不能满足于学生的认知面。

　　因此,基于宝贵的场馆资源,以现有的基础型课程为主导,进行中华艺术宫《清明上河图》特展参观活动。

　　3. 案例描述与分析

　　环节一:国宝探秘

　　第一次活动,我踏入教室,神秘地告诉学生:"今天,我们要进行探秘活动,要去找一件国宝!"同学们好奇地问:"什么国宝?"我说:"这件国宝,我现在只有它的音像资料,我们一起来看一下,并且记录下这件国宝的特征,便于以后的探寻。"于是,每位同学都拿到了了一张小卡片。

表 2－26　国宝探秘记录卡

1. 这件国宝的作者是谁? 哪个朝代的?
2. 这幅画描绘了什么地方?
3. 看了视频之后你知道了关于这件国宝的哪些事情?
思考:你还想知道关于这件国宝的哪些事情、知识等?

　　我开始播放视频《国宝档案·清明上河图》,学生们被这幅举世闻名的国画作品震撼,他们认真地记录着。视频播放好之后,大家展开了热烈的讨论,互相交流自己记录的资料。这时,我问他们:"你们想不想看这幅画呢?"他们一听能看到这幅画,都表示非常期待!

表 2 - 27　学生完成的国家探秘记录卡

1. 这件国宝的作者是谁？哪个朝代的？ 这件国宝的作者是张择端，他是宋朝画家。 2. 这幅画描绘了什么地方？ 这幅画描绘了宋朝的都城东京，就是现在的开封。 3. 看了视频之后你知道了关于这件国宝的哪些事情？ 看了视频之后我知道这件国宝是中国十大传世名画之一，现藏于北京故宫博物院。 ·思考：你还想知道关于这件国宝的哪些事情、知识等？ 我想了解这幅画的表现技法，它对于我们来讲有怎样的价值？

　　根据学生交流的记录内容，结合他们的关注点，我又发了一张卡片，请学生们回家收集相关资料。

表 2 - 28　国宝探秘资料收集卡

作者介绍 创作的时代背景 作品表现技法 作品的风格 作品的时代意义

　　【分析一：气势磅礴的纪录片详细、生动的介绍引起学生的好奇，同时情景的创设、记录卡、资料卡的设计引导学生自主学习。本环节的设计为参观活动的有效开展铺垫了相关的知识。感受我们中国画的悠久历史，感受国画之精华。】

　　环节二：超时空对话

　　第二次活动，同学们带着资料卡，来到了中华艺术宫。笔者根据学生记录卡上的思考，提出了参观的建议。

表 2 - 29　学生思考与教师建议

学生思考	教师建议
我想知道张择端和米勒是一个年代的吗？ ——任书灵（五年级）	张择端和米勒不是一个年代的，张择端早于米勒，他们相差七百多年呢！《清明上河图》是中国画，绢本设色，参观时请你仔细看看中国画中的线条、颜色、人物动态的表现和我们看过的米勒油画中人物动态、颜色、线条的区别。

（续表）

学生思考	教师建议
我想知道《清明上河图》为什么这么受欢迎呢？——黄雅馨（四年级）	《清明上河图》在技法上，大手笔与精细的手笔相结合，在参观时请你看看哪些地方画得很精致？
我想知道张择端为什么要画这幅画？——许浩东（四年级）	《清明上河图》画了很多人物、动物，请你仔细看看，这幅画描绘了怎样的一个场景？
这幅画画了多少时间？——陶荫楠（五年级）	张择端用一年的时间画了《清明上河图》，作品分为三段，请你在参观时仔细看看分别描绘了哪些景色？分为哪三段？

当他们看到运用多媒体技术制作的长有 128 米，高 6.5 米的动画版《清明上河图》时，发出了阵阵惊叹。作品将原作放大了将近 30 倍，山形巨制的屏幕上全景动态演绎了整整一条长街，还分为白天与夜晚，每隔 4 分钟进行一次日夜的循环。作品下方，有一条波光粼粼的虚拟汴河，与长卷互为启合，生动凸显了全画的观看中心。学生们根据老师的建议一边看一边思考并记录着相关的资料。整件作品结合声、光、电全效，同学们身临其境，仿佛置身于一场古今交融的超时空对话。

【分析二：随着日新月异的技术更新，多媒体版的《清明上河图》声画结合，动静结合，使这件作品更具时代意义。对于小学生而言，这样的作品非常吸引他们，故事性的动态画面，让他们更加了解了作品。笔者给学生的建议，有利于引导学生有的放矢地进行参观，具有目的性，避免走马观花。通过参观进一步了解作品的时代背景、表现技法、风格、时代意义，认识国画作品的构图、造型特点。】

环节三：梦回宋朝

第三次活动，同学们迫不及待地讲述他的所观所感。

任书灵同学说："《清明上河图》中的线条、颜色、人物动态的表现和我们看过的米勒油画中人物动态、颜色、线条有很大的区别。整幅画用笔兼工带写，活泼简练，人物生动传神，以线为主，颜色简单。"

黄雅馨同学说："《清明上河图》规模宏大，结构严密，构图起伏有

图2-24 学生参观中华艺术宫特展多媒体版《清明上河图》

序,作者以长卷形式,采用散点透视的构图法,将繁杂的景物都画在一幅画上,场面浩大,内容很丰富,充分表现了画家对社会生活的深刻洞察力和高超的艺术表现能力。而且画的都是老百姓的生活场景,因此这幅作品深受欢迎。"

许浩东同学说:"《清明上河图》画了很多人物、动物,这幅画描绘了北宋时期都城东京(今河南开封)的状况,主要是汴梁以及汴河两岸的自然风光和繁荣景象。"

陶荫楠同学说:"《清明上河图》分为三段,第一段是汴京郊外春光;第二段是汴河场景;第三段是城内街市。采用散点透视构图法,生动记录了中国宋朝城市生活的面貌,这在中国乃至世界绘画史上都是独一无二的,因此这幅作品是珍品、是国宝!"

大家你一言我一句,似乎还沉浸在对《清明上河图》的无限遐想之中。笔者提出:"我们也来画画这幅作品怎样?"同学们一听就表示不行,有的说:"那么细致的线条,我们可画不出!"有的一边摇头一边说:"那么复杂,太难了!"

笔者告诉学生一个好方法,在宣纸上用秀丽笔描摹的方法画《清明上河图》局部。

同学们尝试着描摹作品,发现这样作画很方便,他们感受着张择端作画时的用笔,感受着流畅的线条,感受着宋朝时繁荣的集市,似乎回到了宋朝,在汴梁的街头看风景,逛集市。

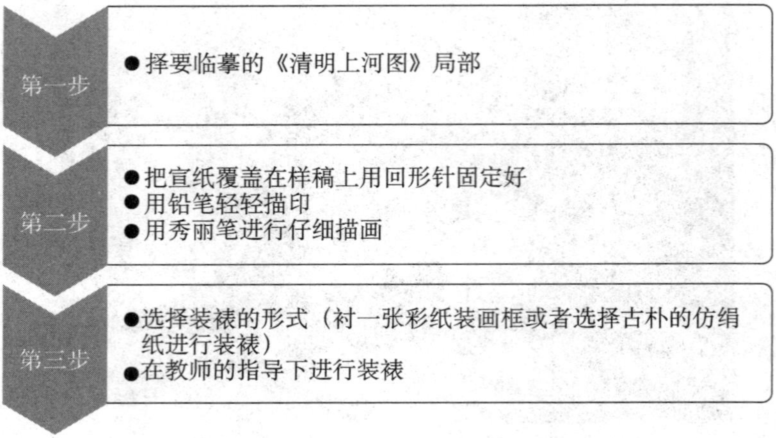

第一步 ●择要临摹的《清明上河图》局部

第二步
●把宣纸覆盖在样稿上用回形针固定好
●用铅笔轻轻描印
●用秀丽笔进行仔细描画

第三步
●选择装裱的形式（衬一张彩纸装画框或者选择古朴的仿绢纸进行装裱）
●在教师的指导下进行装裱

图 2-25 《清明上河图》作画步骤图

图 2-26 《艺宫印象·清明上河图》学生作品

【分析三:学生在参观之后,互相谈论、交流,学习用口头或书面语言对欣赏对象进行描述,说出其特色,积极表达自己的感受和理解。进一步了解《清明上河图》创作的时代背景、作品表现技法、作品的风格、作品的时代意义。通过宣纸描摹的方法,学生临摹《清明上河图》,了解国画中线条、造型的特点,体验美术创作的过程,激发美术创作的潜能,感受美术创作的乐趣。】

4. 案例思考

（1）"欣赏→感悟→描绘"活动策略的运用

围绕中华艺术宫的主题画展,进行开放的、互动的活动,活动流程分为四环节:活动前期准备→参观前讲座→参观中华艺术宫→完成活动任务单。在教师的引导下学生自主学习,感受国画艺术的魅力。

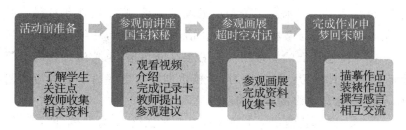

图 2-27 "国宝探秘"活动流程图

（2）作业单设计提高活动效果

针对本次活动笔者设计了相应的作业单,记录卡、资料收集卡、作品的描摹、撰写感言,其中教师与学生互动,作业单已经不是单纯的学生作业,而是师生之间围绕活动一起进行探究进行学习,这样的活动才会是学生喜欢的。

通过本次活动,笔者又有了以下思考:在经历了一系列的场馆活动,并且开发了校本课程之后,我们发现了场馆教育的重要意义,同时,我们的学生把进入艺场馆参观,学习作为生活中的一部分,超越围墙的美术大课堂已经趋于成熟并开花、结果。我们如何进一步完善我们的场馆教育? 在时代发展的今天,各类艺术场馆如雨后春笋般为我们的学生提供了大量的资源,我们教师如何选择? 如何开发与利用? 使之更好地为学生服务,因此,场馆教育的研究是没有止境的,我们要探寻一条适合我们学生发展的场馆教育活动之路。

（季蓓蕾）

"快乐的动漫之旅"寻宝行动
——上海动漫博物馆参观活动案例

一、问题的提出

进入 21 世纪以来,大量的艺术场馆对学生开放,而场馆教育正走向繁荣发展的时期。面对如此之多的艺术场馆,我们如何选择,如何开发与利用呢? 对于不同年龄段的学生我们又如何引导他们进行参观呢？笔者带着这样的思考尝试进行一年级学生的上海动漫博物馆参观活动。

二、案例背景

学校开设了《漫步艺宫》的拓展型课程，针对二至五年级的学生笔者开展了中华艺术宫多个画展的场馆活动，师生们在此过程中有巨大的收获。在与家长和学生的谈话调查中发现，一年级的同学和家长对于我校开展的场馆活动有着很高的热情，也希望学校能组织他们进行参观学习活动。同时，学校也期望有更多的学生参与到艺术活动中，希望更多的学生能获得艺术体验。

上海动漫博物馆位于上海浦东新区张江路 69 号北侧，博物馆共分三层，分别为展示陈列区、动漫互动体验区以及多功能剧场区。其中，连环画区陈列了 24 位中国画坛巨匠的 70 余幅原作，而动画馆则陈列了《孙悟空大闹天空》、《宝莲灯》、《哪吒闹海》等原稿、原画藏品，数量质量均为中国第一，馆藏资源极其丰富。

一年级学生正处于样式化阶段（罗恩菲德《创造与心智的成长》），形体概念基本形成，他们对人、空间、色彩、物体形成了明确的概念，因而产生了不同的艺术表现路线，并且与他们的心理发展成为一个整体，同时又对外界的艺术刺激非常敏感，我们教师要提供一种艺术刺激，创造一种气氛，使学生愿意接受愿意参与并留下有意义的艺术体验。

因此，基于上海动漫博物馆丰富的资源，基于一年级学生的年龄特点，笔者和德育室一起共同设计、开展了《"快乐的动漫之旅"寻宝行动》一年级学生参观上海动漫博物馆活动。

三、案例描述与分析

环节一：活动前准备

作为一个新开发的场馆，笔者与德育室的应老师一起现场采风，共同探讨设计适合一年级学生的活动方案。在以往场馆活动经验的基础上，我们确定了寓教于乐，通过各种游戏，学生获得艺术体验的活动宗旨。

活动前，笔者制作了《开启"快乐的动漫之旅"》上海动漫博物馆参观活动前期视频介绍，详细介绍了博物馆的各类展馆。

小朋友们！欢迎大家来到上海动漫博物馆！

上海动漫博物馆坐落在浦东张江高科技园区内，共有三层。

一楼展示陈列区有动漫发展馆介绍了世界动漫的发展史，动画馆重点介绍了我们中国动画。

让我们先来了解一下世界动画的发展史吧！动画与科技有着密切关系，第一部动画片《幻影集》的诞生开创了动画世界的新纪元，第一部声画合一的动画片《汽船威利号》里的主角"米老鼠"正式闪亮登场，《白雪公主》代表着动画长片的到来，《猫和老鼠》、《功夫熊猫》许多动画片带给我们无尽的欢乐！

动画馆介绍了我们中国动画，万氏三兄弟是中国动画的开拓者，制作了具有民族特色的《铁扇公主》，上海美术电影制片厂的《大闹天宫》、水墨动画《小蝌蚪找妈妈》，还有剪纸、折纸、木偶动画，具有中国民族特色，在世界上创立了独树一帜的"中国学派"。

现在让我们到二楼看看，二楼是互动体验区小朋友们可以在里面参与软陶、沙画、纸模的制作。

三楼是多功能剧场，大家可以在里面看动画片。

小朋友们，我们期待着大家的到来！

学生们饶有兴趣地观看视频，恨不得马上就能去动漫博物馆参观。班主任老师借此机会进行了参观礼仪的指导。

【分析一：视频介绍，以动静、声画结合方式更能吸引一年级的学生。激发他们参观兴趣，而艺术场馆的参观活动已经不仅仅是美术老师参与的过程，包含了班主任以及其他学科的配合，艺术就本身而言具有其综合性，因此本环节的设计，保障了参观活动的有效开展。】

环节二：参观展馆完成寻宝图

参观当天，我们邀请了部分家长，在老师的带领下，来到了位于张江的上海动漫博物馆。当大巴一驶进博物馆的大门，学生就被广场上的吉祥物吸引，情不自禁地欢腾起来。走进大厅，各种动漫形象映入眼帘，他们东看看、西瞧瞧，有些是看到过的、有些是没有看到过的，一切对于一年级的小朋友来讲都是那么的新奇、有趣。这时，老师发了一份神秘的寻宝图，要求学生在参观的过程中找到寻宝图中的宝藏。

图 2-28 "动漫之旅"寻宝图

学生们手里拿着寻宝图，分成两个队伍，分别参观了动漫发展馆、动画馆。从动漫的发展史到我们的中国动画，各种模型、视频、原画，深深地吸引了学生。他们一边认真听讲解员的介绍，一边"寻宝"，不时地听到他们激动地说"我找了孙悟空！""看白雪公主在这里！"在不知不觉中，结束了参观，也完成了寻宝图。

【分析二：在这一环节中寻宝图的设计，打破传统的学习单形式，通过游戏的方式学生初步获得有关动漫的知识。分为两个展馆进行参观，避免了学生长时间参观，失去视觉感官的刺激，因此这样的设计符合一年级学生的年龄特点。】

环节三：互动体验观看动漫电影

完成寻宝图就可以到互动体验区参与陶艺、沙画、纸模的制作体验，在家长、老师的指导下，学生兴致勃勃地参与了制作，每位学生都完成了一件对于他们来讲非常有意义的艺术品。之后，大家来到了三楼观看了动漫电影。最后，大家依依不舍地和变形金刚合影，告别了上海动漫博物馆。

【分析三：场馆活动已经不仅仅局限于参观，现场体验动手制作，提高了学生的积极性，使我们的场馆教育活动变得更加有趣、更加吸引学生。】

四、案例思考

（一）基于学生的年龄特点选择场馆资源

俗话说"适合的才是最好的"，在众多的场馆资源中，我们教师要按照学生的年龄特点，寻找适合的场馆。对于好动的一年级学生来讲，在过长的时间中观看静止的画面会引起审美疲劳，深奥的作品也难以引发艺术共鸣，那样的艺术体验对于学生而言不会是愉悦的。因此我们针对低年级的艺术场馆活动，可以选择一些新奇的、动态的、互动的，那样才能更好地激发学生参与艺术体验的积极性，逐步培养艺术欣赏的兴趣，创建艺术氛围。

（二）针对不同年龄段设计各种形式的学习单

在系列的艺术场馆活动中，笔者曾设计过不同类型的学习单。大多以现场记录、临摹、撰写感想为主，那样的学习单对于中高年级的学生而言是可以完成的，但是对于识字量有限的低年级学生而言这样的学习单是难以完成的。

因此，在本次活动中，笔者设计了寻宝图，以游戏的形式来吸引学生，艳丽的色彩，童趣的画面，简单易懂的语句，学生在游戏中完成学习单，获得知识。

（三）家校师生共同构建超越围墙的美术大课堂

艺术场馆教育活动，不再是美术老师、学校单方面的活动，而是学生、家长、学校、老师、艺术场馆之间共同构筑的美术大课堂。以学生艺术体验、艺术享受、艺术熏陶为出发点，让家长感受到艺术场馆教育活动的重要性，家长配合支持学校开展场馆教育活动，学校与艺术场馆合作积极创建艺术氛围，各学科教师互相配合，让艺术教育更全面、更完善。由此，构建起庞大的美术大课堂校内外教学网。这样的课堂才能真正做到无局限。

从 2008 年的双年展到现今的艺术场馆教育活动，从最初的进艺术场馆参观到参与艺术场馆活动，再到课程开发，到不同艺术场馆活动的开展。我们在不断探索、不断完善。然而，我们的宗旨是不会变的，就是引导着学生以独特的视角与方式去接触艺术、理解艺术，悄悄地在学生的心灵深处留下了美术体验的烙印，渐渐地成为一种潜移默化的动力，提升学生的人文素养与生活情操。

（应谢洁　季蓓蕾）

我们的"美术馆中的家园"
——第七届上海双年展活动案例

一、问题的提出

2007年一项针对本市（上海市）中小学生"你参观上海美术馆了吗？"的大型问卷调查，76%上海中小学生从未去过美术馆，这样的调查结果是触目惊心的。我校全体学生也参与了此次问卷调查。当时，有教授表示："这样的结果应该引起学校教育层面和美术馆层面的思考。"

同时，这样的结果对于我们中小学美术教师，也受到一次理念上的冲击。特别是我们这样一所地处老城厢百年老校，我们的学生大多是外来务工人员的子女。学校期望通过艺术教育，让学生感受校园生活的愉悦，提高艺术修养，提升文化品质，并能加速融入上海这座大城市，成为新上海人。

如何有效利用美术场馆资源，铺设一条进入艺术世界的道路，在典雅优美的艺术氛围中，以独特的教育方式，在宽松的环境中，让学生体验高品位艺术，获得潜移默化的濡染？这样的思考深深地根植于我们的内心。

二、案例背景

在经过了"你参观上海美术馆了吗？"的大型问卷调查之后，市教委、市教研室的领导高度重视，同时，美术馆也积极响应，开展符合学生特点的活动，并加强了与学校的联系。上海美术馆有专门的教育部负责进行学生的美术馆教育活动。

我校与上海美术馆保持长期友好合作，已利用其丰富的艺术人文资源参与进行了多次教育教学活动，2008年6月3日下午，笔者与翁老师受邀参加了美术馆教育部特别召开的"美术馆中的家园——第七届上海双年展推广活动教师讨论会"。会议阐述了此次活动的宗旨是填补中小学在现当代艺术教育上的空白。可见，上海美术馆已经认识到美术馆教育对学生的影响，同时提供学生美术创作的舞台。

因此，在美术馆、学校、教师的三方联合下，以学生的意愿为出发点，尝试进行美术场馆教育活动。搭建艺术展示的平台，学生能参与双年展这样高级别的艺术活动,体验当代艺术的创作之旅。

三、案例描述与分析

环节一:了解主题

笔者与翁老师一起把此次活动的主题、表现形式、展出方式告诉学生。学生们了解到此次活动主题是"美术馆中的家园",表现方式是每个参与者在规定大小的木格空间内,布置陈列一些能够体现自己生活情境和心灵世界的物品。这些物品是参与者心之所系的心灵家园,材料可以是一件心爱的宠物玩具,一些寄托作者个人情感的用品、收藏、图片、文字或装饰物等,最后展览的形式是将木格收集在一起,让不同的心灵空间"寄宿"于美术馆,从而以点带面地勾勒出本届双年展有关"迁徙家园"的主题延展。

从学生欣喜的眼光中我们不难发现他们内心深处的创作欲望在蠢蠢欲动,就像艺术家在进行一次饶有兴趣的艺术创作之前的艺术冲动。这样的效果在我们传统的美术课堂中是很难实现的,因为作品展示在教室里、校园里,只有同学、老师们在欣赏,然而作品展示在美术馆里,观众来自全国各地,来自五湖四海。学生的作品和艺术家的作品在一起展出,这个时候学生已经把自己当成一名艺术家了。我们似乎看到了学生对于艺术创作强烈的向往与渴求。

【分析一:现当代艺术的表现形式对于学生而言是非常新奇的,当学生对于艺术创作产生了积极愿望的时候,那么这样的艺术活动是愉悦的,是以学生意愿为主的,才能真正地做到自主探究。】

环节二:讨论构思

学生了解了主题之后进行自由自在的大讨论,讲述着自己的心灵故事:小高同学希望在上海能有一套属于自己的房子,不要总是搬家;琦琦同学希望开出租车的爸爸能多关心他……你一言我一句,渐渐地把自己心灵深处的愿望、想法都讲述出来。最后,学生把自己的想法用文字记录下来。

【分析二:在整个讨论的过程中我们发现与成年人的世界比较而言,儿童的世界几乎没有功利性,以及少有束缚。由于学生思想的开放与开阔,往往能走出思维的困境,有巨大的发展空间。显然,美术馆的活动吸引了他们，而且由于这样的展览，没有很大的局限性，也就不像在课堂中有过多的规矩束缚着他们，所以学生反而能积极开拓自己从未经历的思想领地，并从中获得思想的乐趣。打破传统的美术课堂的围墙，实际上是切断了长期绑在学生思想中的绳索，学生的思想终于插上了翅膀，飞出课堂、飞出学校。】

环节三：设计草图

进行了讨论构思之后，教师给学生欣赏大量的现代艺术作品，让学生了解多种艺术表现手法，使他们知道美术的表现形式是多样的。然后学生根据文案设计图稿，同时确定制作选用材料或道具等。

以下是学生的设计草图：

2008 年上海双年展教育推广活动——"美术馆中的家园"
学生设计方案

学校：上海市黄浦区董家渡路第二小学

姓名：高庭闲

年龄：11 岁

性别：男

国家：中国

籍贯：江西九江

文案：

我们一家三口从九江来到上海，爸爸搞运输，妈妈是全职太太，我们在上海没有固定的居住的地方。记得从很小的时候起，我们就一直不停地搬家，已经搬了五次。每次和周围的邻居熟悉了，交了朋友，可是过不久又要搬了。我们外地人在上海租房子很困难。每次搬家我都在想：如果我在上海能有一套属于自己的房子就好了！可是房价不断上涨，爸爸说现在没有办法买房子。这么大的上海，哪里才有我容身的地方呀！

展示制作方案：

一、图稿

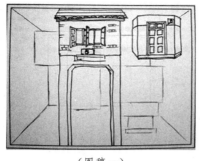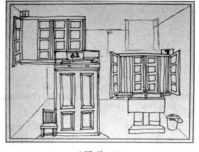

（图稿一）　　　　　　　　　　　（图稿二）

二、制作选用材料或道具

1. 木盒：大木盒（宽 60 厘米、高 45 厘米、深 30 厘米）。

2. 照片：五幢房子中最喜欢的一处景色，可以是窗户、门等五张照片。（有门牌号码）

3. 材料：木板、KT 板、硬卡纸。

具体制作与展示：

1. 制作过程与意图：先收集或实地拍摄 5 次租的房子的照片，有的是窗子的照片，有的是门的照片。然后打印贴在 KT 板上，进行切、挖，使门和窗可以打开，用硬卡纸制作楼梯等小道具。

2. 展示：制作好的门窗高低错落地放置在箱子里，有的可以贴在左右两块面上，并编上号码。每一处都放置自己的照片，表示从小到大成长的过程，也体现出时间的推移。

学校：上海市黄浦区董家渡路第二小学

姓名：赵文雯

年龄：11 岁

性别：女

国家：中国

文案：

猫妈妈被骑摩托车撞死了，她的孩子们围在妈妈的身边，一直舔着她的身体，小猫们用狠毒的眼光看着压死妈妈的凶手和围观的人群，心里想：那个人为什么要压死我们的妈妈，没有了妈妈，以后我们怎么办呀！

展示制作方案：

一、图稿

（图稿一）

（图稿二）

二、制作选用材料和道具

1.木盒：大木盒（宽60厘米、高45厘米、深30厘米）。

2.材料：绘画用品、白色纸巾、废旧材料如乒乓球、废旧报纸、杂志等。

具体制作与展示：

1.制作过程与意图：利用废旧材料，用纸浆制作的形式制作猫的形象。猫妈妈和小猫的形象比较写实，只有一只小猫以拟人化的形象表现，姿态和表情是对人类的憎恨。

2.展示：猫妈妈放在盒子的中间，小猫围在妈妈的身边。盒子里面的四周画围观的人。

学校：上海市黄浦区董家渡路第二小学

姓名：梁寒钰

年龄：11岁

性别：男

国家：中国

籍贯：安徽

文案：

我刚从石家庄到上海还不到半年，是一个小移民，虽然上海是一个大城市，但我还是喜欢石家庄，因为在那里我有许多的好朋友。当我离开石家庄的那天，乘在火车上，我恨不得火车能倒着开，让我再回到石家庄。

展示制作方案：

一、图稿

二、制作选用材料和道具

1. 木盒：大木盒（宽 60 厘米、高 45 厘米、深 30 厘米）。

2. 实物：火车头模型、轨道。

3. 材料：木板、纸张等。

具体制作与展示：

轨道倾斜地安置在盒子里，轨道上放一个火车头，感觉火车倒开。轨道的一头标明上海，另一头标明石家庄。火车头里探出一个男孩的身体，向石家庄招手，旁边有一个对话框"火车、火车向后开！送我回到石家庄！"

学校：上海市黄浦区董家渡路第二小学

姓名：曹建琦

年龄：11 岁

性别：男

国家：中国

籍贯：上海

文案：

　　我的爸爸是一名出租车司机，经常白天睡觉晚上干活。家里都靠爸爸赚钱养家，有时想想他也是非常辛苦的。可是爸爸也有一个坏毛病，总是赌钱、喝酒，每次回来后什么都不管倒头大睡。好讨厌啊！

　　不过在学校里，我是班里的中队长，我最喜欢画画、拉二胡、打电脑，还有帮助同学，所以我的校园生活很丰富，和同学关系也很融洽。学习上，我基本不用妈妈操心，自己一个人预习、复习。可是妈妈老爱催促我快点做作业，好啰嗦，头都大死了！妈妈说为了不耽误我学习，把我心爱的小白兔送走了，其实我知道是因为家里太小，小白兔老是乱拉大、小便，所以才被逼无奈地送走了，为此我伤心了好久。

　　我好希望爸爸平时能多问问我的学习情况，长大后，我要买一间好大好大的屋子和爸爸、妈妈、奶奶、爷爷、外公、外婆一起住，当然还有我的小白兔。

展示制作方案：

一、制作选用材料或道具

1. 木盒：大木盒（宽 60 厘米、高 45 厘米、深 30 厘米）。

2. 搭制出租车操控台（纸制）、方向盘。

3. 照片：曹建琦生活学习的照片。

二、具体方案（附图）

希望爸爸关心自己的学习和生活

学校：上海市黄浦区董家渡路第二小学

姓名：潘壮壮

年龄：11 岁

性别：男

国家：中国

籍贯：合肥

文案：

我出生在合肥一个有山有水的地方，虽然家里没有彩色电视机、自来水，可是我过得很开心，我可以抓鱼、捏泥巴、爬土坡。可是我家在 2003 年搬到了上海，什么都变了，土坡也没有了，更别提高山、流水了。现在我们一家租在薛家浜路旁的老房子里，过得也很知足！

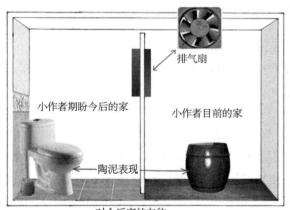

对今后家的向往

我家是木房子，每月四百五十块，在附近也算是最低的了。对此，爸爸相当满意，经常说："这是一举两得，一是便宜，二是离学校近。"另外，我家有了自来水和彩色电视机，我又变得开心起来了。可是我家没有单独的卫生间，倒是和公共厕所只有一墙之隔。但这种方便引起了我家的烦恼，到了夏天，一阵阵风向我家吹来，风还把臭气也带到我家里，因此我家在夏天就成了苍蝇的世界。我真希望能租到别处去，但爸爸却说："永远也找不到比这更便宜的房子了。"我只好听爸爸的话，我好想把厕所对着我家的排风扇给堵上呀！

展示制作方案：

一、制作选用材料和道具

1. 木盒：大木盒（宽 60 厘米、高 45 厘米、深 30 厘米）。

2. 材料：陶泥、颜料、纸。

3. 实物：摩托车模型或者用废旧材料制作的摩托车。

二、具体方案（附图）

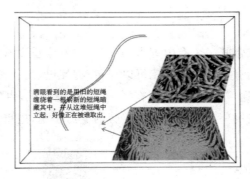

满眼看到的是用旧的短绳缠绕着一根崭新的短绳暗藏其中，并从这堆短绳中立起，好像正在被谁取出。

环节四：作品布展

学生所有的方案在上海双年展的官方网站中发布。我校有三个方案被选中，有资格在美术馆展出。这三名学生能亲自参与双年展的布展。

9 月 4 日中午，我校 2 名学生背着工具箱，拿着自己的作品和制作材料走进了美术馆。在美术馆 5 楼的艺术工作坊内，同学们动手制作起自己的作品。五年级的小高同学拿出了自己拍摄的每一处家的照片，挂在木格子里，并用一串串脚印代表他成长的足迹，留下了他五次搬家的经历与复杂的情感。四年级的琦琦同学用硬纸板制作了一辆出租车车头，车头的仪表上贴满了他的生活照，希望当出租车司机的爸爸多关心他，同时流露出对父亲的喜爱。四年级的小潘同学用实物表达他强烈的想改善家庭住宅环境的心愿。尽管他们现在的想法和作品还算不上是艺术品，但是那种认真努力的样子却令在场的老师们感动。

【分析四：在这样的一个工作室里和其他学校的学生一起完成自己的"杰作"，这是一种全新的体验，学生们是那样的兴奋。打破时空的限制，这样的美术课堂激发出学生艺术创作的热情。】

四、案例思考

（一）搭建自主表现的舞台　构筑学生与社会的心灵桥梁

在学生的内心需要一个环境，这个环境能满足他们自我表现的欲望，他们能够以自己为中心做些事情。美术馆正是这样的一个环境，场馆展出作品丰富，使得我们的教学内容也丰富多彩。教学过程也是动态的、开放的，以满足学生的"自我认知"、"自我表现"和"自我发展"的需要。

例如：上海美术馆举办的双年展活动，作为小学生能参加这种国际性的美术展览活动，对他们而言非常兴奋、自豪。他们创造了一个新的纪录——历年来双年展中年龄最小的参展"艺术家"，这样的学习环境充分满足了学生自我表现的欲望。

通过艺术作品的制作，让世界各地的观众都来了解现今上海孩子的思想、生活方式，从他们的内心折射出上海地域的教育、社会、文化发展的现状，构筑起学生与社会的心灵桥梁。

琦琦同学创作的《出租车》，用孩子独特的视角表现了对父爱的渴望。作为一个普通的家庭，母亲是全职太太，父亲开出租车一直忙于工作，几乎不和孩子见面。通过此次双年展活动，父亲看到孩子的作品感触很深，知道了要多和孩子交流，要关心自己的孩子。其他参观者看了作品之后也很感慨，现在有很多家长忙于赚钱，却忽略了与孩子的沟通，这样的现象值得社会引起重视。作为教师在指导学生完成作品的同时，也更深入了解了孩子的想法，认识到如何通过学校做好与家长的沟通，弥补家庭教育的缺失。因此，通过美术作品传达内心深处的思想，传递人间美好的愿望，这也是美术馆教育的一大成效。

（二）打破传统美术课堂　构筑超越围墙的美术大课堂

"课堂"是一个源远流长的概念。审视传统模式下的课堂教学，其包含了四个最基本的属性：一是时间固定，二是空间固定，三是班级人数固定，四是教学内容固定。其中时间、空间固定，更是课堂教学与生俱来的属性，时间与空间立体交错地为课堂教学设置了一堵堵无形的围墙。

因此，我们要创设条件让学生进入美术馆、进入博物馆，跳出课堂的"围墙"，真正地把学习的主动权还给学生，让课堂教学洋溢着生命的色彩。

　　通过此次活动，笔者思考着：如何结合自己的教学内容，抓住艺术场馆资源开展各种活动的契机，合理地安排教学时间、教学过程，充分利用场馆资源，以引导的方式，开展美学教育，使学生在参观、参与活动的过程中获得良好的艺术熏陶，建立高尚的审美情趣，建立起我们美术的新课堂！

　　构筑超越围墙的美术课堂，还需要我们美术教师不断努力探索，还需要各方面的大力支持，相信在不久的将来，美术课堂将以新的形式展现在人们的眼前，相信不久以后，进入美术馆上课不再是一种奢望！

（季蓓蕾）

走进乐器博物馆

[想见识乐器]

　　董二学子都知道，我们拥有一座充满浓浓艺术气息的校园，民乐就是我校的艺术特色项目之一。每一位初入董二的小朋友都会首先同笛子、二胡、琵琶、古筝等常见的民族乐器有一番亲密接触，大家和老师们一起简单了解乐器的历史，欣赏乐器演奏的代表曲目，在学习演奏乐器的过程中更深入地了解乐器的构造、音色和演奏方法。有不少兴趣浓厚的同学会一直坚持学习下去，成为同学和老师心目中的"小小演奏家"。

　　参观课外的德育基地，能让孩子们将课堂上所学的知识得到直观的印证，更能让他们发现更多课堂之外的疑问。循着这些疑问，同老师一起去探究、去发现、去收获课堂里不会涉及的知识，这才是真正意义上扩展音乐视野。而音乐课堂也因此变成了不再是单纯唱唱跳跳的世界，孩子们能接触到更多严肃的、有深度的、专业的音乐知识。

走进东方乐器博物馆
——东方乐器博物馆参观纪实

　　走进后的前言阅读　在我与孩子一路期待的心情中，我们来到了东方乐器博物馆。进入场馆的那一刻，大家都像是受到了气氛感染一般渐渐安静下来,脚步同交流声也都变得轻细起来。我们首先在门口认真阅读了前言:"乐器是人类音乐艺术实践的工具。我们的祖先创造了灿烂辉煌的音乐文化,也创造了绚丽多彩的乐器。至迟在周代,乐器已形成了以材质构成为依据的'八音'分类理论……"除了偶尔几声自言自语式的阅读,孩子们几乎都在仔细记录下他们不太理解的专用词汇,没有喧哗,没有奔跑。

随后按照馆内的布置顺序,我们分别参观了中国古代乐器、中国现代乐器、少数民族乐器和外国民族乐器四个展区。中国古代乐器展区的展品历史相对比较久远,与孩子们的生活有一定距离,在课堂上接触的机会也甚微,孩子们依然保持着安静,一路仔细参观,并且记录下自己感兴趣的内容,见到乐器旁的简介也会认真阅读一番,一切井然有序。

找找我学习过的乐器　中国现代乐曲展区展出的是我国当代正在使用的民族管弦乐器,从数十件吹、拉、弹、打乐器中,大家找到了不少自己曾经学过或正在学习中的乐器,也了解了不少相似类型的乐器。在少数民族乐器展区里,我们一起见到许多只有在课堂的图片上才见过的乐器实物,比如傣族的象脚鼓、新疆哈萨克族的冬不拉、维吾尔族的都它儿、艾捷克、蒙古族的马头琴等。最后的外国民族乐器展区里,我们见到了世界各国各地区民族的民间乐器,其中一套大型印度尼西亚"甘美兰"让我们都叹为观止。曾经我和孩子们一起学过一首印度尼西亚歌曲《在欢乐的节日里》,在介绍印尼的民族乐器时就提到过甘美兰,我和孩子们都没有见过实物,终于在今日能一睹庐山真面目。

观后萌创意　参观完毕之后,我和孩子们分头去网络搜寻感兴趣和特别想了解的乐器,然后在课堂上进行资讯的交换。有不少同学都提到了编钟,我们往往只能在历史电影中见到这一乐器,也在参观中认识了它的全貌。还有许多同学以他们学习民乐的经验,向身边的小伙伴详细介绍了自己最熟悉的乐器的演奏方法。

最后,我选择了一首在课堂教学中特别有意思的歌曲《我和提琴》,结合这次参观和孩子们进行了一次小小的创编活动。《我和提琴》描述了歌者是一位非常非常热爱音乐的人,虽然 TA 喜爱和自己的黄牛一起玩耍,但为了自己心爱的乐器愿意用黄牛去交换,即使在以后的生活中自己遭遇人生的困境也不会舍弃对音乐的爱。复习完这首歌曲以后，我出示创作主题"我和我喜爱的乐器"，请学生把歌词中的"提琴"，换成这次参观活动中自己最最感兴趣的乐器名称，进行创编歌词，名为《我和××》。另外给出小贴士，第二段歌词中的"拉"字，是提琴的演奏方式，创编过程中需要提示大家换成自己所选乐器的演奏方式，才能更符合歌词的内容。

[老师的思绪]

作为一名80后的新世代老师，虽说已经在很多人眼中过上了蜜糖般的童年生活，但依然禁不住羡慕现在的孩子，仅仅在校园中就能有如此丰富的艺术活动。

我们常说："环境可以改变一个人。"在这次的参观中给了我最直观的证明，原本这些在我们眼中活蹦乱跳、一刻不得闲的孩子们，竟然也有沉静、严肃、仔细的一面。进入场馆这样一个深沉的氛围，他们自然而然切换到了"小大人"的模式。其实孩子们就像是水，你给他怎样的容器，他就会变成怎样的形状，老师的引导就是容器。

带着孩子们参观完东方乐器博物馆，是带着他们浅浅涉足了民族器乐的历史长河。也许此刻他们纵观过去与现在的结合，已经体会到了中华民族器乐的博大精深。而作为老师的我，更需要从细微处着眼，引领他们感受长河中每一颗沙砾的精妙。

我不知道这些孩子们将来会怎样，或许他（她）会成为一位著名的民乐演奏家，或许他（她）会成为一名专注于研究中国民乐历史的学者，又或许他（她）会成为著名的歌唱家歌星，诸如此类，但也许他（她）只是成为了城市中济济无名的一个小白领，过着平常人的普通生活。不管未来会是怎样，至少在场馆里的那一刻，他们是在用心感受着的，在课堂里的那一刻，他们是从心而发地在歌唱着，唱出他们心中最真实的向往与爱。可能正是这一刻在他们心中埋下的种子，会在将来开出不一样的花朵，成就他们一个与众不同的未来。

（周瑞芝）

"春风化雨，润物无声"，艺术活动的开展既培养了学生对艺术美的感受、鉴赏、表现与创造能力，又陶冶了学生情操，提高了艺术修养，从小培养了良好的道德观念，意志品质。在艺术教育过程中，看到学生兴趣盎然地投入到学习中去,学习已然成为一种精神的需要,心灵的享受。艺术活动带给孩子富有情趣的生活状态,积极乐观的人生态度,营造了幸福快乐的校园文化生活。我们不由感叹:会生活的孩子是幸福的,会创造的孩子是幸福的,而带给孩子一切美的我们难道不更幸福吗?

三、艺沁人文——教师艺术文化修养熏陶

研究本校教师艺术人文素养的课题旨在总课题引领下,探究出提高教师品位、境界、情趣,培养教师乐观、豁达、宽容人文精神的具体途径。教师是对学生开展艺术教育的主力军,其思想行为,言行举止潜移默化地影响着学生。

艺术作为独特的文化形态或文化现象,在整个人类文化大系统中占有极其重要的地位,艺术起源同人类文化起源一样古老,作为文化独特的组成部分,艺术始终参与和推动着人类文化历史发展的进程,体现和反映在人类文化各个历史发展阶段。由此而言,提升教师艺术素养必须从提升文化素养做起。另外,教师较高的文化素养,有利于对艺术正确解读,对艺术的时代特征正确阐释和评价,更有利于艺术思想和教育观念理论的概括与升华,对教育艺术智慧整体把握。同时,文化素养提升,能有效促进教师身心和谐发展。①

学校党支部在教育工作中是联系群众的桥梁和纽带,它担负着联系、宣传、组织、团结全体教师,落实各项方针政策的重要责任。而工会则是在党支部直接领导下代表广大教职工利益为教职工服务,并承担调动教职工参与和谐校园建设积极性的职责。本校在创建艺术特色学校的过程中,党支部协同工会,通过组织开展读书活动、网络论坛、影视表演欣赏、艺术沙龙等活动使教职工受到艺术文化熏陶,综合素质不断提升。

(一) 提升教师文化素养

文化修养的培养,非朝夕之功可速成。它要通过对文化的理解、

① 杨晓.浅谈高校教师的艺术素养——提升教师的艺术素养先从文化素养开始[J].青春岁月,2011(2):64.

认识、鉴赏等各方面的学习和积累，才能够领悟到文化美带给人的精神享受。只有不断学习文化知识才能使个人文化艺术修养得到精神层面提高，这是一种超越物质更深层次的文化追求。

1. 在读书活动中提升人文情怀之素养

在当今知识爆炸时代，教师原有知识面临许多新挑战，教师需要不断充电，不断接触新知识，不断更新观念，才不会被时代所淘汰，才能满足学生日新月异对新知识、新信息的渴求。读书学习对教师而言不可忽视，它能提供教师精神动力，给予教师更多智慧。正如高尔基所说："没有任何力量比知识更强大，用知识武装起来的人是不可战胜的。"书是人类的亲密朋友，教师可从书籍中体味教师精神，品出人生乐趣；若经常读书、研究，思考，更能增强自身文化修养，提高教育艺术性。因而作为一名教师，更应该善于学习，善于读书，不断提高自身文化底蕴，完善人格素养。

近十年来，本校坚持鼓励和提倡教师争创学习型团队。为建设学习型教职工队伍，培养广大教职工崇尚阅读、自觉阅读的良好习惯，进一步形成多读书、读好书的良好氛围和风尚，达到在阅读中开阔视野、增长知识、陶冶情操，激发工作热情和创新活力，推进专业发展、提升办学效益，我们以"读好书、精业务、强素质"为主题，提倡全校教职工投身读书学习活动。

工会每年度制定教工读书计划，结合区教育工会读书活动，引导组织教师以"勤学、立德、强能"、"阅读·工作·成长""女教师的幸福"等为主题开展各类读书征文活动。每次读书活动，工会都精选书目供教师自由参考选择，有法国作家保罗·郎格朗所著《终身教育引论》、有加拿大作家马克斯·范梅南所著《教学机智——教育智慧的意蕴》、有美国作家艾德勒所著《如何阅读一本书》、还有大家熟悉的教育家吕型伟所著《吕型伟教育文集》……为促进人人参与，工会要求教工在读书过程中摘抄书中精彩片断，撰写读书心得，编写个人读书感言。还充分利用校园网的便捷，每月由两个文明组负责在校园网推荐好文章及好书，供教师阅读，并要求做好读书摘记，作为硬笔书法"月月练"内容。近几年，教师参加区征文比赛屡屡获奖。读书活动不仅锻炼了教师思维能力和对教育问题的批评性思考能力，还促进教师转变教育观念、思维模式，艺术性开展教育创新。

除了读书活动,学校还要求大家根据工作和兴趣有选择性地每学期至少阅读两本教育教学管理、教育教学理论、教育心理学、教学方法、历史文化及人文知识等各领域书籍,并撰写读书笔记及读后感,每学年作为教职工评优评奖的一项重要指标,以此推动教职工阅读充电长盛不衰。

苏霍姆林斯基曾说"读书不是应付明天的课,而是出自内心的需要和对知识的渴求。"学校引领教职工读书旨在让每一位教师养成日常阅读的好习惯,用最静心的阅读,更新教育理念,提高理论素养和教育能力,使教师朝着"拥有智慧头脑,学者风范,精湛教艺、愉悦心境"的目标不断迈进。

摘录教师参与读书活动感言:

教师 A:读书就是一次与大师的对话,与智者的交流,是一次难得的精神之旅,同时也会让人受益匪浅。

教师 B:人说:读书足以移情,足以博彩,足以长才。这句话说得一点也不假,书籍是人类智慧的结晶,书是人类进步的阶梯。因此,教师要做到"机智"地处理教学中的偶发事件,必须具备诸多素质和条件,而书能给予指点。

教师 C:读了《给教师的建议》一书后,我认为以下几方面是不可或缺的:首先,要有一颗热爱学生的心,涵养师爱,以情促教;育人之道,爱心为先;教育是门特殊的艺术,教师应成为艺术家……

教师 D:读书活动提高了我对教育的认识。台湾教育家高震东说:"爱自己的孩子是人,爱别人的孩子是神。"教育本身就意味着:一棵树摇动一大片树,一朵云推动一大堆云,一个灵魂唤醒一大群灵魂。如果教育未能触及人的灵魂,未能唤起人的灵魂深处的变革,它就不成其为教育。要实现真正意义的教育,爱几乎是唯一的力量。

教师 E:书中有着广阔的世界,书中有着永垂不朽的精神。虽然沧海桑田,物换星移,但读书催人奋进是不变的真理。

2. 在论坛交流中探讨教师育人之法则

互联网的掀起为人类参与各类交流提供很大便利。网上论坛就是很普遍的交流方式之一。交流者发表见解,各抒己见,各种智慧集中交汇在论坛里,信息互补,极大提高了社会信息量,形成了包罗万象的互动空间。试问还有什么媒体,还有什么途径比得上网上论坛这种效应呢？报纸容量有限，内容有限；开会听取意见和建议，人数有限，谏言献策时间有限，议论范围有限；电视收视内容有限，时空有限……而只有网上论坛才有众多熠熠生辉的智慧，提供最方便的信息渠道。日常生活中不好说，不便说，或者说了没用的民众意见，通过互联网论坛可以说出来，论坛为抒发个人想法搭建了最为便捷的平台。

本校"校园网论坛"已坚持好多年了，校园论坛和社会上其他论坛毕竟有区别，须为学校教育服务。学校党支部充分利用论坛阵地，宣传高尚师德，推崇教育艺术，展现教师风采。每月主题论坛发表一篇与教育艺术相关的文章，组织教师围绕主题跟帖交流。为保证论坛质量，我们将参与交流考核与文明班组考核相结合，每月还专门设一定奖项鼓励教师认真对待，确保论坛高质量正常开展。参加论坛的教师积极参与，发表见解，反思自我，在交流过程中提高对教育艺术的认识。

例如：2014年4月党支部推荐《别拿现在的孩子不当回事》的主题文章引发教师跟帖论坛交流。

教师跟帖实录：

教师F：孩子们的思维能力其实超过大人们估计，大人的想法也许比孩子复杂，但复杂的未必就是高明的，我们不能低估了孩子。

教师G：现在的孩子有着自己的思维方式，他们有很大的信息量，在这些信息量中，他们有自己的想法，有自己的价值观。孩子的价值观与成人虽然不一样，但是同样值得理解与尊重。我们也应该换个角度去思考，去理解……

教师H：不同的教育理念会产生不同的教育结果。不同的教育环境会塑造出不同性格的人。如果将学生放进一个模型里，从模型里走出来的学生只会毫无个性、千人一面。如果给学生一片自由飞翔的天空，这些放飞的小鸟将会各展精彩。学生跟种子一样，有自己的生命力，是千差万别的，老师能做到的，只是供给他们适当的条件和照料，鼓励他们自己成长。只有适合的教育才是最好的教育。因此，教育孩子的前提是了解孩子，了解孩子的前提是尊重孩子。

教师I：看了这篇文章，使我想到，无论在课堂上，还是在平时，只要我们看到学生在思维，尊重学生天赋，感受学生情感，你就不会放肆地对待学生,可能还会对学生产生敬畏之情。小孩子有不可思议的力量(陶行知语)。如果老师尊重孩子,多给他们创造机会,相信小孩子的潜力是无限的。

教师 J:教师要尊重孩子个性,发现孩子个性中的闪光点。如果老师善于接受孩子与众不同,而不是限制和否定,孩子就会充满自信和快乐。老师不要试图改变孩子个性,而是找到适合孩子个性发展的养育方法,接受、理解、欣赏孩子个性,以独到的方法,技巧和领悟养育孩子。

教师 K:都说零零后是非同寻常的一代人,聪明伶俐,信息量广,眼界开阔……但也造就了这代人狂妄、孤傲、目中无人。所以,作为神圣的人民教师,有责任要让这些孩子的潜能尽情发挥,同时也要想办法克服他们身上的弱点,转化为积极优秀的品质。

……

(二) 提升教师艺术素养

任何一种艺术欣赏活动都是审美再创造活动,这当中自然包含了并非简单的审美心理因素和心理机制。对教师而言,通过观摩各类艺术表演,能提高对艺术的理解和审美能力,在开展各项教育活动的时候创造出更多真善美。

1. 在影视观赏中领悟艺术教育之魅力

在镜像文化愈发发展的今天,电影视频具有强大的魅力吸引无数观众,那是因为艺术鉴赏的审美心理活动分为注意、感知、联想、想象、情感、理解等基本要素,影视欣赏是审美主体对审美对象进行感受、体验、评判和再创造的心理过程。它是通过直觉进行分析、判断、体验、联想、想象,从而在情感上达到主客体融合一致。影视欣赏作为一种人类独有的精神活动,可以让欣赏者的精神境界得以升华,审美能力得以提高。作为集中美的体现的影视艺术,对它的审美过程就是审美主体欣赏与领悟的过程。[①]

学校党支部在对教师开展师德教育,进行校本培训的过程中,充分发挥影视教育媒介优势,开阔教师视野,陶冶教师情操,培养教师

① 廖华.略论影视艺术中的审美欣赏[J].电影文学,2012(15):25.

对美的欣赏，使教师在职业岗位上更注重自身文明礼仪修养，塑造亮丽教师风采。我们组织教师观看视频《大山的火把——赵士术》，鼓励教师以重庆十佳教师，感动中国十大人物赵士术为榜样，为教育事业无私奉献；我们组织教师观看教育经典影片——法国影片《放牛班的春天》，使教师感悟教育是门特殊的艺术，智慧教育才更具实效，职业幸福感需要教师自己去体验、感受和寻找；我们安排教师观看著名导演李安获奥斯卡最佳导演奖影片《少年派的奇幻漂流记》，让教师们体会到人的潜能是无穷的，越是在困境中人的潜力更易爆发，要相信自己的潜能，在教育中也一样……我们还结合电影《热血教师》一个个片段和教师共同探讨如何构建和谐师生关系。通过交流让教师明白，充满智慧的教育者克拉克，他的宽容、爱心、责任感其实都不是他最主要的成功秘诀，他超出其他教师的最关键地方就在于他认真地思考了孩子们到底需要什么，喜欢什么，把学生当作活生生的人，而不是学习的机器来对待，而这样的一种"人本理念"，正是我们所有教育活动最原初的出发点和最终极目的地。

随着现代网络科技的发展和多媒体的普及应用，影视作品有效代替传统的说教形式作为教师学习培训和再教育内容的有益补充，并以有声、有影的可视性为教工提供具有真情实感的语言材料，使得生涩的语言鲜活起来，在引导教师领悟艺术教育魅力过程中起到事半功倍的良好效果。

2. 在舞台艺术中体会现场表演之高雅

艺术欣赏是人们以艺术形象为对象的审美活动，是人类精神生活的重要内容，是实现艺术美育社会功能的必要环节。高雅艺术经历了人类文明发展的积淀，是优秀的、经典的、健康向上的、催人奋进的文化艺术。高雅艺术是人类共同文化财富和精神遗产，亲近高雅艺术，可以引导教工感受深厚的人文底蕴和丰富的艺术内涵，开阔文化视野，形成崇尚真善美的高尚情操，树立正确的人生观、价值观和审美观。[①] 教师是有着一定知识水平和鉴赏能力的群体，对高雅艺术也最具热情，充满向往和需求。因而加强高雅艺术欣赏可以塑造教师良好性格和品质，愉悦教师心情，对全面贯彻党的教育方针、开

---

① 赵杨.浅谈高雅艺术进校园的必要性[J].今日南国旬刊,2010(12).

展素质教育、促进教育艺术性、改善师生关系、创建和谐校园都是十分有利的。

（1）走近京剧

京剧被称为国粹艺术，是因为它涵括了诗词曲赋、说唱滑稽、音乐歌舞、武术杂技、书法绘画等民族文化艺术的精粹，因而被联合国教科文组织列入世界非物质文化遗产代表名录，这是中国人的光荣与骄傲。然而，近些年京剧演出市场萧条，这与京剧艺术教育日益滑坡有着直接关系。[①] 作为艺术特色学校的教师，理应走近国粹，了解国粹，弘扬民族特色文化，亲身体验感受祖国优秀传统文化的魅力。学校组织教师观看京剧，虽然老师们还不能一下子喜欢上它，但京剧舞台的唯美精致，京剧演员的高超演技给老师们留下了深刻印象。

（2）了解话剧

话剧是语言的艺术，作为一种常见的艺术表现形式，拥有自身特点和艺术魅力。由演员现场表演，剧情更多是反映社会生活和思想的艺术载体。它能以正确的人文精神与思想来引导、影响、鼓舞人心，寓教于乐，揭示人间真善美，反映社会生活和矛盾。作为人类精神文化产品，话剧艺术，始终具有无穷艺术魅力和无穷生命力。[②] 学校组织教师观看话剧，领略语言艺术的魅力，感受观看话剧的高雅氛围，教师从不了解到接受喜爱需要一个过程，学校在这方面将不懈努力引领教师走近话剧高雅艺术。

（3）欣赏音乐会

欣赏高雅音乐，能开阔教师视野，陶冶教师情操，培养教师对美的欣赏，使教师在职业岗位上更注重自身文明礼仪修养和教育的艺术性，塑造亮丽教师风采。我们组织教师观看法国"圣马可童声合唱团"演出，欣赏感动世界的天籁之声；我们带领教师参加东方市民音乐会，体会高贵不贵，亲民的文化节氛围……美妙的音乐带给教师美的艺术享受，深受教师欢迎和喜爱……

（三）师生共建校园艺术空间

生态学家巴克在大量实证研究的基础上指出，人总是通过调节

---

① 朱文相.怎样欣赏京剧的意向美[J].艺术教育,2003(Z1).

② 李冬梅.浅谈话剧艺术的魅力与智能[J].消费导刊,2013(11):163.

自己的行为来适应环境，而环境为人的行为方式提供了线索。① 英国前首相丘吉尔曾言："我们先塑造环境，环境再塑造我们。"因此，创设良好环境有利于人的发展，且会给人以积极的影响。② 素质教育的今天，学校不再限于传道授业解惑之地，还成为孕育人才的土壤。校园环境是师生长期生活学习的地方，积极向上的文化艺术氛围，能使学生内心涌起强烈进取的内动力，对学生艺术素质提高有极大影响，能潜移默化对学生产生感染。艺术化的校园环境是艺术素质教育的隐形课程，在环境文化建设中尽量渗透艺术元素，按艺术规律美化校园环境，开发环境课程，能促进育人功能，因此营造校园艺术硬性环境和软性环境，充分发挥氛围育人功能，是校园艺术教育的重要途径之一。

1. 五彩校园，渲染艺术氛围

校园外环境是学生学习和生活的必要条件。学生处于人生塑造的重要阶段，他们凭听觉和视觉接受教育信息，容易受环境感染。因此，集人文性、艺术性、童趣性的多元化的校园环境能给予他们健康的人生引导，挖掘他们成长潜能。校园环境设计与建设能使周围所有的人、事、物、语言都能成为学生的信息源。创建一个赏心悦目、和谐温馨的五彩艺术校园环境，能使学生受到美的熏陶，增强学习动力。

校门展板对外是学校文化名片，体现着学校的办学理念与特色；对内体现师生发展动力，激励全体师生不断努力。一颗俏皮、活泼的艺术豆，常驻董二小学大门围墙上，一手高举着画笔，好似一支指挥棒，身后四个大大的五彩气泡，在五线谱上随之欢乐舞动。展板上学校精良的师资、主题鲜明的德育特色活动、艺术教育的累累硕果、科技体育的各项佳绩都一一展现在人们的眼前。董二学生的校园生活就如"艺术豆"那般快乐而又精彩。

走进校门，循着爬满紫藤的过道，驻足鲜绿色的操场，教学大楼每层走廊墙面一种色彩，嫩黄、淡绿、天蓝、淡紫、粉红五彩走廊让学生感受到艺术的魅力。最惹眼的要数每层楼墙面上的画框。这是一

---

① 　施燕燕.主题背景下的环境创设[J].幼儿教学研究,2008(12):26.
② 　成际梅,周月芬.让好习惯成为孩子成长的基石[J].好家长,2011(8):9.

个实实在在展示学生自己才艺的平台。每一幅画,都是学生参加国际、全国、市区各类儿童画大赛的获奖作品,他们被制作放大成画板,张贴在走廊上,成为学校一道亮丽的风景线。每每看到自己的作品,学生们无不产生自豪感;每每读到熟悉的名字,孩子们会有成功的快乐。学生们在不知不觉中接受着美的教育。

走廊上,每个班级门口都有个性化展板,晨曦、满天星、蓝精灵、海燕、阳光、大拇指、白鸽等中队的个性展板,更是班级集体共同意愿的体现,是团队协作精神的一扇窗口。每块展示板,从中队的名称、目标、辅导员寄语和集体照都凝聚着班集体共识,承载着师生们的共同愿景。每个班级在自主定义过程中,凸显班级精神。整块展板以蓝色的天空为映衬,就如同孩子们的心灵那般透彻。以三(3)班展板为例,白色大字"希望中队"弧形展开,在"希望中队"队名下一双紧握的手高高地擎着一只白色振翅欲飞的纸飞机,飞机一头正欲冲向蔚蓝的天空。那纸飞机上承载着就是希望中队所有队员的梦想。左上方中队目标"承载希望,放飞梦想"恰好诠释这一画面。一张师生野外郊游的合影照呈现在展板的左下角,那张张如花的笑脸绽放在阳光下,在蓝色底板衬托下就像二十二朵鲜花盛开在蓝色天空之下,是那样的充满生机与活力。右上方有中队辅导员深情寄语:愿我们心手相连的十一双手,共同扬起希望的风帆,驶向成功的彼岸。仔细的人看了会问"二十二位学生,为什么是十一双小手呀?"原来这便是三(3)中队创建温馨教室的一大特色:我的左手和你的右手,大家合力形成一双手,让班级变成一个温馨的大家庭。

2. 温馨教室,创建和谐集体

教室是学生学习、生活、交际的主要场所,是老师授业解惑的前沿阵地,是师生情感共鸣的精神家园。整洁、明丽、蕴涵思想,凸显人文追求的教室环境无疑能提升学生的审美品位,激发学生朝气蓬勃的性情,从而达到教育人的目的。

教室环境建设意义不仅因为它是影响学生发展的条件,更因为环境建设过程中,学生积极参与而产生的互动效应。学生是教室的主人,让他们按照自己的意愿和想法设计和创设教室环境更具有教育意义。德育部门提出"让每个角落都成为学生开心的小天地",在引领创设丰富多彩温馨教室环境一角的过程中,学生参与布置,自主性得到最充分体现,面对自己创意设计布置的温馨角落,钟爱和亲切感油然而生。

植物角:"百草园"、"绿天地",给各自植物角取个可爱的名字,将一抹大自然的绿意与生机带进了教室,让人气爽神怡,好心情伴随着学生们。每天,学生细心浇灌、养护,过程中他们试着写观察日记,评论谁养的花草最健康,相互切磋养花种草心得,责任心悄然生发。

环保一角:劳动工具摆放整齐,张贴值日生工作或午间劳动要求,向学生们宣传卫生常识,以便预防各种疾病,使得学生拥有更加持久的健康。期末,同学们自评、互评选出劳动表现最佳的"环保小天使"。

爱心小站:洗手液、公用纸巾、公用文具、一次性水杯、雨具等爱心用品,品种真多,都是学生自告奋勇从家里带来的,但更多的是一群环保小达人,把大家喝完水的塑料水瓶和废旧报纸收集起来,卖到回收站,购买了这些贴心用品。资源再利用与温馨服务意识相得益彰。

微笑墙:发自内心的笑是最美的,孩子们用相机捕捉同学们不经意的笑容,一张张笑容布置在教室里,成了一面"微笑墙"。让学生看到自己甜甜笑容是最开心的。学生把微笑墙当作自己的镜子,时刻提醒自己,只有微笑面对同学,才会获得别人的微笑,从而学到同伴间正常有效的交往方式和技巧,共同营造成长的温馨学习氛围。

书虫之家:学生提供自己最爱的书籍,集中放在玻璃橱里,进行交换阅读。创设舒适的阅读环境,让学生乐于阅读,善于阅读。在书虫之家,学生尝到读书的乐趣,分享读书的快乐。书香一角营造出团结协作、奋发向上的学风氛围。

心语信箱:同学们可以随时把自己的苦恼和问题倾诉出来,利用班会课和午会课时间,大家一起出主意,提出问题的同学在大家讨论中得到了解决问题的方法或者获得感情的宣泄,调节了情绪,促进心理健康发展。

缤纷橱柜:来到一(2)班教室,你会被教室后面的一大排学生橱柜所吸引:美丽的小屋、可爱的小鸟、茂密的大树、黑色的潜水艇、十字形街景、开屏的孔雀、海洋世界、魔幻世界……令人眼花缭乱。更有趣的是,这些小朋友时常还煞有介事地欣赏"杰作",有的还会"评头论足"呢……这源于"小小书橱我作主"的温馨教室创建活动,师生们集思广益,动手装扮,精心美化橱柜,使原本毫无生气的铁皮柜漂亮起来,生动起来,让学生充分感受到教育就是"家"的温馨。大家的书橱,为教室增加了一道亮丽的风景线,也增强了集体凝聚力和集体荣誉感。如何让这些五彩缤纷的个性橱柜发挥更大的教育作用呢?班主任 Y 老师可谓煞费苦心,针对一年级学生的年龄特点和行规培养要求,她组织开展"美化我的小书橱"、"清洁我的小书橱"、"爱护我的小书橱"等活动。让学生们体验到自我与众不同。活动中让孩子学会同学间互帮互助,相互欣赏与认同;学习教室自主自理,并获得了无尽的乐趣。活动过程中更营造出了友好、平等、宽容的生生关系和师生关系。

学校每一个班主任都会潜心研究班级环境布置。因为学生一天最重要的时间都是在教室中度过的。利用教室角角落落注入温馨的元素,创设一个舒适的环境,培育一个快乐集体,让学生感到心情舒畅、精神愉悦,时时感受来自老师的鼓励与呵护,来自同伴的关心与帮助,促进学生以更积极的态度参与学校生活。

3. 特色专用室,营造艺术环境

"书画童缘"创意空间:该空间主题为"墨香飘逸,书画童缘",是基于校本艺术课程《书画童缘》的课程理念,打破常规,让书法的学习与国画相结合,在掌握书法基本知识和技能的基础上,通过书画结合方式提高学习兴趣,在学习过程中感受我国书法艺术的博大精深,领略书法与绘画之间的密切联系,体验"书画同源"。因此,学校书画创意空间的环境设计突出了艺术与童趣。

书画创意空间主要以现代中式风格为主,祥云造型的顶灯、博古架展柜、书法字画的窗帘,既从实用的角度出发又使得整个教室的设计更具艺术感。而室外教学区的设计则在轻松休闲中透着一丝活泼与随性,更符合艺术沙龙等活动的特性,也因地制宜地为学生创作作品设置了展台。尽管呈现的是中式风格,但是考虑到一、二年级学生的年龄特点,我们通过粉黄、粉绿的墙面色调、由大树和小鸟图案组成的背景墙、白色圆洞钢板围栏、米色与粉绿的遮阳伞、木制树形栅栏,营造了轻盈、童话般的世界,避免了传统的中式风格带给学生的一种沉重感觉。让学生在轻盈、自由的氛围中学会正确地欣赏美、发现美、追求美和创造美。

"科学创新"创意空间：该空间主题为"海阔天空　创意无限"。它以散播热爱科学的种子到创新人才的选拔与培育为目标，围绕学校的科技创新教育，着力提升学生的科学素养，科学精神和创新能力，为学生提供必要的创新实验环境，营造科技创新学习氛围。因此，科学创新创意空间凸显科学与艺术的结合。

整个创意空间的吊顶墙面描绘的是宇宙的太阳系，以太阳系八大行星为灯具，既生动地展示了科普知识，为课堂教学提供了服务，又与装饰美化完美融合。郁郁葱葱的绿植区、生机盎然的饲养区，充满自然气息的木纹肌理作品展示区、远望神秘浩瀚的太阳系照明灯具，打造了让学生自由探索、科学畅想的艺术环境，真正发挥环境育人的功效。学生的课桌设计成六边形，以便于小组的团队教学，每张课桌下面有专门放置手提电脑的隔板，桌下还设有地插电源，方便学生使用笔记本电脑上网搜集资料。教室里安装了强大的无线上网路由器，能让学生通过网络走出教室，了解奇妙广阔的科学世界。

"电脑绘画"创新实验室：该空间设计是基于校本艺术课程《电脑绘画》的课程理念，促进信息技术与绘画艺术完美结合。绘画艺术，就"术"字而言，在信息技术突飞猛进发展下得以不断丰富完善，使绘画效果产生意想不到的情趣。电脑绘画体现了手绘之"艺"与电脑之"术"相融，最大优势在于颜色处理真实，修改方便，作画速度快捷，保存耐久，画面效果超乎想象的奇特。这是本校美术组教师近些年来不断探索的课题成果。

创新实验室硬件设施也堪称一流。其中包括教师专用电脑，绘画屏 1 套，教师教学电子白板 1 块，以及 36 套学生专用电脑和绘画屏。每台电脑都安装了 ArtRage3.5 中文版和配套的动画软件。ArtRage3.5 界面更整洁，笔刷工具齐全，更能激发学生创作欲望。学生可以使用其配套的压感笔在液晶屏幕上直接进行写屏输入，包括手写和绘画，书写感觉与在普通纸上感觉一样，如同在纸上作画一般。教学空间中，没有屏幕的遮挡，视线更开阔，学生能清晰的看到教师的示范，教师也能看到每一位学生，便于师生间的互动交流。整体设计风格简洁，集现代与艺术于一体。白色墙面及房顶整片立体灯箱给人整洁清新的感觉,学生在干净明快的氛围中能充分享受艺术创作带来的愉悦感。

（四）教师艺术沙龙体验享受

沙龙是法语 Salon 的译音,原指法国上层人物住宅中的豪华会客厅。在十七世纪,巴黎戏剧家、小说家、诗人、音乐家、画家等名人(多半是名媛贵妇)常把客厅变成著名的社交场所,他们志趣相投,聚会一堂,对共同感兴趣的各种问题抱膝长谈,无拘无束。后来,人们便把这种形式的聚会叫做沙龙,并风靡于欧美各国文化界。文化沙龙是沙龙活动的一种,是指一些志趣相投的人,相聚在一起,针对自己感兴趣的文化、思想等方面的议题,相互探讨交流的一种非正式的聚会活动。教师的精神品格,潜移默化地影响着学生的价值取向。学校通过工会组织书法学苑、文博沙龙、古筝学社、琵琶二人行、拉丁舞社团、摄影 DIY 等艺术沙龙,固定时间让兴趣相投的教工相聚一起开展活动,培养兴趣爱好,陶冶艺术情操,丰富业余生活,提升艺术品位,营造温馨氛围,使学校文化建设焕发出勃勃生机。

1. 拉丁舞锻炼带给教师自信健康

拉丁舞又称拉丁风情舞或自由社交舞,是一种大众民间舞蹈,随意、休闲、放松是它的特点,有较大自由发挥空间,拉丁舞音乐热情洋溢,节奏快捷强烈,因此颇受大众喜爱。[①] 学校成立拉丁舞沙龙旨在引导教师课余强身健体,淡化职业倦怠,提升工作生活幸福感。学校外请拉丁舞专业老师一周一次上门指导,教师参加拉丁舞沙龙后感觉疲劳减轻了,腰酸背痛缓解了,心态也变年轻了……

坚持了几个学期学习,参与锻炼的老师纷纷表示受益匪浅,拉丁舞不仅增强体质,塑造形体,还增强了老师更多自信,使她们以更积极的姿态投身到教育教学工作中。

2. 文博读书提升教师品德品位

文博,顾名思义,知识渊博,满腹经纶之意。学校成立文博读书沙龙,旨在通过组织教师参观艺术博览会,观赏高雅艺术作品,阅读

---

① 张雯.浅谈体育舞蹈拉丁舞教学[J].岁月月刊,2012.

书籍杂志等形式提升教师对艺术的鉴赏力和认同感，最终达到提升教师品德品位之目的。文博读书沙龙组定期开展荐书赏析活动，每学期组织一次外出参观。他们去中华艺术宫观赏毕加索画展，聆听法国奥塞博物馆馆长居伊·科热瓦尔做的《新奥塞：古老藏品换新妆》讲座；他们还参观了19世纪中后期至20世纪早期的八十多件油画精品……参观活动使文博组成员得到美的享受，艺术的享受。对教师而言，活跃了思维，开阔了眼界，增长了知识，并提高了人文艺术修养，教师综合素质全面提升。

3. 绒绣编织利于教师益智养心

绒绣，亦名彩帷绒绣，是指用各种彩色绒线，绣在网眼布上，"以点结集成画面"绣出各种图案的刺绣，是一种手工艺品。它既有西方油画写意逼真的效果，又有东方书画恢弘喻意的神韵，是我国刺绣技术和西洋美术工艺相结合的绣艺，有着中西合璧的和谐风格。① 教师工作需要静心养心，而绒绣可以培养人的细心、耐心和恒心。学校成立绒绣编织沙龙后，参与老师空闲时间经常在一起切磋技艺，互相欣赏作品，丰富了业余生活，同时获得生活幸福感。学校会议室里的骏马图和靠垫套都出自于沙龙组老师的巧手……教师绒绣还吸引孩子兴趣，学生拓展型课程也开设了绒绣课程，由沙龙组老师担任指导，教学相长，其乐融融……

4. 古筝琵琶有助教师民乐体验

民乐是本校艺术特色中的主要传统项目，学生社团专门成立了民乐队。教师队伍成立民乐沙龙后，不少教师报名初学古筝和琵琶，体验演奏民族乐器的乐趣。在外请教师手把手指导下，沙龙组老师利用课余时间苦练指法，她们和初学学生一起比一比，赛一赛，看谁每次上课进步更快。有基础的学生还成为老师的指导，师生共同学习，共同进步……功夫不负有心人，经过不懈的努力，沙龙组教师已经会演奏很多首乐曲。在学习民乐演奏的过程中，老师深刻体会到，学无止境，坚持就会有收获，同时也体验到学习和收获的快乐。

---

① 顾建华，马珑鸣.弘扬民间技艺："上海绒绣"网络课程展示[J].成才与就业，2014(15)：46.

附教师感悟集锦：

教师 M：这学期我参加了拉丁舞沙龙，在学习的过程中，我感受很深，收获多多。拉丁舞音乐热烈洋溢，节奏快捷强烈，动作流畅大方，舞姿动感有力，个性独特新颖，是一种文雅而又全面的体育健身舞蹈。通过活动，人的各块肌肉和各个关节都得到锻炼，它可以增强人的体质，塑造人的形体，保持良好姿态，音乐伴随感觉生活更美好啦！拉丁舞使人心灵得到升华，对人的身心健康十分有益，同时，它还可以增强人的自信，培育人的社交魅力，是一项很好的社交财富。刚开始来学跳拉丁舞的时候，我并不知道它有那么多好处和那么大魅力，只是把它当作一种游戏。体验后，感觉年轻有朝气了，腰酸背痛也缓解了，这才体会到跳拉丁舞的好处。另外在体育教学上也给我不少灵感，动作可以改编与韵律操相结合。学跳拉丁舞，对自己工作和生活都十分有帮助……

教师 N：悠悠古韵的编织艺术走上了时尚与个性的前沿。在轻松愉快的编织中，一件件张扬自我个性的手工作品在自己手中诞生，它们是一件件可以穿在大众身上的工艺品。不仅愉悦了视觉感官，更使自己获得满足和成就感。放飞自己心情，使心灵达到平静如水的境界。淡然处之，你会发现编织是如此美妙和神奇，我们是在编织一个绚丽多彩的美丽世界。

教师 O：这学期我参加了校文博沙龙组，去中华艺术宫欣赏了毕加索画展，聆听了法国奥塞博物馆馆长居伊·科热瓦尔做的《新奥塞：古老藏品换新妆》的讲座。展览汇集了奥赛博物馆珍藏的 19 世纪中后期至 20 世纪早期的 87 件油画精品，以米勒、库尔贝和"法国自然主义"为切入点，集中围绕巴比松画派、自然主义、现实主义和写实主义等艺术流派展开，通过柯罗、米勒、库尔贝、博纳尔、勒帕热、罗尔、雷诺阿、巴比松艺术家群等著名艺术家的经典代表作来展现风起云涌、人文荟萃，充满变革的 19 世纪末 20 世纪初法国绘画艺术。这是一次美的享受，艺术的享受。

教师 P：一直在说教师的职业好，可作为教师的我深感教学、科研压力山大。来自专业发展、家庭等压力经常会削弱职业幸福感，我也需要一个空间、一种途径来释放自己。2010 年我参加了当时学校的第一个沙龙——读书沙龙，和沙龙里志同道合的老师一起选书、读书、品书、外出活动。我感到非常充实，哪怕是学期结束，大家手头工作都很多，但只要是讲到交读书小结，都会一口答应下来。再后来我还因羡慕古筝演奏时娴雅的神态，纯熟的指法参加过古筝沙龙，体验过古筝不同的指法。兴趣所致我还进入摄影沙龙，了解摄影知识，拨弄摄影器材。参加不同的沙龙活动给了我一个放松身心、休闲娱乐的机会，同时也为我提供一个加深同事间了解的平台，在沙龙活动中我感觉到了幸福与满足。

教师 Q：两年前，我参加了学校的瑜伽学习班，瑜伽这项目，虽然看起来很平静，运动量看起来好像没有那么大，但是在老师教导下，尝试一下之后，才发现瑜伽其实挺累人的。做完之后，身子忽地就热起来了，汗也冒出来。看来，瑜伽的确能够达到训练的效果。在学习过程中，我最享受的是上课时平躺练习腹式呼吸的时间，这段时间，我除了尽量用腹式呼吸法，还在这个过程中平静自我身心，放松自己，缓解压力。在轻音乐奏响的练习室里，没有任何声音，我感觉到的是身边空气的流动，或者窗外明媚的阳光，或者淅沥的小雨。感觉自己已经抛开了所有的杂念，只是专心于享受此时此刻心灵的放松。通过每次的平躺练习，我的精神得到了很大的安抚和平静，这让我更感受到瑜伽的魅力所在。瑜伽，就是这样，传递给我们健康、力量和舒爽。

教师 R："倒墨，铺纸，握笔，中锋、侧锋，横竖撇捺……"本学期，我参加了书法沙龙，修身养性，学习书法。书法就是一门艺术，只要你去探索，就会体会到它的乐趣。有时，一天课上好，心态难免浮躁，可不知为什么，只要拿起毛笔，在宣纸上写字，我就能让自己彻底安静下来，心情和思想都融入文字的意境当中，达到忘我境界。书法教会了我静心，让我在细细品味艺术魅力的同时，也让精神得到彻底放松。作为一名语文教师，书法的练习尤为重要，自己字练好了，才能教学生写好字。自己心静了，才能培养学生静心学习。练字时，书法老师经常会提醒我们要注意细心观察。只有观察到那些细微的地方才能把字写好。其实生活亦是如此，只有用心去观察，去发现，去体会，才能够领略到其中的奥妙。

教师 S：学校三年来开展了多种的沙龙活动，我也参加了其中的书法、摄影沙龙活动，通过老师的指点，受益匪浅。特别是摄影沙龙，说实话对于拍摄照片我是兴趣浓厚,但是摄影基础为零。通过听外请老师讲座,我知道了摄影还有许多讲究,哪怕是最普通的机器,要想拍摄一幅好的照片,平时都要做个有心人,取景的方式也能决定照片好坏。另外动静、虚实的合理运用也很关键。值得一提的是,参加区学生现场摄影比赛,我校是第一次组织学生参加,使用的也全是最简单的"傻瓜"机,我用学会的一些专业知识教孩子们如何在这些照片拍摄中突出主题,主次明显,人物表情自然,结果指导学生摄影作品《各就各位》还获得二等奖的好成绩。让我很有成就感。

（陈　培）

第三章 艺术·梦想的放飞

第一节 我们的世界真精彩

　　每年,都有一群来自祖国各地的孩子走进董二小的校园,从此他们彼此相识、牵手,成为成长的伙伴,快乐地生活;从此他们也与艺术相遇、同行,成为童年的经历,幸福地长大。

　　董二小学的学生是幸运的,五年的校园生活始终有一颗俏皮可爱又能干的艺术豆陪伴着他们:踏进学校的第一年孩子们就可以接触到各式的民族器乐;快乐活动日中孩子们可以尽情地走进钟爱的艺术拓展课堂;每年的艺术节是孩子们大显身手的好时机;城市学校少年宫活动让学生们双休日也能与艺术亲密接触。每月一次的"七彩小舞台"更是董二孩子的最爱,因为可以登上舞台展示才艺,因为表演出色会有粉丝们投票获得优秀节目,因为获奖节目更有机会在热闹非凡的校园艺术节中献演……还因为走上舞台的艺术豆们有了更多的自信。孩子们的艺术求知欲充满着课堂,溢出了校园。走出去,跨越围墙,去感受场馆的艺术盛宴。于是,上海美术馆、上海博物馆、中华艺术宫、当代艺术馆、东方乐器博物馆都成了董二艺术豆们的又一个课堂,他们徜徉其中,乐在其中……

学生心声集锦一　我成长,我快乐

我演大灰狼

郭佳敏

　　二年级时,我参加了课本剧课程班,对艺术一窍不通的我觉得很新奇，也感到忐忑不安！我能行吗？

　　第一次上课老师把剧本发给我们，我仔细地看着剧本内容，噢！这不是由我们学过课文《狐假虎威》改编的吗？原来课本剧是这么一回事。

　　排练开始了，老师要求我们演什么要像什么。刚排练的时候，我感觉很紧张，可老师偏偏让我演最讨厌的大灰狼。我本来就性格温和，说话也轻声细气的，现在要演出灰太狼凶恶的神态，说话的语气，我感到有些困难了。这时，老师帮助了我仔细分析，手把手教我，我弯下腰学狼怎么爬、跳、抓。排练结束腰膝酸软，嗓子冒烟，十分辛苦。

　　渐渐地，我演得像样了，大家都说郭佳铭越来越像一只凶恶的大灰狼了，听到大家的赞扬我心里乐开了花，心想我的辛苦没有白费！我离成功又近了一步。

　　就这样我和伙伴一起努力着，那天，我们的课本剧代表学校到区里汇报演出得了大奖，那时我心里真有说不出的喜悦。

　　我在艺术中成长，不断地展翅高飞。

绘出烂漫的童心世界
连心怡

　　我喜欢绘画，它一直伴随着我成长，给我带来无穷的快乐。上小学了，我成了一年级的小学生，我遇到了美术季老师，她可是我最喜欢的老师。她教我们用彩色的蜡笔画出火红火红的太阳、碧蓝碧蓝的天空，黄灿灿的油菜花……

　　我渐渐长大了，季老师又把我带入一片新的天地。她教我用一支铅笔去描绘世界，虽然只是黑白素描，但一样可以画出可爱的小灰灰、五彩缤纷的花朵……每当我完成一张画作时，总会拿着欣赏一番，心里美滋滋的。虽然，只有黑白灰三种颜色，但是却能把画作的意境描绘得淋漓尽致，格外生动。

　　前两天，老师选了我的画，展示在教室的学习角里。每当我看到墙上霸气十足的斗牛、活泼可爱的小灰灰；看到同学们围着一起欣赏，一起赞叹，我心里别提有多高兴了！这是我努力付出的成果。

　　美术让我用画笔描绘出天真烂漫的童心世界。我要继续努力成为一位画家,画出祖国的大好河山。

在美术课上"长精神"
倪智灵

周五下午,我终于盼来了我喜欢的美术拓展课《五彩创意》。课上,老师先给我们看一段纪录片——一片黄土地,一个西北乡村,一间屋前,晒着许多玉米棒。一位满脸皱纹的老奶奶,坐在小院里,神情专注地握着一把剪刀,用手中的纸剪出了"花团锦簇"的图案。接着,她又拿起一张纸,一眨眼功夫,那纸又成了盛开的花朵……她手中的纸就像万花筒一样,一会儿变一个花样。

一个画外音问老奶奶:"大娘,您剪这么多窗花干啥呀?"老奶奶头也不抬地说道:"长精神呗!"

灯光亮起,老师说道:"同学们,在我国西北农村,有许多这样的老奶奶。她们从小就一边和伙伴说笑,一边剪着窗花。几十年下来,她们的手艺愈来愈精湛。一些美术学校的老师和学生都去向她们学习呢!今天,我们也来学剪纸。"说完,给我们每人发了张红纸。

老师先进行示范,然后让我们也跟着她做。很快,我的第一幅作品就完成了。虽然图案看着挺简单的,但这毕竟是我的第一幅剪纸作品,我心里甜滋滋的。

老师说:"还想剪的同学可再领一张纸。"我立刻又去领了一张粉红色的纸。这次,我随心所欲地剪着,直到无处可剪,才打开纸,欣赏我的第二幅剪纸作品——哇,这是粉红色的银河系!我看着自己的原创作品,咧开嘴笑了。

我喜欢上美术拓展课,因为我觉得在课上,我能无忧无虑地玩画笔、玩彩泥、玩纸、玩剪刀……就像纪录片里的那位老奶奶说的——我在美术课上"长精神"呢!

在艺术中成长
生越帆

我曾看过一个电视节目,是介绍书法的系列作品。柳公权工整、大气的楷书，深深地吸引了我。于是我主动向老师提出去书法班学习。

第一次上课，我既紧张又激动，这里的人可真多，我胆怯地坐在了最后一排，小心翼翼地把书写工具拿出来。老师先教我们如何摆放工具，再教我们怎么握笔。要写基本笔画了，我的眼睛一动不动地盯着老师的一举一动，听得非常认真仔细。终于轮到我们自己写了，我拿起笔，颤抖地写了一画，这一横歪歪扭扭的，有点像蚯蚓滚沙。我不禁愣住了，心想：连一横都写不好，这可怎么办？这时，我想起老师常说的一句话："不要慌，镇静！不轻言放弃！"于是我先让自己保持冷静，再深吸了一口气，接着脑海里不断地回忆老师刚才的手法和语重心长的告诫，然后才小心翼翼地下笔，这一笔下去，果然比刚才进步多了。原来学书法不能急于求成。

我牢牢地记住了老师的话，接下来就学得非常顺利，一节课下来，老师感到非常惊讶："写得不错，掌握了要领。"听了老师鼓励的话语，我心里比吃了蜜还甜，决定要好好练习。我每天一回到家，就静下心来练书法。渐渐地，我爱上了书法。有一次，老师推荐我参加黄浦区艺术节的书法比赛，得了三等奖。

书法艺术是国人的骄傲，我要一直骄傲下去！"梅花香自苦寒来。"我相信只要我付出了努力，就一定能够学好书法。

我为自己骄傲

毛　威

小时候，我去公园玩。突然被一阵阵悠扬的乐声吸引住了，循然而去，我发现一位老伯伯正在吹奏像葫芦一样的东西。我的脚像是被钉住了一样，再也挪不开步伐。从那天起，我就拜那位老伯伯为师傅，开始学吹葫芦丝。

经过四年的刻苦练习，终于到了考验我的时候了，老师为我报上了上海音乐厅的演出比赛。我竟然不相信自己的耳朵："什么，我竟然在上海音乐厅演出，那儿可是高档演出场所，我能行吗？"我既兴奋又紧张。

终于到了比赛那天。我换上了一套少数民族的服装，大红色的上衣,天蓝色的长裤,这样的搭配简直天衣无缝。我今天演奏的曲目《篝火狂欢夜》排在第18号。当我要上台时,心情格外的紧张,害怕今天会出什么差错,看着台下黑压压的观众,我的心更是"怦!怦!"直跳。我怀着忐忑不安的心情走上了舞台,当舞台上的光聚集到我身上时,我的脑子一片空白,我告诉自己:养兵千日,用兵一时,往日的练习,一朝的展示,千万要镇定,我一定行的!音乐响起了,我的乐声也随着响起,悠扬的乐声回荡在音乐厅的上空,观众不禁闭起了眼睛,享受起我的乐声来。演出结束了,台下响起了雷鸣般的掌声。此时,我有一种预感:我一定能取得一个好成绩。经过漫长的等待,比赛终于结束了,当主持人在宣布比赛名次时,我的心像是被揪起来一样,非常紧张,今天的一等奖得主是:18号。我竟然得了一等奖。

我为自己骄傲。

美好的回忆
黄 蕊

有些日子,天空会特别蓝,太阳会特别灿烂,那是因为我们的心里特别高兴。而我,最开心的时候便是在参加黄浦区学生艺术节诗歌朗诵获奖的时候。

"春姑娘来了……"这琅琅的读书声是从哪传来的?原来是从四(1)班教室里传来的。有一群小孩在用情地朗诵,旁边站着一位教师正在激情地指导着。这到底是怎么回事呢?原来是四(1)班的班主任从班中挑选出的十六位"精英",正在排练准备参加黄浦区学生艺术节朗诵的篇目呢!当然,我也是其中之一。

终于到了比赛当天,我穿上白衬衫、俏皮的短裙,扎上可爱的蝴蝶结之后,便开始了最后的排练。不知为何,我的喉咙仿佛被卡住了,怎么也发不出声来,我的心不禁"怦怦"直跳。正在这时,邱老师和蔼地说:"比赛结果不是第一,重在参与嘛!"听了这话,我松了口气,暗暗地对自己说:"黄蕊,加油啊,之前的努力不要白费了啊!"怀着这样的心情,我们到达了目的地。看着一个个学校精彩的表演,我的心又提到嗓子眼。终于到我们演出了,当灯光全都聚集在我们身上时，我越来越紧张。当逗逗清脆的报幕回响在耳旁；当悠扬的乐声在耳旁回响，我们便生动地开始朗诵……表演结束了，我的心也平静下来。不久，当得知我们得了"一等奖"时，全班都轰动起来……

这段记忆在我的脑海中挥之不去！

多彩的校园生活
郑　璨

校园生活是快乐的，是多彩的，我参加过许多有趣的活动，如：算24点，做灯笼等。其中令我最难忘的是参加学校烘焙小组的活动。

"叮铃铃……"一阵清脆的铃声响起，这节是烘焙课，它可是我最喜欢的课了。于是，我怀着兴奋的心情直奔食堂。老师很早就把材料准备好了，有面粉、可可粉、黄油等。我们赶紧把手洗干净，准备开始做饼干。我们先在面粉里加入适量的水，揉捏成面团。接着老师让我们发挥想象做出各种富有创意的"造型饼干"。我暗自思考着：上次我做过猫爪汤圆，这次我就做猫爪饼干吧！一定很有趣。说干就干，我先取一点黄色面团和棕色面团，将它们搓成圆，再将棕色面团压在黄色面团上，就这样做了五个，最后将它们粘合在一起，我的猫爪饼干诞生了。我的创意受到了同学们的夸奖，看着自己的杰作，顿时我心花怒放，我又做了好几个猫爪饼干。时间一分一秒地流逝了，我们做了许多造型奇特的饼干，大家互相评头论足，分享着彼此的劳动成果，都被逗得哈哈大笑。老师把饼干放进烤箱烘烤，不一会儿，一股奶油香味扑鼻而来，老师把饼干拿出分给大家。我们禁不住诱惑，都大口吃起来，吃着自己亲手做的饼干，我心里甜滋滋的。

校园生活是丰富多彩的，这次的烘焙课我学会了做饼干，它丰富了我的想象力和创造力，给我带来了快乐，我真期待下次的烘焙课能快点到来。

我爱二胡
生超凡

我是一名小学三年级的学生，在成长过程中，我学会了做许多事情，最令我自豪的是——我学会了拉二胡。

一年级，我就开始学拉二胡了。期间经历了从好奇到应付再到喜爱的曲折过程。刚开始时我很好奇，一个简单的琴筒，二根细细的琴弦，在马尾的拉动下竟能发出很好听的音符。于是，我便从"哆、唻、咪……"开始了我学拉二胡的征程，也许我有一点音乐天赋，没几天，我便能把七个音符拉到位，而且还学会了拉《上学歌》《洗手绢》等几首我很喜爱的曲子，于是每天学习和玩耍之后，我还能记得要把二胡拉一拉。

可是半年后，随着把位的下移，音准越来越难把握，难怪民间有"百日笛子千日箫，小小胡琴拉断腰"一说呢！加上老师的要求越来越高，我渐渐地对拉二胡失去了兴趣，觉得拉二胡是一种负担，每次的练习都是在爸爸、妈妈的催促下应付了事。那时，一拿起二胡，我就希望时间过得快些，免得受煎熬，我真的想放弃拉二胡！

这时，老师和家长看出了我的心思，老师鼓励我要不怕困难，坚持就是胜利。家长呢购买了一些二胡大师演奏光盘反复给我看，还专程带我看了中央音乐学院赵寒阳教授的二胡教学和演奏会，当时我真的被赵老师那悠扬的乐曲声和谆谆教诲所感染了。渐渐地，我能经常主动地拿起我那把心爱的二胡了……

功夫不负有心人，随着时光流逝，经过几年的勤学苦练，我的二胡水平有了很大的提高。现在无论是学校还是班级搞文艺活动，我的二胡演奏都深受老师和同学们的喜爱，成了必不可少的一个节目。二胡已成为我生活中不可或缺的一部分，在紧张的学习之余，我经常拿起二胡，因为从中能领略到，《良宵》的抒情，《赛马》的奔放，《拉骆驼》的粗犷，《月夜》的柔美……

我的艺术体验

陈宗凤

校园生活丰富多彩，艺术学习让我成长，经过三年的校园生活，我从什么都不懂的儿童，成长为三年级的小学生，校园不仅让我学到了许多知识，还让我受到了艺术的熏陶。

记得刚入学的时候，老师让我去参加琵琶学习，我还是第一次看见琵琶，非常好奇！它弹起来是怎么样的，等老师给我们讲解完弹奏方法后，我跃跃欲试。可谁知道弹起来手感有些生疏。老师很耐心地指导我们，可是，我没有这个天赋，最终放弃了弹琵琶。

过了一段时间，老师对我说："学校又开设了扬琴课。"我便又去学习扬琴，等老师讲解完了之后，就开始弹了起来，刚开始学得时候，曲子很容易，我也很感兴趣，所以弹得比较好，学到后面，曲子长了，而且还要一早到学校来训练，我便开始要"大小姐"脾气了。妈妈在旁边也急了，便跟我说："你们学校张老师，那么认真教你弹琴，你可得努力，不要让老师失望。"听妈妈这么说，我也内疚了，开始认认真真地练了起来。

虽然很认真，但是爸爸却会时不时地批评我："宗凤啊！学琴就是要把全身心思融入到音乐里去，让人听着是一种享受。"是的，爸爸说的有道理，就算曲子没有弹错，可是没有感情，干巴巴的，谁会去听？说到这些，我开始弹奏，哇！爸爸妈妈爷爷奶奶都入神地听着。

我一定要认真练习，学好扬琴，说不定将来能成为大音乐家！

艺术剪纸
王明瑄

童年生活，多姿多彩，经过三年的学习，我已经从一个什么都不懂的幼儿，长成了一名三年级的学生了，学会了许多知识，受到了艺术的熏陶。

我参加了艺术剪纸的课程学习。我以前以为纸只能画画，参加了这个课程后，我明白了，纸也能变得那么漂亮。我渐渐地爱上了艺术剪纸，我每次完成的作业也越来越好了，老师看到了我的作业也很满意。悄悄地对我说："你想去参加比赛吗？"我兴奋地点点头。比赛那天，我早早地来到学校，老师把两个大姐姐分到我一组，让我们合作完成一个作业，我迫不及待地跃跃欲试。比赛开始了，我们各自动起手来。我选了一张黄色的纸，折出一只七星瓢虫来，又用红色的纸剪成小圆片贴在瓢虫背上，这样一只栩栩如生的七星瓢虫出现在我眼前。随后，我又折了几朵花儿，它们是那样娇艳美丽。

姐姐们用带来的工具做了一幢大楼,楼下有小路,小路旁是用绿纸剪出的草地,路边一盏街灯,她们把我的七星瓢虫和花儿放在了草地上,姐姐们又折了蝴蝶,我也学着折了一只放在了草地上,这下更美了,一个作品就这样完成了。只剩下标题了,我提议"美丽大自然?"大家同意了,结果我们的作品得了三等奖,虽然没有得到一等奖,但是我们很开心。

艺术剪纸丰富了我的课余生活。

我的必修课

许皓东

第一次拿起笛子是在一年级的民乐课上。当我听到笛子发出悦耳动听的声音,我就很好奇,一根竹子做的东西怎么能发出那么好听的声音呢?于是,我期盼着每周一次的民乐课,还让爸爸给我报了个笛子培训班。

然而,第一次上课的时候,笛子可不听使唤了,随便我怎么吹都发不出声音来,我急得满头大汗,老师笑眯眯地看着我,一边示范一边说:"要把嘴巴变成微笑的样子,然后对着吹气,轻轻地吹,这样才能吹出声音来。"于是我按照老师说的方法重新练了起来,吹了几遍,果然吹出声音来了。虽然声音有点怪怪的,可却是我第一次吹声音出来,那种快乐的心情真是令人难以忘怀。

自从学吹笛子以后,我每天坚持练习半个小时,玩的时间少了很多,一首曲子练习了一遍又一遍,有时候吹得我口干舌燥的,特别是窗外传来小朋友玩耍的声音,我就没心思吹了,这时候妈妈就会严厉地督促我。

学笛子也快三年了,三年里,我每天半个小时的练习,洒下了辛勤的汗水,功夫不负有心人,现在我学会了不少曲子,有《金蛇狂舞》、《欢乐颂》等。今年奶奶过生日的时候,我还吹了一首《生日歌》,长辈们都夸奖我,奶奶更是笑得合不拢嘴,看着大家幸福的笑脸,我心里像灌了蜜一样甜滋滋的。

我喜欢吹笛子,它成为我每天的必修课,它让我感受到不少乐趣,也让我知道做任何事情都要坚持不懈。

我爱古筝
林欣桐

我喜欢古筝，记得一年级上民乐课的时候，听到老师用它弹奏出美妙的旋律，看到老师的两只手像鸟儿在琴上舞动着。我就觉得弹古筝很美，我要学会它。

第二次走近古筝，第一次弹奏的情形我还记忆犹新。那天，我兴致勃勃戴上假指甲抬手轻轻一拨，咦，怎么回事？根本没声儿！怪了！老师这样轻轻一拨，就发出美妙的声音，可是，我怎么就不行呢？我试了几下，还是一样！我这下犯愁了，连忙举手。老师走到我面前，一边给我示范一边对我说："孩子，你力气太小了！手指要用力！"我按照老师说的，手指用力去拨琴弦。"啊！好痛！"细细的琴弦勒到手指上可真痛！我连忙缩回手，看看手指，有点发红！哎，没想到弹琴还要吃苦头！老师似乎看出了我的心思，又一次来到我身边，语重心长地说："不经过反复练习，不下一番苦功哪里能弹出美妙的音符呢？"我看着老师似乎明白了什么，又低头苦练起来！

现在我已经三年级了，在学古筝的三年里，我每天坚持练习，周六还要一大早出门上古筝课。每当我想要放弃，老师的话就会在耳边响起，让我又有了信心！现在我已经会弹许多曲子了，比如《小饼干之舞》、《小猫钓鱼》……上学期我们年级"七彩小舞台"，我还上台表演，获得大家的好评。

我喜欢弹古筝，因为它不但让我享受音乐的美妙，还让我知道了做事要下苦功，坚持努力！

书法让汉字更有趣
熊婉婷

在一个星期中我最期盼的就是星期五下午的"快乐半日活动"。你们知道这是为什么吗？那就让我来告诉你们吧，因为在那天我可以参加自己喜欢的拓展课—书法课。

记得第一次来到书法室，一股浓浓的墨香味直钻我的鼻孔，一张张课桌上摆放着整齐地笔砚和宣纸，书法沈老师让我和五（1）班的刘娟临摹"浩然正气"四个字，老师先发给我们两份字帖，我正纳闷着：这是什么字呀？就去问刘娟，她告诉我这是"气"的繁体字。我恍然大悟，便动手练起来了。

我照着字帖一笔一画地在宣纸上写着。沈老师走过来，边看边说："熊婉婷，你写的'浩'字有点小问题。"我疑惑不解，忙问："老师，我哪里写得不对？"老师笑了笑，耐心地跟我讲解着："你主要的问题就出在三点水上面，这三点不能挤在一起，而且要有轻有重。"老师说着，拿起笔给我做示范，我立刻明白了老师的意思。于是，集中注意力，认真地练了起来。我写了一个又一个"浩"字，由于掌握了技巧，我写的字越来越漂亮。老师见了连声赞叹，夸我是一个聪明的孩子，一点就通。得到了老师的表扬，我心里甜滋滋的。从那时起，我不但开始喜欢这些有趣的汉字，而且爱上了书法课。

"快乐半日活动"使我的校园生活变得丰富多彩，我爱书法课，它让我领悟到祖国文化传统的博大精深，更练就了我的毅力和耐性。

学生心声集锦二　小小舞台改变了我

我是小小主持人

徐婉容

每个学期，我校都要举办"七彩小舞台"活动。同学们可以在舞台上面展示自己的才艺，发挥自己的特长。同学们有的唱歌，有的跳舞，有的朗诵，还有的演奏乐器……而我荣幸地当上了小主持人。主持人，在我心目中是神圣的，一场演出的好坏，在于主持人的开场白有没有吸引力，串联词够不够精彩。从小，我就羡慕那些电视上光鲜亮丽的节目主持人。今天，老师给了我这个机会，我是既兴奋又害怕，因为我毕竟是第一次当主持人。

到了七彩小舞台演出当天，我化好妆，穿上漂亮的衣服，笑盈盈地走上舞台，看到台下几十双眼睛注视着我，我的心怦怦直跳，十分紧张，可当我看到老师那鼓励的目光，仿佛在对我说："相信自己，你能行。"顿时，我充满了信心，充满激情地说："敬爱的老师们，亲爱的同学们，大家下午好，四年级七彩小舞台现在正式开始。首先，让我们以热烈的掌声欢迎小小古筝家张逗逗为我们带来的《浏阳河》。"张逗逗自信地走上了舞台，行了个队礼，坐在古筝前，她的手指在琴弦上滑动，曲调如行云流水般。演奏结束了，可我还沉浸在乐曲中，老师拍了我一下，我才缓过神来。急匆匆地来到话筒前："接着，让我们再来欣赏一支乐曲《清清玉湖水》。"我用清亮的嗓音报出了下一个节目。"小演奏家"毛威带着他的乐器—葫芦丝上场了。优美的乐声吸引着我，我仿佛看见了清澈的湖水，听到了潺潺的流水声⋯⋯

七彩小舞台在欢声笑语中结束了，由于我的精彩串联，我们圆满地完成了演出任务。我更高兴的是，我成功地当了回小主持人。

我是金话筒
游正轩

我们的校园生活丰富多彩，健康快乐。校园是我们的乐园，是充分展示我们才艺的舞台。

记得四年级时，老师交给我一项特别的任务：用上海话主持七彩小舞台。虽然我是土生土长的上海人，可我平时无论校内校外，都习惯说普通话，爸爸总说我是"洋径浜上海闲话"。叫我上台，这不是让我出洋相吗？我赶忙连连摆手，可老师坚决不肯让我推辞，把这一艰巨的任务交给了我。

回到家，我愁眉苦脸地向爸爸求教。爸爸笑着说："孩子，别灰心，上海话，我可以教你呀！"

"真的吗？"我欣喜若狂地问。"真的，来，这个你们好。"上海话叫'拿号'⋯⋯爸爸耐心地教我，我也仔细地听着，认真地学着，刚开始总觉得舌头像是打了结，捋不顺。总能把爸爸妈妈逗得乐上大半天，可经过爸爸一字一句地指导，我觉得自己也能把上海话说得像模像样的了。

终于到了"七彩小舞台"表演的那天，我走上绚丽的舞台，自信地背着主持词："大嘎好，今朝⋯⋯"突然，台下响起了同学们善意的笑声，我不禁停了下来。这时，我发现老师们都向我投来了鼓励的目光，使我又充满了信心，继续说下去。短短地四十分钟过去了，我长长地吁了一口气。

这是我第一次在全校师生前主持节目,而且用得还是我们的家乡话,我觉得特别的自豪。为此,我还获得了"金话筒章"呢!

多彩的校园生活
高　雄

五年的校园生活丰富多彩,有庄重严肃的入队仪式,有充满爱心的捐款活动,有热闹非凡的集体活动,其中最令我难忘的是我们年级组举行的"七彩小舞台"展演活动。

一天早晨,班主任徐老师把一份主持稿交到我的手里,对我说:"高雄,同学们推选你和李传秀担任这次七彩小舞台的主持人,你要好好准备,不能辜负大家对你的期望。"我想:同学们选择了我,证明他们信任我,我一定要把主持稿读熟,为这次七彩小舞台做好充分的准备。

星期五中午,我们兴冲冲地来到会议室,只见屏幕上写着"爱驻校园,幸福成长"这八个大字,同学们有的把椅子往后拉,有的把讲台推到一边,还有的用金灿灿的彩带把会议室布置得漂漂亮亮。

候场时,我十分紧张,心里像揣着一只小兔子似的怦怦直跳。几分钟后,我和李传秀走上舞台,宣布活动正式开始。第一个节目是我们五(2)中队表演的童声合唱《我们多么幸福》。随着音乐响起,我们深情地唱了起来:"我们的生活多么幸福,我们的学习多么快乐……"优美的歌声使同学们沉浸在对美好校园生活的回忆之中……紧接着,其他班级的同学也纷纷上场表演节目,有诗朗诵,童声合唱,民乐演奏……

时间过得真快,轮到我们的压轴节目—舞蹈《小鸡小鸡》了。我和几位同学排成了三角形的队形,双手叉腰,小屁股微微翘起,像一只只可爱的黄色小鸡。动感十足的音乐响起,我们随着节拍跳起了劲舞。一开始,动作都挺简单的,我跳得轻松自如,可后来动作越来越多,我有点跟不上,心里一阵慌乱,要知道我可是领舞,要是跳错了,会影响到其他同学的。就在这时,我想起了今天早上妈妈临出门前对我的叮咛:"儿子,今天你要表演节目,上场时别慌,忘记台下的观众,只要努力,你一定能行!"我深深地吸了一口气,定了定神,早已练得滚瓜烂熟的动作又重新浮现，我又欢快地跳了起来，仿佛自己是一只可爱的小鸡。音乐结束了，台下响起了热烈的掌声，七彩小舞台节目也在同学们的欢声笑语中拉下了帷幕。

多彩的校园舞台为我们创造了展示自己才艺的机会，让我收获了自信，享受了成功的快乐、喜悦，使我难忘。我要把它珍藏在童年的五彩册中。

古　筝

张逗逗

每个学期，学校要举办"七彩小舞台"，为每一个学生搭建展示自己才艺的舞台，让我们尽显自己的才能。进入董二小后，我就随班学习弹古筝，经过三年多的努力，我已经能熟练地弹奏乐曲了，这次的"七彩小舞台"是我大显身手的时候，我踊跃报名，积极参加这次的演出。

演出那天终于到了。精心打扮的我早早做好了准备，但看到那台摄影机，想到全校师生都会在电视机前看我演出，心里不免有些紧张，像有一头小鹿在怦怦乱撞。只听主持人在话筒前报幕："下一个节目由四(1)中队的张逗逗为大家弹奏《渔舟唱晚》，大家热烈欢迎。"我来不及多想，匆匆走上台，向大家行了礼。安静地坐在琴凳上，可心里像大海的波浪一样，汹涌澎湃，但一想到同学们期待的目光，我深深吸了口气，告诉自己：你练了那么久，千万不能紧张，要好好表现哦！我慢慢伸出那纤细的手放在琴上，拨动了第一根琴弦，伴着熟悉的乐曲，我眼前仿佛展现了一幅夕阳西下，水波荡漾湖光山色，风景如画的场景。一位渔翁划着鱼虾满仓的小舟向等待他的亲人驶去。我演奏完之后，向大家行个礼，这时，我仿佛听到雷鸣般的掌声，我知道我的演出成功了。

经过全校师生的评比，成绩出来了，我的《渔舟唱晚》获得了优秀节目奖。从这以后，我懂得了"台上一分钟，台下十年功，一分耕耘，一分收获。"我们要更加刻苦练习，这样才会取得更大的进步，更大的成就。还要感谢培养我艺术才能的学校，让我们从小就受到艺术的熏陶。

我的艺术天地
郭曼琳

　　学校的生活是丰富多彩的，其中七彩小舞台给予我很多的快乐和自信。

　　那是一次偶然的机会，我很荣幸地被老师选中，去参加"七彩小舞台"的表演。我非常高兴，心想：终于可以让我大显身手了！但我又非常紧张，万一表演时出了什么差错，怎么办？这可是我第一次登台呀。老师看出了我的心思，亲切地对我说："不要紧张，要相信自己，多练习练习，就能成功。"老师的话让我充满了信心，于是，我每天放学回家一做完作业，就开始练琴，一遍，二遍……直到弹奏得熟练为止。

　　终于到了表演那天，我信心满满地走上舞台。向大家鞠了一躬，便开始了我的表演。起先，我的心怦怦直跳，手放在琴弦上微微颤抖。弹着弹着，心情放松了许多，不那么紧张了。我把全部的思想都集中在曲子上，当我弹奏那首《喜洋洋》时，完全投入到乐曲当中了，仿佛置身于节目的快乐气氛中。大家热烈地鼓起掌来，完美地结束了我的表演，我向大家深深地鞠了一躬，高兴地走下舞台。

　　七彩小舞台，我们的艺术天地，我愿意学习更多的才艺，展示在这一方小舞台上。

学生心声集锦三　　小眼睛看大课堂

有趣的艺术创作
沈漫茹

　　艺术创作是我们七彩花画社的主题活动，里面的活动可谓多姿多彩。除了要参加美术比赛之外，还有许多有趣的活动呢！比如：学刻古埃及文字；在元宵节之前，做一张贺卡送给老师；用彩泥做艺术品，这些都是我最喜欢的活动。其中让我最难忘的就是在四年级时学刻古埃及文字了。

　　记得在星期五下午，我来到一楼创意室。打开门，看见季老师在桌子上摆满了各种各样的古埃及文字。正当同学们好奇地东张西望时，季老师告诉我们："今天我们要学习刻古埃及文字，传说……"老师的讲解把我带到了遥远的古埃及，我的脑海中浮现出一座座金字塔，一个个埃及法老……好神秘的国度呀！"咳……咳……"老师的咳嗽声把我的思绪拉了回来，哦！原来是老师在提醒我呢！我连忙坐正，听老师讲解要求。老师一讲解完，同学们立刻埋头画了起来。过了七、八分钟，一个个精美的图案已跃然纸上。接下去，季老师拿出一块白色石膏，让我们自己想办法把卡纸上的图案映在纸上，这下可难倒同学们了。同学们的答案都被老师一一否定。这时我灵光一闪，大声说："只要把有图案的那一面贴在石膏上，用铅笔把另一面涂满就行了。""沈漫茹，真会动脑筋！"老师称赞地对我说。最后，我拿起小刀沿着线仔细地雕刻起来，下课了，老师把一个个作品放在柜台中展示。每当我看到自己的作品后，都开心极了！艺术创作让我了解了世界各地的文化；艺术创作让我领悟了艺术的魅力，我喜欢"漫步艺宫"。

难忘的艺宫之旅
陈嘉桢

多彩的校园生活是由快乐和幸福组成的美丽株连，在这串株连中，一件事我至今难忘，那就是参观中华艺术宫。

一天下午，阳光明媚，我们拓展小组的同学在几位老师的带领下前往中华艺术宫，也就是世博会的中国馆进行参观。

刚下车，我就看见了雄伟的中华艺术宫，这座似"东方之冠"为建筑主旨的宫殿，看上去像一个火红的巨鼎，让人肃然起敬。

一进中华艺术宫，我们先来到一楼，看到了《海上升明月》、《上海与巴黎之间》、《书写时代》等每幅来自海外的书画作品，仿佛在向我述说着中华艺术的前世今生，令我流连忘返。

之后，我们跟随老师一起来到最高层，这里有闻名中外的一项奇迹——巨型动态版的《清明上河图》，它长逾百米，高六米，画面宏大，有的人在街头卖艺，有的人在驾驶小船，有的人在街头漫步，真是好不热闹！这不仅让我们感受到画家的功力，还让我们感受到当年京城繁华的景象。

美术季老师见时间还早，就给我们讲述了中华艺术宫的历史，从中我了解到中华艺术宫由 2010 年上海世博会中国馆改建而成，总面积达 1668 万平方米，拥有 35 个展厅，公共教育面积达 3 万平方米……

精彩的艺术之旅结束了，可我还意犹未尽。感谢学校为我们创建了精彩的校园活动，让我走进艺术的殿堂，感受艺术的快乐。

我的作品展出啦

陶荫楠

我是一名四年级的小学生。学校不仅关心我们的学习，还给我们提供了一个开放的、多元化的艺术舞台。

学校为我们开设了各式各样的艺术拓展课。有电脑绘画、漫步艺宫、五彩创意、童声飞扬……从三年级开始，我就开始学习各种绘画技巧，水墨画、铅笔画、电脑画……老师手把手地教会了我各种绘画的技巧。我们一幅幅精美的艺术作品不但装饰在学校的艺术墙上，有些还被请进了著名的中华艺术宫。

记得有一次，老师让我参加绘画比赛。但是画什么好呢？我绞尽脑汁、苦思冥想，终于想到一个题材——老师的雨伞真大啊。画中老师撑着一把五彩的、印着各种心形图案的超大雨伞。豆大的雨滴打在伞上啪啪作响，落在地上，溅起一朵朵小花。同学们纷纷跑来，躲进了老师的大伞里。在伞下，同学们有的依偎在老师身边若有所思；有的挥动着双手欢呼雀跃；有的手拉着手唱着歌……生活中的老师如同画中一样，在我们遇到困难时，老师总能撑起这把伞为我们挡风遮雨，排忧解难。在老师的精心指导下，我的那幅"老师的雨伞真大啊"不但获了奖，还十分荣幸地在中华艺术宫进行了展览。

学校的艺术生活不但磨炼了我的意志，提高了艺术修养，让我感到了艺术的魅力，懂得了生活的美好。

神奇的编钟

黄诗语

正午过后，阳光灿烂，我们在老师的带领下来到了东方乐器博物馆参观。这个博物馆分为四个展区：中国古代乐器、中国现代乐器、少数民族乐器和外国乐器。听解说员姐姐说，目前，馆内藏有 400 多件乐器呢！

我们先来到中国古代乐器厅。这个展区最吸引人眼球的就是那巨大的曾候乙编钟。其中最大的一个有两吨重。解说员姐姐请我们上来敲钟互动，我们争先恐后地举起手来。真幸运，解说员姐姐请到了我。我高兴极了，快步上前选了最底下的那个最大的编钟。我想，它那么巨大，敲出来的声音肯定非常响亮。于是，我拿起那根又粗又长的棍子用力一敲，没想到它的声音却十分低沉厚重，仿佛一个男低音在唱歌。那么最小的编钟会怎么样呢？会不会相反呢？带着好奇我走到那只最小的编钟前，拿起小锤子，轻轻一敲，'叮咚'果然不出所料，清脆的声音传来，那声音真好听。

我喜欢这次的参观，希望下次还能再来。

第三方视角

精彩在学生的心中
朱崇福

每个人都有一个属于自己的世界。孩子们拥有自己独特的、一片纯净的、天真稚嫩，然而却又是烂漫的童心世界。在烂漫的童心世界里留存着无限的美好，留存着属于每个生命个体独特的精彩。

让这些美好凝聚并绽放，让孩子们内心的美好释放并与现实的美丽浑然融为一体，创造出美好的生活，美好的梦，是每位教师的梦想和一辈子职业生涯中永不停息的执着。董家渡路第二小学的老师是这样一群高尚的人、幸运并幸福的人。是他们，拿出了自己生命的能量，内心的美丽，职业磨就的优秀素养，奉献给了幸运的孩子们，教会他们或者写诗、或者作画、或者像小鸟飞翔在艺术的林中。孩子们也不辜负老师的教诲和期待，用稚嫩的笔触书画出天真、童趣的精彩，用原始般的真情、伴奏着生命的节拍，留下一段段精彩的文字。让我们读之是如餐享圣美的精神佳肴，品尝生命的美好和力量。

在孩子们的作品里，我们看到，连心怡同学绘出了烂漫的童心世界："我遇到了美术季老师。她教我们用彩色的蜡笔画出火红火红的太阳、碧蓝碧蓝的天空,黄灿灿的油菜花……。就这样我和伙伴一起努力着。我们的课本剧代表学校到区里汇报演出得了大奖,那时我心里真有说不出的喜悦。我在艺术中成长,不断地展翅高飞。"我们看到,书法艺术是国人的骄傲,我要一直骄傲下去!"梅花香自苦寒来。"我相信只要我付出了努力,就一定能够学好书法。"路漫漫其修远兮,吾将上下而求索。"

我们看到,陶荫楠同学,"在老师的精心指导下,我的那幅'老师的雨伞真大啊'不但获了奖,还十分荣幸地在中华艺术宫进行了展览。学校的艺术生活不但磨炼了我的意志,提高了艺术修养,让我感到了艺术的魅力,懂得了生活的美好。"

我们还看到,"多彩的校园舞台为我们创造了展示自己才艺的机会,让我收获了自信,享受了成功的快乐、喜悦,使我难忘。我要把它珍藏在童年的五彩册中。""我的《渔舟唱晚》获得了优秀节目奖。从这以后,让我懂得'台上一分钟,台下十年功,一分耕耘,一分收获。'我们要更加刻苦练习,这样才会取得更大的进步,更大的成就。还要感谢培养我艺术才能的学校,让我们从小就受到艺术的熏陶。"

我们看到了,看到了孩子们真挚、美好的内心,看到了属于他们的精彩的内心世界!

他们的作品,由于他们稚嫩的还来不及学会掩饰,把真实、真诚直接袒露给我们。让我们可以更加清晰地看得到、感受到、并分享到了一个个金色童年的美丽节拍。

来吧,看吧,这些美好绽放了! 是董二小学老师的付出和贡献,是学校艺术教育结出的累累硕果,是老师们用心血孵化出的鹰雏,也是每位教育工作者的情愫。是我们的光荣,也为我们带来新的课题和使命。如何好好地呵护她,让精彩继续、释放绵绵不绝。让孩子们不断健康、自由、快乐而卓越的成长,长成为参天大树,国之栋梁,我们要掂量自己身上的责任,要坚守自己美丽又艰苦的追求;我们要不断地滋润自己有时会倦怠的内心,坚持付出我们全部的爱。这样,我们将可以让每个孩子的内心不断地凝聚精彩,释放精彩,也让这些精彩更加独特、绚烂。

第二节　孩子的艺术情缘

"没有学校的中阮课程班，我根本不会让唱歌爱跑调的女儿学习乐器，感谢学校的艺术教育，让我看到孩子的可塑性是那么的强，音乐的力量是那么的大。"这是一位母亲发自肺腑的感言。艺术教育让家长重新认识孩子，发现了不一样的孩子，看到了孩子身上无限的潜能。曾经，父辈们的那些梦想，在我们这些艺术豆身上发芽生长……欣喜、骄傲、令家长们百感交集。

"我要一辈子做女儿的粉丝！"看着孩子略带稚嫩的表演，家长十分骄傲地感叹着。是呀！多少个清晨送孩子晨练；多少个夜晚陪孩子练习；数不清的双休日带孩子到学校少年宫；记不清的学校开放日陪孩子参观艺术宫博物馆。小手牵大手，大手携小手，一路走来，有风有雨，有泪有笑，所有的困难挫折、所有的犹豫退却都成为了难忘的记忆，家长的坚守，孩子的坚持迎来的是孩子们的成长、成功。一曲曲悦耳的乐声，一首首动听的歌声，一幅幅美丽的作品，孩子们在学习着创造美，学会了分享美，更为自己的童年留下了无数个美好。

和妈妈一起研究扎染；请长辈一同观看家庭画展；在弄堂里开一次演奏会；和妈妈同唱一首歌参加比赛。孩子们用自己的本领给家庭带来了更多的生活乐趣，增添了更多的艺术情趣。艺术豆在家里播种、生长、开花、结果，艺术活动成为了许多学生家庭生活的一部分，成为了亲子关系的催化剂，艺术让孩子们的生活更加多彩多姿。

家长心语集锦一　歌声中的童话

飞扬的童声陪伴他一路前行
游正轩家长

音乐的魅力让人遐想，艺术的情趣使人陶醉。在我儿子即将毕业于董二小学之时，我们父母回想起他小学阶段成长的过程时，尤为难以忘怀的是他自参加学校艺术特色"童声飞扬"班课程学习后，带给他喜悦和自信的情形，至今历历在目，浮现于我们父母眼前。

　　记得我儿子在读二年级时，一天回到家中，他兴高采烈说："爸爸，我要参加学校'童声飞扬'班的学习了"，我当时还没搞清楚他讲的意思，就问道，"什么'童声飞扬'组，是学习什么内容啊？"他回答说："就是合唱队，不是每个同学想参加就能参加的，老师选中了我，说明我有这方面的天赋嘛"，我紧接就讲："唱歌没那么简单，那是要靠平时练声、发音等方面的训练，要学的东西可多了，你可不能凭一时兴趣而半途而废。"也就从那时起，他每周五参加合唱队排练回来，就会在空闲时间拿着歌谱，练习发音，背诵歌词，捏破了曲目单，就用透明胶粘贴好继续对着曲目单练习演唱。每当学校请来外校专业音乐老师授课时，他回到家里第一件事就是如数家珍地对我讲："爸爸，今天听了某某音乐老师教了他们合唱队唱歌怎样发声及运气的技巧，怎样识乐谱，爸爸我和你讲，专业老师教的就是有水平，我听了启发很大，懂了许多基础乐理知识。"在专业老师的辅导下，孩子对音乐的兴趣越来越浓厚，有时要参加校里校外的演出，每当做完回家作业，就会自觉拿起曲目单进行反复演练，并把自己的演唱对着录音机录下来，进行比对，一遍不行，就二遍……直至自己感到演唱满意为止。为此，我们父母在他的影响下也渐渐喜欢上唱歌，也充分感受到音乐给我的家庭带来的无穷乐趣。

　　功夫不负有心人，在儿子四年的"童声飞扬"艺术特色班的学习中，从一个稚嫩胆怯的小男孩，转变为独立自信敢于挑战自我的一个大男孩，音乐的魅力使他变得更加聪慧，从而也乐于主动参加黄浦区和学校内的各类比赛，尤其在参加黄浦区2013年"文文明明幸福行"选拔赛中，在决赛阶段的个人才艺表演环节，他就自信地选择家庭成员小组唱节目，并获得了铜奖。

　　同样"童声飞扬"艺术特色课程的学习不仅使他学到了基础声乐知识，也使他更懂得合唱队员之间相互配合整齐划一的重要性，讲究的团队合作，才能取得合唱队演出成功。在今年由学校推荐参加第30届上海市青少年科技创新大赛的比赛中，孩子在与另一位同学组队后，两人分工明确，各有侧重相互配合沉着应对，经过多轮筛选比赛，不负众望最终获得大赛社科类一等奖，为学校赢得了荣誉。这些荣誉的取得，也得益于他在参加"童声飞扬"艺术特色班后锻炼了才干，增强了自信，懂得了团队的配合，才能使他有勇气走上相应的比赛场所。

　　回顾他在"童声飞扬"艺术特色课程的学习过程，不仅使他学到了一些基础演唱技巧和乐理知识，同时也使他学会了怎样尊重别人，增强了克服困难的勇气，培养了对音乐的浓厚兴趣，也陶冶了自己的情操，提高了自身修养，更懂得了集体荣誉感。通过艺术特色课程学习，个人的兴趣爱好更加广泛，并善于积极开动脑筋，攻克学习上一个又一个的难题。看到他点滴进步和健康成长，我从内心要感激学校开发的艺术课程，使孩子在活动中学会了感恩，懂得了道理，提高战胜自我的勇气。虽然，我的儿子即将告别他的母校，我想在他启蒙学习阶段所学到的知识和参加艺术特色班，从而培养起对音乐的兴趣爱好，势必会让童声飞扬的美好回忆陪伴他一路前行，也必将给他走好以后人生之路带来受益匪浅的感悟。

微风送来的童话

赵铭绘家长

　　我是个爱做梦的人，梦里最多的是远离尘世，在名山秀水处闲居，偏偏有些文艺的我，却没有这艺术的天分，就在不经意间，被女儿的歌声触动了心灵，好像能从她的声音里，找到梦中的幽静，找到初心，洗去一身疲乏，只想就这样沉醉在这稚嫩却能震撼人心的童声里。我眼中的孩子总是来不及反省；来不及演绎；就已经匆匆的走过了八个春秋，女儿的奶声奶气叫着爸爸妈妈就仿佛在昨天；如今她已经快是三年级的小学生了。

　　下班回到家，卸下一天的繁琐，想倒在沙发里静静的休息。朦胧之间，一丝微风拂来，夹杂着一串甜美的音律，悄悄溜进我的耳朵，难道是童话？真切的体会到了什么叫"此曲只应天上有。"这歌声闪烁着洁净的光芒，我被甜美的歌声，好像进了一个童话世界，随着这声音我睁开眼，看到女儿房间微亮的灯光，起身去追寻这声音的主人。

　　"怎么忽然想起唱歌了？什么好事让我们家公主这么开心呀？"女儿看见我，脸上绽出了一朵莲，纯纯的笑，"妈妈，我要参加学校艺术节的声乐比赛，我在做准备呢！"不由得为女儿鼓掌，想起她小时候在幼儿班时候，也每次参加跳舞和唱歌；旁边坐了很多家长和老师，女儿感觉到有些胆小和羞涩，现在有勇气参加比赛，是一个不小的进步。"很好呀，妈妈相信你，加油！妈妈来当你的第一个听众好吗？"女儿有些羞涩地拉住我，让我坐在一旁的椅子上，她的手指不自觉的缠在一起，大概是有些紧张。

歌声像流水一样，缓缓的溢出，我看着如今漂亮、乖巧、懂事的女儿，心里好像抹了一层蜜，甜滋滋的，她的声音很好听，还能用感情去唱出歌曲的情节，总是能让人静下心来，加上在学校学习的声乐技巧，我仿佛落进了一场羽毛编织的梦，无暇，柔美……

每天下班，我都会陪着女儿随着电脑上面的音律练习，试听，试唱。虽然我是一个五音不全的妈妈，但是能听女儿唱歌对我们来说无疑是一种享受。我们并不在意她是否能取得比赛的胜利，我们希望她能在音乐的世界里，找到她自己，找到她内心的平和，找到她的快乐，也让更多的人来共享这份魅力。

自从在学校参加了合唱队，她对待生活和身边的每一个人都有了不同的方式；在自己课余的时间里，她会组织很多小朋友坐在一起，模仿电视里面的唱歌比赛，共同的来分享音乐给她带来的乐趣；看着小朋友津津有味地议论着；我的心里感到无比的开心和幸福。

女儿一天天的坚持，一天天的进步，看得出她对比赛的精心准备和对音乐的热情。我并不担心女儿的胆怯，我相信她。我看见了她眼里的光芒，黑色的眸子闪烁着，我仿佛透过这双眼，看见了她的成长，看见了她灿烂的未来。

离比赛的时间越来越近。在我泪眼里仿佛看到了我女儿登上舞台的场面，那悠扬的歌声从女儿手中的话筒飘出，沁入每个人的心里。迎接女儿的，是一片热烈的掌声。她的嘴角挂着浅浅的笑，她就像一朵白莲，静悄悄的，却又美得让人为之动容，绽放在了舞台中央。听众的支持，就像微风送来的童话，不仅仅是甜美宁静的，还多了一份勇敢，一份成长。

人生就是一场盛大的遇见，每一段经历都注定珍贵。每个人，终归会找到属于自己的人生舞台，去展现她的所有精彩，赢得她应有的掌声。想着女儿比赛的场景在一片热烈的掌声中结束，但未来，依然还很长。我也相信女儿的未来会被阳光所眷顾，快乐的前进，健康的成长，去找到她的世界，去聆听她曾经送给我们的"微风里的童话"。

家长心语集锦二　绘出美丽世界

艺术在我们身边
胡海程家长

"妈妈，今天老师让我参加了学校艺术节开设的扎染沙龙啦！"一放学，儿子就兴奋地对我说。"是吗？那太好了，这下你可又学到了一个本领了。"我答道。"可是，今天的课上我只明白了一些基本方法，做出的扎染作品不太美观。你瞧，就是它！"儿子忙从书包里取出一块蓝色的布，上面好似有一些图案，但是既不清晰，也不美观。"怎么办呢？"儿子显的有些焦虑。"那你和老师说，换其他小朋友参加吧，反正你做出的东西也不漂亮。"我故意和他开玩笑，我知道他做任何事都不肯轻易放弃，尤其这次是老师推荐的，他一定不会退缩。果然不出所料，儿子摇摇头说："不行，我要参加的。大不了我在家里多多练习，一定会成功！"

晚上，小家伙开始忙活起来了。他拿来蓝墨水、粗麻绳和一块白布。只见他先把布折成一个正方形，然后用粗麻绳捆住，并绕了好多圈。接着他把布放在蓝色的水里，过了几分钟把布拿了出来。可是不看不知道，一看吓一跳：整块布全变成蓝色的，连图案也找不到了。"忙了半天，又是打结，又是浸泡。步骤肯定对，可是问题出在哪儿呢？"儿子一脸疑惑，"看似简单的方法，为何做出的就是不尽人意呢？""这样吧，明天你去学校请教老师，一定能解决问题的。"我鼓励道。

第二天，儿子一踏进家门就叫嚷道："妈妈你看，这是我今天在老师指导下做的扎染，可成功啦！"是呀，只见一块白底蓝布上，映衬出精美的图案。"我今天终于掌握了扎染的方法与技巧了。原来用粗麻绳捆住布的时候，不能捆得太松，这样水就会渗透进去，整块布就会变成蓝色。"儿子边说边取出做扎染的材料，说道："妈妈，我就按这个方法，做给你看，我要帮你做一块最漂亮的扎染手绢。"看着儿子迫不及待地想展示自己的扎染本领，我欣慰地笑了……

从那以后，每晚写完作业，我都和儿子一起研究扎染技法，看看怎样捆扎、打结、印染才能染出更漂亮的图案。我也时常鼓励儿子跟着网上的技法试试,无论他染的作品怎么样,我给予儿子的都是微笑的眼神、鼓励的话语。看着孩子一天天的坚持,一天天的进步,我感到无比欣慰。

儿子一遍遍地学习那些新的技巧,一遍遍练习各种图案的制作。终于功夫不负有心人。一个周末的晚上,儿子兴高采烈地跑来交"作业":此时一幅美丽的桌布展现在了我的眼前:浅蓝、灰蓝、深蓝,不同的蓝色不同的图案交相辉映,独具特色。"真漂亮!"我不禁赞叹道。此后儿子一有空就去练习他的扎染了,还时不时拿出来和小朋友分享,看见他那得意的笑容,我心里美滋滋的。是啊,学校艺术课堂让孩子感受到了民间扎染制作的独特魅力,体验扎染图案千变万化的美感,激发了孩子对祖国民间艺术的热情。通过学习,连同我们家长也和孩子共同欣赏了艺术成果,感受其艺术魅力。在本次校艺术节活动中,儿子还获得"印染小达人"的光荣称号呢!

一直以来,我都认为,文化课成绩不理想,会影响考中学、大学。会影响孩子的人生前途。平时孩子玩的时候,都会催孩子做做语、数、英的作业。我从没有想过孩子长大后会不会去从事艺术工作,但是孩子需要有一双具有欣赏美的眼睛来生活、工作。它将会极大的丰富人的生活内容,提升自我的生命质量。换句话说,能不能创作出好的艺术作品并不是最重要的,但若没有一双有欣赏能力的眼睛将是人生的一大遗憾。学校比我们这些家长想的周到,孩子是要从德智体美劳来培养。通过学校的艺术培养,经过这次不断的学习演练,我感受到孩子自信多了,艺术欣赏水平也提高了很多。

是啊,老师领进门,修行在个人。作为家长,我们就应当不断地鼓励孩子参与学校的各项活动,这样孩子学到的不仅仅是知识技能,更多的是激发学习的兴趣,培养学习的习惯,学会学习的方法,历练学习的意志。

一次意外的"画展"

孟云清家长

晚饭后,我正在休息。只见女儿匆匆地跑进了房间。一会儿,房间里便传出了悉悉索索的响动,间歇的好像还有女儿自言自语的声音。我正纳闷，刚想进房间看看，就看见女儿一脸严肃地出现在房间门口。

女儿看着我，似乎思索了一下后对我说："爸爸，你能来一下吗？"看着女儿一脸正经的样子，我不禁好笑，所以在那里愣了一下。女儿见我没有动，便上前来把我拉进了房间。

一进房间，我又愣住了。只见房间里凌乱得铺满了各种画，都是她自己画的。只有床上，整整齐齐得摆放着七、八幅画。我略扫了一下，好像都是上学后经美术老师指导后画的作品。

我不明就里，便虚指一下房间，用疑问的眼光看着女儿。只见女儿微微的皱着小眉头看着床上的那些画，一本正经地问我："爸爸，我仔细地找了一下，觉得这几幅画是最好的。你觉得可以开个画展吗？"

"画展？！"我不禁又愣了一下。心想：我这宝贝女儿可真敢想啊！

正当我思索着如何回答她时，看见了她非常认真的神情，突然间，一种欣慰自我的心中油然而生。因为，我意识到，女儿是用心对待美术这件事了。

其实，很早我们就让女儿接触美术了，最初只是想丰富一下她的生活，所以，也没有很高的要求和期望。一切只要她喜欢就可以了。也正因为如此，女儿也一直如同游戏般画着。但，自从她上了小学后，一切就都变了。女儿的画越来越规范了，也越来越有美感了，画画的时候也越来越专心了。甚至有一次，在公园里，这小丫头尽然和我说起了树叶的纹理，并且区分出了好看和不好看的。还一本正经地和我说："你看，爸爸，只要我们认真仔细的观察，就能找到好看的树叶，如果把它画下来，就能够把好看的永远留下来。"我当时异常得惊讶，她能说出这番话来，心想女儿不只是学会画画的技巧，还学会了如何去感受身边的美。事后，我和太太说起了这件事，太太告诉我，我们女儿现在就读的学校一直非常重视孩子们的艺术发展，所以，她现在的画是越画越好了！而今天，女儿想展览她的画，更加说明她自己越来越重视美术这件事了。

想到这，我笑着抱起了女儿，说："宝贝，画展是为了和别人分享你保留下来的美丽。现在，爸爸就去把妈妈，还有爷爷奶奶外公外婆都叫来，我们开个家庭画展，一起来分享你看到的美丽。"女儿听了，高兴地说："那你去叫大家来，我把房间理理干净。"说着，挣脱了我的怀抱，一跳一跳地整理着散落在房间的画纸，整理时还不忘再认真地审视一下。

我看着宝贝女儿审视时专注的神情，突然觉得她仿佛长大了，正背着画板流连于青山绿水之间，沉浸在姹紫嫣红之中。而后把这个斑斓美丽的世界统统印在了她的心里，她的画纸上。而她的脸上因为这些而洋溢着纯净的笑容。

在写上面的文字时，我得到消息，说我宝贝女儿参加了绘画比赛，获得了全国和上海市的一等奖。在这里，我想说的是，女儿获得这些荣誉和学校还有老师是分不开的。因为只有好的学校才能让优秀的老师施展才干，而只有优秀的老师才能更大的激发孩子的各种能力。就如同我的女儿在老师的教导下，懂得了欣赏美丽的事物，学会了留下美丽事物的本领，从而获得了这些荣誉。

朝着梦想奔跑
连心怡家长

我想每位家长都希望自己的孩子能学点艺术，因为艺术是高雅的，能陶冶人的情操。

可喜的是，我的女儿，从小就对绘画产生了浓厚的兴趣。如果有人问："你长大后想成为什么？你的梦想是什么？"女儿肯定会说："当一位画家。"也许这个梦想对于一个孩子来说太远大了，但是这恰恰表现出了孩子对绘画的喜爱。

花儿的成长需要雨露，孩子的成长需要家长的呵护，老师的教育和指导。上了小学，女儿遇到美术季老师，季老师不但教得好，而且和蔼可亲，女儿非常喜欢她。放学回到了家："妈妈，我们学校开设了拓展课，有古筝、民乐、绘画，我参加了绘画，是季老师选我进了美术拓展班！"孩子满脸高兴地说。都说好苗子需要好老师的培养，这孩子挺幸运的。

绘画成了孩子学习的一部分，画的每一幅画都凝聚着她对绘画的热爱。由于表现突出，老师给了她很多展现自我的机会。

女儿就读的这所学校是一所艺术特色学校，走进这所学校，就让人感受到浓厚的艺术氛围。学校的走廊上布置了学生的作品。开家长会时，我经过走廊，一群小斑马仿佛在奔腾的景象。我停住了脚步，凑近一看，咦！这幅不是女儿画的那幅画吗？顿时，我心里美滋滋的，生出一丝骄傲。眼前这幅栩栩如生的小斑马是在女儿的笔下诞生的。

女儿在绘画中不仅得到了快乐，而且变得更自信。"妈妈，我又获奖了。"她拿着获奖作品集，欣喜地说。"是吗？我看看，《旋转的小彩旗》哇！画得真棒！"我赞叹。画里一位美少女穿着漂亮的舞裙翩翩起舞，展现优雅的风采。"你知道这幅画为什么是叫旋转的小彩旗吗？"女儿带着神秘的语气问我。我摇摇头说："我哪知道啊？"女儿说："这幅画中的女孩子名字就叫彩旗，是一位舞蹈演员。她在春晚的舞台上不停地旋转了 4 个小时，我画的就是她在春晚舞台上旋转时的镜头。是季老师在网上下载再打印出来让我画的。"我女儿真厉害，我夸奖她，是希望她能得到更多的鼓励。说真的，这幅画真得挺好，色调清新，人物神态逼真。小彩旗炯炯有神的大眼睛，轻盈优美的舞姿，让人看了陶醉。

我从画中看到女儿在朝梦想奔跑，愿她早日到达成功的彼岸。

家长心语集锦三　乐声打开心窗

感　悟

陶荫楠家长

如果有一个五音不全，唱歌爱跑调的孩子，是不是你会认为他在音乐方面就不太会有造诣了？至少，曾经的我是这么认为的，但现在，不得不承认，我错了。在孩子兴趣培养方面，我和许许多多的家长一样，从小就开始重视了，但自从发现孩子唱歌老不着调，没乐感后，我就武断地认为她应该在音乐方面没什么天赋，什么钢琴班、舞蹈班、各式各样的乐器班，只要和音乐搭边的东西，我一律都没让孩子去碰。但后来上了小学，在一次无意中参加了学校开设的中阮演奏班，一下子改变了我的想法，突然间发现，原来孩子的可塑性是那么的强，音乐的力量是那么巨大……

记得三年级一个放学的午后，女儿很兴奋地告诉我，老师让她参加学校的中阮演奏队。我听了，心里既高兴又担忧，高兴的是女儿又可以学到一个新的本领,担忧的是女儿从小没音乐天赋,而且学音乐是一项艰苦的事,她能坚持吗? 就这样,抱着试一试的复杂心情,周六一大早,我带着女儿就来到了学校参加中阮课。班里一共4个小朋友,2个学过琵琶,另1个小朋友和我女儿一样,是零基础。我也是生平第一次见到了这个圆圆的鼓面上嵌着两个类似弯弯小月牙似的图案,长得有点像琵琶的这种乐器叫中阮。授课的老师,是学校专门从上海音乐学院请来的小谭老师。小谭老师对学生们很亲切,我女儿也特别喜欢她,感觉就像姐姐一样。第一天下课后,我迫不及待地问了女儿的感受,她告诉我,老师让她们抱着琴,练了一节课的坐姿,手臂又酸又麻,但她仍觉得好开心。我提醒女儿:"学音乐是一件很艰苦的事,不要看舞台上那些演奏家炫目的表演,背后都付出过许多的汗水和泪水,你能坚持吗?","能!"女儿看着我,斩钉截铁地说。

从此,每周六一大早的公交车站上,又多了我们母女俩的身影,不管刮风下雨,女儿一直都坚持上课。慢慢地,女儿开始会弹奏一些简单的乐曲了,《小星星》《粉刷匠》等,这本该是一件开心的事,但女儿有一次上完课后,她低着头轻声告诉我,因为弹奏不熟练,被老师批评了。对呀,从周一到周五,女儿回家后都只光顾着做作业,也没去练琴,当然就只有这种水平了。这次,女儿主动提出,要求买一个中阮,她要在家里练习。望着女儿坚定的眼神,我感觉到了她心里不服输,她的斗志燃烧了起来。

自打家里有了中阮以后,每次女儿只要作业做完,都会主动抱起她的中阮,一遍又一遍练习着曲子。几周后,中阮下课后,女儿又蹦又跳地跑来告诉我,小谭老师表扬她了,说她的进步特别的大。自此以后,她练琴的积极性更高了,曲目也逐渐有了难度,她的手指因为按琴弦太过力,出现了深深的血红印,每次练完一曲,她都会皱着眉,用小嘴狠命地吹吹手指上深深的血红印,再用力甩甩手,揉揉手指头,接着继续再练。

自从接触了中阮后,我发现女儿变了,变得比以前更自信,更坚强了,不再是从前那个一遇到困难就会哭鼻子的小女孩。同时,我也深深地领悟到,原来五音不全并不会影响到女儿对音乐的喜爱,如果学校没有给她的这次机会,可能我也看不到孩子在音乐方面的才艺,感谢学校,感谢老师。

小可爱初显才艺
吴鸣家长

记得一年级的时候，学校二胡艺术班招生，女儿积极报名参加了，当时我还以为她一时兴起。不料一个月后的一天，女儿兴冲冲地跑来跟我说："爸爸，给我买把二胡吧，这样，我在家也能练了。"我先是一愣，接着若有所思地对她说："一把好一点的二胡可不便宜哦。"我故意停顿了一下，然后像下定决心似的拉着她的小手说："但如果你能坚持不懈的话，爸爸决定挺你这一回！"女儿一听，眼里闪现出惊喜，马上伸出小指，坚定地向我保证："爸爸，你就放心吧，我绝不会半途而废的！我们拉钩……"

在接下来的日子里，女儿先认识了二胡的内弦和外弦，又学会了定期用松香擦二胡的弓，接着开始学拉曲子和调音……

那个双休日正值我休息，女儿做完作业后，像往常一样拿出她心爱的二胡又练了起来。这时，耳边传来了一曲我比较熟悉的旋律，是我小时候经常听到的《小星星》，心中油然升起一种莫名的激动，尤其是从女儿手中生成，更让人觉得别有一番味道。这种既熟悉又陌生的感觉使我不由得放下手中的书，坐在一旁细细欣赏起来，这时，我突然感到她长大了许多。

升入二年级的时候，女儿的二胡水平已有了明显的提高。曲子由单一的变成了多样的；有时能根据谱子慢慢琢磨着拉出来。她对二胡的喜爱是我始料不及的。每当一个个美妙的二胡音符传入我耳中的时候，我感觉好欣慰，因为这正是我所希望看到的。

到了三年级，她不光在双休日去学校学二胡，还跟二胡老师去音乐学院加练，放弃了很多本该属于她的娱乐休闲时间，我们看在眼里十分心疼，而她却乐此不疲，兴致勃勃。

学校的艺术节拉开了帷幕，我们家长有幸共同参与。女儿和她的小伙伴们端坐在凳子上，手扶着二胡，优雅地拉了起来，那美妙动听的音符通过话筒传遍了校园的每个角落，传入了全校师生和家长们的耳中，曲尽时，场上响起了雷鸣般的掌声。

我尽情地享受着这一刻，脸上不由得露出了欣慰的笑容。女儿的才艺刚刚展现,我不由自主地成为了她的粉丝,希望她的才艺越发精湛,才艺的花朵越开越艳。

亲子大比拼
杜雨洁家长

一年一度的"中国人过中国节"活动开始了。元宵佳节,学校开展了"亲子大比拼"活动。班主任老师把这个光荣的任务交给了我的孩子和我。第一次接到这样的任务,我是既兴奋又紧张。

我们母女下定决心力争第一。于是利用闲暇时间开始了紧张而又快乐的排练。比赛要求唱《卖汤圆》,我立即从网上下载了歌曲和歌词,我们反复听,反复跟唱,反复背诵,终于学会了这首歌。

比赛那天,我们来到大会议室,只见屏幕上打着"亲子大比拼"五个大字。小朋友们带着爸爸妈妈纷纷入座,一个个胸有成竹的样子。而我却紧张得像心里揣了只小鹿似的怦怦直跳,手心里直冒冷汗,脸也涨得通红。"三(2)班,杜雨洁!"一听到我们的名字,我更慌得不知所措。我和孩子战战兢兢地上了台,音乐响起,我深深地吸了口气,努力使自己镇静,唱起了第一段:"卖汤圆,卖汤圆,小二哥的汤圆是圆又圆……"以前,我有个雅号叫"破嗓子",可今天,我的声音却格外清脆,甜美,连我自己也不敢相信这是从我嘴里唱出来的,渐渐地,我不再那么害怕了,我一边唱一边深情地望着孩子,希望也能给她鼓励。也许我的歌声感染了她,她也没之前那么紧张了,亮开嗓子唱起了第二段。我们母女配合默契,赢得了台下阵阵掌声。

比赛结束了,孩子得到了"民俗小达人"的荣誉称号,那天我们还为此庆祝了一番呢。

元宵亲子活动不仅挖掘了孩子的表演天赋,还让我们母女关系更亲密了。我喜欢学校的"中国人过中国节"活动。

小荷才露尖尖角
王逸颖家长

"爸爸,老师要我参加学校艺术节的古筝表演"。一放学,女儿就对我说。"噢，那不错，你终于有机会登台表演了"，我答道。"可是，老师要我们两个同学合奏，今天我们两个人一起试弹了一下。她熟练的曲子我却不熟练，我熟练的曲子她又不熟练，所以合奏一直合不好，怎么办呢?"女儿显的有些焦虑，"那你和老师说，不参加学校艺术节表演了。"我故意逗逗她，我知道她在我面前胆子挺大的，可是到了老师面前就是一只小乖猫，绝对没有这个胆子说的，果不出所料。她十分坚决地说:"不行，我要参加的，我可以每天练习。"

从这天开始，她再也不需要我们父母督促了，每天做完功课，就绑上指甲片开始练习，弹到有问题地方，她会马上打开电脑，在电脑上搜寻曲子的视频，看着上面的演奏后再自己练习，为了取得合奏的效果，她竟然想到把古筝搬到电脑边上和电脑一起合奏。

动人的音符从女儿的指尖流淌出来，即便我这个五音不全的爸爸也感受到了艺术的感染力。说实话，我真的是没啥艺术细胞，可是谁让我生了个女儿呢? 都说女孩子学点和艺术沾边的东西可以陶冶情操，提高修养。可喜的是，孩子就读的学校是一所艺术特色学校，学校民乐又是其一项特色，在一年级开始，学校就开设了笛子、二胡、古筝等民乐课程，聘请了音乐学院的老师来为孩子们上课，因此，女儿比好多同龄的孩子先接触到了民乐，因而渐渐对此有了兴趣。那天，女儿回来告诉我，学校请来的一位古筝老师教他们演奏，那悠扬的琴声吸引了她，她也想学。从那天起，女儿走上了学习古筝之路。

为了圆女儿的梦想，小小的家里架起了一台长长的古筝，为了从一开始就不让她退缩，她妈妈也和女儿一起从零起步，开始了古筝的学习。每个星期要学曲子，练曲子，还要在下一次学习时弹给老师听，好玩的东西有了压力就变得不好玩了，女儿不时向我们表示不想学了，这可打不得退堂鼓，我们不断地鼓励她，妈妈还和她比赛看谁弹的动听，在我们的循循善诱下，女儿终于在这条道路上坚持了下来。慢慢地曲子变得越来越长，指法越来越复杂，要把长长的谱子都背下来，女儿在很多时候练着练着就哭了，从心里说我也真舍不得她学得那么艰苦。可是，能够让她长大以后有一门特长，多一点艺术修养，不下一点苦是得不到的，我们只能陪着她一起坚持。为了激励她努力学琴，我们让她参加考级，每考出一个级，我们就给她奖励，让她体会到有付出也会有收获。

看着女儿一天天的坚持,一天天的进步,我们感到无比欣慰。此刻,我们并不在意,女儿将来是否会在古筝演奏上有所建树,因为我们觉得在学习艺术的过程中所获得的一切都是她人生的瑰宝!

女儿渐渐地已经不再需要妈妈陪练了,每次老师教的曲子回来都能自己练习,碰到问题的话她会打开电脑视频看着再练习,女儿终于把学习古筝当作她生命的一个部分了,她不再抱怨,不再逃避。四级、五级,每次考级都是那么顺利地完成了,女儿弹的曲子也越来越好听了,那指尖流淌出的音符都变成优美的旋律,连我也感受到艺术细胞在增长。

学校的艺术节拉开了帷幕,邀请我们家长共同参加。女儿和同学已经端坐在古筝前面了,她轻轻舒展双臂,那悠扬的琴声通过话筒传遍了校园的每一个角落,那娴熟的指法和美妙的琴声博得了阵阵掌声。

看着自信美丽的她,我的嘴角不由得露出了微笑,也许,今天只是这朵小花的初次绽放,但是,我坚信在女儿身上播下的艺术种子终会慢慢发芽生长,终会有绽放的一刻!

艺术启蒙之路

陈若妍家长

"爸爸,爸爸,那是钢琴","爸爸,爸爸,那是小提琴"。"嗯,嗯"我一边低头查询资料,一边嘴里回应着女儿。对于这两样乐器,读一年级的女儿都能认识,我一点也不感觉诧异。家中的钢琴是和太太结婚之后,她本想自学成人钢琴而购买的。而学习小提琴还是钢琴,则是我们俩一直争论的该给女儿从哪件乐器开始学习的焦点,女儿自然能熟悉。

"爸爸,爸爸,那是扬琴,快看,快看!"我突然停止翻看手机,顺着女儿手指的方向看去,在金陵中路一条街的一排排乐器店铺中,女儿手指的方向正是一架扬琴,静静的摆放在店内,看上去那么的优雅,怡静。"你怎么会认识扬琴?"我一脸诧异的询问起身边活蹦乱跳的女儿。扬琴是中华传统乐器,压根就没有在我和太太的女儿学习乐器的计划选择列表当中,当然更不可能在家中及女儿面前提起过。

　　"当然认识，我们学校开设了艺术兴趣班，我们一（3）班的全体女生都学习的是扬琴呢！"女儿稚气的脸上充满了一脸的骄傲。"我们上周五上了第一节课，老师就是拿那个弹给我们听的，可好听呢！"

　　扬琴，是明朝末期由波斯传入中国，最初是为曲艺伴奏所用。在中国已经流传和演化了差不多四百多年。没想到这种中国民族的传统乐器，居然在女儿就读的小学中有开设专科课程，这是我万万没有想到的。扬琴虽然是民族乐器中比较普及的一种，但在现在的普遍接受西方文化熏陶的大环境下，尤其是在和世界接轨如此之近的上海，知道和认识扬琴的可谓凤毛麟角，更别说刚就读小学一年级的女儿。

　　"你喜欢扬琴么？学习很苦哦！要从基础练习开始哦！"我俯下身看着女儿，试探性地发问。"当然喜欢，我可不怕苦，我要像老师那样自己弹出一首好听的曲子。"女儿立马睁大了眼睛，一本正经地回答了我。"爸爸，你知道么？我还特地给扬琴课准备了一本练习册呢，我准备把上课老师教的乐谱都记录在上面。""那好！爸爸支持你！"我一把搂过女儿。"走，我们进去看看，和你们学校的那架扬琴一样不一样"。我拉着女儿的手，快步地和她一起走进了那家店铺。

　　晚上，女儿睡着的时候，我一脸得意地问起太太，"知道先给女儿学习哪种乐器了吗？""要么钢琴，要么小提琴，就这两样选呗！"老婆一如既往地回答道。"错了，错了，是扬琴，哈哈！"看着老婆一脸诧异的表情，我把下午发生的事原原本本地告诉了她。

　　果然，在今后的日子里，凡是每周五，我都能在女儿整理好的书包里，发现一本特殊的练习册。翻开之后，里面密密麻麻的是女儿记录的各种乐谱，11|55|66|5—|44|33|22|1,5353531—24315。不经意间，学校开设的扬琴课，居然承担起了女儿学习音乐和乐器的启蒙教育工作。这样也让我和老婆一直挂在嘴边但忙于工作一直没有足够时间辅导培养女儿音乐乐器和乐理知识的我们，深深感到了欣慰。

　　自从学习了扬琴课程，现在女儿总会在做完全部文化课程的空余时间里，摆弄她的那些小乐器。一会儿拿出音阶小喇叭按按，一会儿拿出小口琴吹吹，更让我和老婆欣喜的是，她居然看起了钢琴书架上的音乐乐谱，并自觉打开钢琴自我摸索弹出了整首小乐曲。虽然，没有和弦音听起来那么好听，只是单阶音，但我和太太的确都感受到了女儿学习扬琴后的变化。

　　首先,以前拖拖拉拉,需要家长督促的学习态度有了明显的改善。因为学习乐器需要主动的多练习,由于扬琴实物较大,学校老师没有要求学生家里面一定要购买,但家里的那架钢琴,却成了最好的替代品。女儿现在每天晚上做完功课,在剩下的时间里,都会主动的去弹一会钢琴。把课堂上运用到的弹扬琴的知识点,充分融入到钢琴中。自己慢慢摸索键位的区别(钢琴的键位相比扬琴要复杂很多),慢慢的,"小星星"、"粉刷匠"等曲子,女儿居然都能用钢琴完整地弹奏下来,让一旁的我们欣喜不已。

　　其次,女儿变得更有自控力了。不管是学习课堂上的语数外文化课程,还是阅读完成我们帮她订制的课外练习,以及每天她自己安排的弹琴练习。我们都能感受到她的自控力在增强。以前,作业做到十五分钟后,就开始东张西望,东弄西弄。自从接触了学校开设的乐器课程,为了弹出像样的曲子,女儿开始反复练习琢磨。慢慢的,十五分钟也再也不是一个节点了。不管是做功课、弹琴还是我们让她做其他事情,女儿都能耐心地完成。

　　除此之外,女儿通过学习乐器,她的生活也更加充实了。每晚的课后作业都能顺利的完成。剩下的时间,可以练习练习弹琴,看看课外书。时间充裕,还可以和我们做做亲子互动小节目,一起看看女儿喜欢看的电视,甚至可以一起玩一会电脑游戏。学习,教育,娱乐三位一体,使得女儿的身心健康快乐的成长。

　　虽然,现在对于一年级的女儿来说,学校的文化课程是关键,但我非常感谢学校能开设开放艺术文化课程。不管是在学习态度的培养,学习习惯的养成,还是学习基本功的训练。都可以通过这么一种艺术修养练习的途径,结合正常的文化课程的学习,让小朋友能够养成良好的学习习惯的同时还培养艺术修养。我也希望,对于这种传统教育与艺术教育相结合的教学模式能够一直持续下去。让我们共同为下一代健康成长,共同营造一个美好的明天。

古筝是她成长中的瑰宝
王曾熙家长

　　还是在幼儿园中班的时候,我们觉得应该让曾熙学习一种乐器,这样也可以让她享受音乐的熏陶。于是我们和她商量，问她喜欢什么乐器，还是懵懂时的她说："我还不知道有多少种乐器呢，我也不知道喜欢什么。"于是我们上网把自己所知道的乐器视频给她看了一遍。从小就爱美的她毫不犹豫地说："我要弹古筝，你们看电脑里的阿姨弹古筝时穿的旗袍多么漂亮啊！弹的时候手指在古筝上摆动地那么优美，好像手指在跳舞。"就这样我们家的曾熙开始了学习古筝的路程。

　　每个星期曾熙到老师那学习，课上老师会教她弹一首新曲子。因为下节课要把新学的曲子弹奏给老师听。所以课后回来的 6 天里每天都必须花时间练习弹奏，这样一来对于她每天回来写家庭作业的时间有了一定的压力，可是经过一段时间的学习，我们发现每天放学回来，她的家庭作业都已经做了一部分，我们就问她为什么每天还没有放学就已经做好了一些家庭作业呢？她毕恭毕敬的对我们说："爸爸，妈妈，您们看，我每天回来都要花时间练古筝，我把所有的作业都带回来做肯定很晚才能睡觉，这样每天我利用中午吃饭后的时间写好一些作业，下午放学回来我就有充足的时间写剩下的作业和练习古筝。"听了她的话我们真心的感到了欣慰，她学习古筝不但没有学习的压力反而让她学会了如何安排自己的时间也提高了学习效率。

　　随着学习古筝的不断升级，不管是对技能技巧的处理还是对旋律的节奏把控和音乐的表现力都不断地提升。每每的一个合八度的处理，一个摇指的熟练，还有摇指升级到扫摇处理都要花费数周的练习。尽管这样她都能克服困难，一一解决，2014 年的寒假和暑假她也通过努力拿到了四级和五级的证书，拿到证书的那一刻她双手捧着证书蹦蹦跳跳得高兴极了。我们也由衷的为她高兴。其实为她养成了坚忍不拔的意志，持之以恒的品质，勇于克服困难的精神的高兴远高于为她拿到证书的高兴。

　　记得 2015 年的元旦，艺术学校举办了一场文艺汇报演出。曾熙参加了古筝组的演出，由于古筝组是最先表演完。她表演完后我们就陪她一起看别人的表演。可是联欢会还没过半的时候，我们发现有一些家长带领自己家表演完的孩子陆陆续续的离开会场。曾熙也对我说："爸爸，我已经表演完了，我们也回家吧。我觉得下面的表演没意思了。"我语气沉重的对她说："我们不能先走，必须看完才能走。"她有点不开心的随口就说:"为什么啊!"我语重心长的对她说:"首先你自己为了这场演出背地里花了那么多时间,心血反复练习,别的小朋友也是一样的背地里努力练习,都是为了能站在舞台上表演好给观众看。现在你先表演完了,别人欣赏到了你的劳动成果。你应该坚持看完欣赏别人的劳动成果。这是对别人劳动成果的尊重;再次,假设你自己是在后面表演,别的小朋友都离开了,不看你的表演,你心里会怎么想呢? 所以做人也要站在别人的立场上为别人多考虑。"这时她很直爽地回答道:"好吧,我明白了,爸爸我们看完再走。"后来直到联欢会结束她都是聚精会神地看着表演。

漫漫学筝路,以小最当时。相信,即便学习古筝的过程中困难重重,她也会用自己的态度去面对,用自己的毅力去克服。这样她的学古筝之路会越走越宽,越走越远。随着她渐渐长大,学习古筝的经历也会让她的人生道路越来越宽,越来越亮。

成　长
李顺南家长

转眼间,孩子都已经上小学二年级了,真的觉得时间过得太快。想想当初那个胆小贪玩的孩子即将上小学前,心里真的有着无数个担心。记得女儿第一次踏进学校的瞬间,踏实、放心——就油然而生,因为她可以在这么一所漂亮又温馨的学校读书,一定会很幸福。

是的,幸福的大门打开啦! 还记得刚开学没几天,女儿放学回到家就兴奋地和我说:"妈妈,我们学校有民乐课,老师选我弹古筝。""真的,那太好了,你自己想学吗?""想,但是我怕学不好!"女儿胆怯地说。看到她怯生生的样子,我就故意逗她说:"怕,就别学了!"但是她却很坚定地说:"不行,我一定要学会它。"听到她自信地回答,我从心底里觉得,孩子长大了。

接下来的古筝学习,并不像想象中的那么容易。刚开始她对弹古筝有着一种好奇和新鲜感,所以学得很认真。但是没过多久,她却因为弹得不出色想放弃,学校周六的少年宫活动也不想去了,看着她遇到了瓶颈期,我和她爸爸都很着急,于是我们不停地鼓励她! 老师也耐心的开导她,在我们不懈地努力下,她终于又燃起了学习古筝的火苗。

　　从那以后，她学习古筝再也不让我和她爸爸操心了，每天放学，她首先会自觉地完成家庭作业，然后，自然地来到古筝边，绑上指甲片，开始弹奏。看着她那认真的样子，心里不禁感叹，孩子又长大了许多……

　　她弹奏得越来越娴熟，虽然偶尔也会遇到一些不顺利，但是她再也没有灰心过。每当她遇到不会弹得地方，就会从电脑里找到同一首曲子，自己再用心地跟着练。就这样，一天天地坚持，一天天地练习，她弹古筝的技巧和手法都有了很大的进步。每当我在家做家务时，听到她弹得乐曲，我就感到无比欣慰，这一切都是因为她在这所学校读书了，才会有这么好的学习机会。孩子，我们多么希望你能这样坚持下去，好好珍惜这里的宝贵时光！

　　功夫不负有心人，学校一年一度的艺术节马上就要开幕了，女儿也被老师选中参加这次的表演。距离艺术节越来越近，她也越来越紧张，我们都怕这种情绪会影响到她。迫在眉睫之时，我想到一个好办法：周末我邀请邻居和门口的孩子们来我家，然后对女儿说："今天，你就把它当成你的第一次登台表演，他们就是你的观众，不怕，放心地弹，有妈妈在呢！"就这样，我把古筝放在了院子里，邻居们也都很配合地坐好了，女儿看着这么多人，还是不由得害羞起来，邻居们自发地鼓起掌来给她加油，女儿终于放开了，认真地弹奏起来。那美妙的音符仿佛传遍了整个弄堂，回荡在每个角落。她那娴熟的指法得到了大家的肯定，邻居们又一次纷纷鼓起掌来。通过这次的模拟表演，她也对自己有了更足的信心，我们悬着的心落地了。艺术节开幕当天，女儿更是超长的发挥了自己的水平，博得了老师、同学们的一致好评。

　　看着在练琴路上蹒跚而来的女儿，如今会不时地露出自信的笑容，我也会忍不住跟着笑。我想对女儿说："加油吧孩子！让爸爸、妈妈陪着你一起在这里继续幸福快乐地成长吧！"

第三方视角

幸运的艺术情缘

朱崇福

家长说，艺术是有缘分的，这缘分就来自于董二小学。学校让我们的孩子和艺术结缘。一位母亲发自肺腑的感言:"感谢学校的艺术教育,让我看到孩子的艺术表现如此强,音乐的力量是那么的大。"

"艺术豆在家里播种、生长、开花、结果,艺术活动成为了许多学生家庭生活的一部分,成为了亲子关系的催化剂,艺术让孩子们的生活更加多彩多姿。"家长欣喜万分地如是说。

董二小学的孩子是幸运的。幸运的是他们或者拥有好的艺术天资,或者并不是天资聪颖,都一样的拥有了艺术的情缘。这情缘,源于学校、源于老师,也源于孩子的家长们。孩子们在董二小学,用歌声演唱了美丽的童话,用彩笔绘出来美妙的世界,用艺术打开了一扇扇幼小的心窗。

辛勤耕耘的董二小学的老师们,热爱每一个孩子,拥有极高的职业素养,拥有着一颗崇高的敬业之心,拥有美好的艺术追求,他们要把自己的拥有传递给孩子们。是的,他们做到了! 是他们,用自己的热情燃烧起学生的艺术情缘;是他们,把一个个尚在艺术懵懂期的孩子,把一颗颗稚嫩的心涂抹上艺术的色彩;是他们,铺设艺术启蒙之路,开启金色童年之门!

董二小学的家长也是幸运的,心中是美好的。看到自己的孩子在艺术的花园之中健康成长,每天在学习进步,每天在音乐、美术的长廊里漫步,从无到有,从小到大的增长着艺术的细胞、艺术能力和艺术修养。看着一天天越来越自信十足的小脸,作为父亲母亲,可以想象,那内心是怎样的一种满足、高兴和自豪! 内心也充满着对学校的感激!

看着孩子略带稚嫩的表演与作品,家长十分骄傲地感叹着。"我要一辈子做女儿的粉丝!"是呀! 家长的坚守,孩子的坚持迎来的是孩子们的成长和成功! 家长享受着孩子用艺术带给他们幸福:"就在不经意间,女儿的歌声触动了我的心灵,从她的声音里,仿佛找到梦中的幽静,洗去一身疲乏……""我仿佛透过这双眼,看见了她的成长,看见了她的灿烂的未来。"其实,家长为自己的孩子骄傲着,情不自禁唱起了赞歌。

看似一所名不见经传的普通小学,把"高大上"的艺术带进校园,营造出一片艺术教育的肥田沃土。学校坚持办一所学生喜欢的学校,坚持办人民满意的教育,坚持有教无类的深刻教诲,从不忘却自己身上的责任。在学校文化传承与发展的进程中，注意力永远坚定不移地聚焦在学生的成长上。

第三节　让梦想起飞的地方

为了孩子们的艺术梦想有这样一群教师，他们不满足于固有的课堂教学，他们始终在思考，在探寻，并努力付诸于实践，为孩子们开启更为宽广的艺术道路。

教师兴奋于上海艺术展馆资源的空前繁荣，为孩子们精挑细选各类展览，和学生们一起感受艺术世界的无穷魅力，为学生设计有趣的活动任务单，留下他们自主探究、享受艺术的足迹。教师关注来自天南地北孩子们的生存质量，为孩子们收集编写经典童谣，和学生们一起唱出沪语童谣的特有韵味，用上海方言把孩子们融为一家亲，共同感受上海的海派文化。校本艺术课程的建设是创新的过程，更是艰辛的劳动，我们的教师为此累并快乐着，因为在学生得益的同时，他们也为自己的职业发展找到了崭新的突破口。

每一个学生都有着自己的世界，为了让其变得更加独特更加精彩，我们的教师时刻努力着，从不言放弃。琵琶训练太苦了，女孩退缩了，是老师把她带到了扬琴边，让她重拾信心；父母闹矛盾了，孩子痛苦焦虑，七彩小舞台让蔫了的花儿再次绽放；羞涩文弱的孩子，在无数次的绘画创作中，学会了表达自己的情感。教师们用艺术的甘露滋润童心；用艺术的坚持磨砺学生；用艺术的包容鼓励孩子，我们的学生变得美丽、坚韧、大气……

艺术教育让每一个董二人生命更多精彩，人生更多选择。

教师心路集锦一　课程放飞梦想

我们唱出世界的声音

周瑞芝

某一个周五的下午，刚刚结束了合唱训练，我走进办公室，突然看见 QQ 上一个头像闪动起来，打开一看，竟然是一个毕业许久的孩子发来的问候："老师,你还好吗?是在排练合唱吗?合唱队的新同学听话吗?我们也快要参加合唱比赛了,中学的课业很紧张,我们都没有太多时间唱歌了,好怀念以前和你一起排练的日子哦!听说你前一阵病假了,要注意身体哦!有时间我来看你!"看到这些温暖的语句,我的心头不禁涌上一阵暖流,与他们相处的点点滴滴仿佛又回到了眼前。

还记得 2004 年,我成为了一名小学音乐教师,初出茅庐的我摩拳擦掌打算在合唱教学中有一番作为。自幼学习声乐,大大小小参加过不少知名的合唱队,我自认对合唱经验丰富。可是真的当学校合唱队成立之后,我却傻了眼,对于我们学校这些从未受过任何正式艺术培训的孩子来说,要唱出一首完整的两声部合唱曲,着实是一件难事。怎么办?看着他们信心满满的样子,真不愿让自己的挫败感影响到他们。要在短期内排练出满意的作品,就必须有一个系统详尽的训练规划。此时,春天合唱团的专家朱均雄老师和徐亮亮老师给了我莫大的帮助,这两位从小培养我长大的恩师不仅和我一起安排训练计划,更一同参与到我们的日常训练中来,把许多枯燥乏味的环节变得生动有趣。我和孩子们一起努力地吸收着这一切的一切,对他们来说,这是从未有过的新鲜体验:歌唱中的呼吸原来应该是这样的;发声需要用力的原来是小腹;咽腔打开就可以让声音变得更好听;两个声部演唱的时候需要听听另一个声部的声音……而我,则是在一旁把更多歌唱的技巧从纯理论的层面转化成孩子能够接受的语言甚至是肢体语言。更加幸运的是,学校领导对我的工作给予了大力的支持,让我们团队的成长愈发稳固起来。

终于,我们迎来了第一次的比赛机会。我和孩子们都以为这会是一次精彩的回忆,大家都异常兴奋地期待着这一天,谁知道却也是最慌乱的一次经历。星期六的早晨,合唱教室里一片兵荒马乱的景象。"周老师,某某某还没有来!""周老师,我的衣服找不到了!""周老师,我黑皮鞋忘记穿了!""周老师,我拉链拉不上去!""周老师,我头发松了!""周老师,救命!我口红擦在衣服上了!"……几乎每个孩子都在手足无措的求助着,我们六位老师不得不花时间替每个人都从头到脚完整检查一遍才能安心。就这样到了原定的出发时间,大家只能匆忙地练练声就上车赶往比赛地点。中午结束回到学校之后，我说："孩子们，我们谈谈好吗？"其实我并没有责怪他们的意思，但显然他们也对早上的慌乱心有余悸，便三三两两的一起在台阶上坐了下来。我问道："今天是有同学没有来吧？如果以后有意外情况比如生病之类的，你们说应该怎么办呢？"于是有人提议我把手机号码给他们，如果有请假或者意外情况发生可以请家长及时和我联系，这是个好主意！"早上还有不少我没想到的情况发生了，我们一起想想办法好不好？"大家都议论开了，有的说："把演出服按照队伍的座位放好就不怕找不到啦。"有的说："化好妆了就要小心一点不要动来动去，就不怕把口红擦掉了，妆掉了还要老师重新化，很浪费时间的。"还有的说："女生的头发在家里请家长梳好吧！换衣服的时候当心一点就可以了。"大家群策群力想了不少有用的办法，这些后来也变成了合唱队默认的"演出公约"。后来的几次演出比赛，我发现来求助的孩子越来越少，大家都开始懂得检查自己的服装和妆发，也经常能够看到高年级的孩子帮低年级的孩子整理衣服、头发，甚至有些老师都不曾注意到的细枝末节，像衣服塞到裙子里没有拉平整之类的问题，大孩子都会自己整理和帮助其他同学去整理，互相戴头花领结这类的，在他们看来根本都变成了应该做的小事。我的孩子们在合唱队里飞快地长大着，像大人一般承担起互相照顾互相帮助的责任。

　　经过了几年的系统训练和多次的演出比赛，我们的歌声变得不再松散了，我们的声部变得和谐动听了，我们的舞台经验也变得丰富了，可是我们也变得不那么爱笑了。我时常会从孩子们的脸上看见紧张的神情，他们是那么在意自己的音准是否完美，音色是否动听，却忽略了歌词本身所要表达的情绪。我开始反思自己的执着，歌唱的本意究竟是什么？难道只是要让孩子懂得那些经过系统训练就能掌握的技巧吗？我想我还是希望让他们懂得，歌唱是表达内心的一种方式，是要他们通过理解歌词的含义，从而唱出自己内心的声音。于是我尝试着在训练过程中加上歌词理解的环节，有时是自己说个小故事，有时是概括歌词的大意让学生谈谈自己的理解，情绪如何？是高兴的？还是难过的？有思念之情吗？有害怕紧张吗？你的表情会是怎样？谈到兴起之时，我和孩子们都会手舞足蹈哈哈大笑。一笑之后，我们都放松了下来，轻轻唱起歌时自然真情流露。这时，我想他们和我一样,都感受到了歌声中的美妙,声随心动。

细想我们学校"艺术育人"的教育主旨,这里的"人"指的不单单是学生,也包括老师。这些年的合唱教学过程中,我和孩子们一同面对过挫折,亦品尝过成功的喜悦,与其说是孩子们和我们的团队在成长,倒不如说是我和孩子们在共同成长。我会一直不懈的努力着,在合唱的这条道路上教会孩子们懂得:世界就在我们的心中,我们唱出了自己内心的声音,我们就唱出了世界的声音!

唱响沪语童谣,润泽快乐童心

徐　翎

"落雨喽,打烊喽,小巴辣子开会喽——"每当熟悉的午间音乐响起,我的脑海中就会不断浮现出沪语童谣拓展课上那一幕幕快乐的场景:

学沪语童谣,让距离拉近

每周五下午是学校的"快乐活动日",在欢快的上课铃声中,我与学生们相约在沪语童谣课上,开始愉快的学习之旅。"老师,什么是沪语童谣? 学起来难吗?"刚点完名,调皮的高雄就迫不及待地发问了。对于这些外地的孩子来说,能在课堂上学习他们平时常听到却听不懂的沪语,当然会有一种新鲜感。在我耐心的解释下,孩子们不但理解了沪谣的含义,还消除了畏难的情绪,尝试着自己讲,但不是语调不准确,就是掺杂着普通话的"洋泾浜",于是便惹来满堂的欢笑声。看着图文并茂的ppt,听着老师一遍又一遍的示范,孩子们饶有兴趣地练习读音,会念的同学们流利地念着童谣,还不时教着身边不会念的,互相纠正语音语调,在传唱充满童真童趣的童谣中,在童谣独特的韵味和节奏中,天南地北的孩子融为一体,成了一个和睦、和谐的大家庭。

玩弄堂游戏,让快乐增值

沪谣课上孩子们最期待的就是边唱边玩的游戏环节。一次,我提议由一位学生上台,和我一起为同学们示范玩《炒黄豆》这个弄堂游戏,大家一听跃跃欲试,高高举起了小手。我的目光移到了一个小男孩的身上，水帅帅，这孩子的性格比较孤僻，平时不太喜欢和同学交流，下课了也总是一个人呆在角落里，看到他举起又放下的小手，我毫不犹豫点了他的名。"炒、炒、炒黄豆，炒好黄豆翻跟头"，我们手牵手，边念童谣，边有节奏地翻转着身子，小家伙很聪明，不一会儿就能和我配合默契。"水帅帅太棒了！"班中响起了热烈的掌声。接下来我让孩子们自由结伴尝试玩游戏，很多人都来邀请水帅帅做同伴，看着他有些受宠若惊的样子，我笑了。一节课下来，孩子们不仅学会了游戏，还动脑筋创造了很多玩法，大家玩得不亦乐乎。多彩的弄堂游戏，为孩子们的课余生活增添了快乐元素，在体验和参与游戏中，他们共同感受着老上海的弄堂文化，增进了彼此之间思想情感的沟通，更为重要的是增进了他们对上海的了解和校园生活的热爱。

秀路边童谣，让童心飞扬

临近"六一"节前夕，沪语童谣班的孩子们正在为迎接校艺术节的召开准备节目《路边童谣》，这其中包括《酱油蘸鸡》、《摇啊摇》、《小皮球》等九首歌曲。虽然有些童谣是以前在课上教过的，但现在要配上音乐节奏让孩子们唱起来，还要加上动作进行表演，时间却只有短短的三个星期，难度确实挺大。为了能在学校舞台上充分展示自己的学习成果，在排演的过程中，孩子们投入了极高的热情：性格腼腆的和志刚从家中带来了 U 盘，让老师帮他把歌曲拷贝下来，为的是能在家里边听边练习，反复纠正自己的沪语发音；胖乎乎的季晨雅是一名本地学生，她人小鬼大，上海话说得特牛，每次排练时，她"言传身教"，煞有介事，俨然就是一个专业的小老师；"大肚子"李迦南累得"失声"，完全说不出话来，仍然一手扶着肚子，一手比划着一遍又一遍排练着，脸上总是面带微笑，从未听他有半句不乐意。孩子们付出了辛勤的汗水，也品尝到了成功的喜悦。在艺术节上，这首耳熟能详的《路边童谣》，引领全校师生穿越时光，重温着属于另一个年代上海"小八腊子"的快乐童年。孩子们用充满自信的神态、惟妙惟肖的表情、稚嫩的嗓音传达着对上海这座城市的热爱，抒发着作为"阿拉上海人"的自豪感。

在沪语童谣这一片天地中，我们欣喜地看到，孩子们的童真得到演绎，童言得到挥洒；孩子们的天性得到放飞，灵性得到舒展。烂漫的童心袒露了他们对七彩童年的遐想,对美好校园生活的憧憬,孩子们的脸上荡漾着幸福的笑意,洋溢着童年的欢乐。

悠悠琴声,悠悠我心
张　英

艺术从古至今都是中国最璀璨的明珠,纹几朵雪疏梅浅入画,吟数行儿女情长为章,似乎已经成为中国人生活的一部分了。墨色晕开了少年风华,笔砚点出了山河潇洒。丹青给中国留下了宝贵的财富,而中国的民族音乐亦承载着千年的积淀。音乐沉淀了一个人,乃至一个民族的底蕴。从不经意间改变了一个人。

学校注重素质教育,尤其是艺术方面。每年我们会从一年级民乐普及学习中发掘出一些好苗子,加入我们的小荷民乐队,进行专项训练。我作为民乐队的指导老师,配合音乐学院的授课老师进行训练,管理工作,在这几年里,我看了很多,也从中学到了很多。

还记得有这么一个同学,叫陈帅,一年级的时候一曲似百鸟争鸣,空谷回音的空山鸟语深深地将其稚嫩的心吸引住了。他跟随着自己的内心,决定报名加入二胡学习班。他的天赋也确实不错,很快被选入了民乐队。随着时间的推移,随着二胡曲目的难度上升,作为一个男生的不耐心的特点逐渐显露,在二年级的时候寻找着不同的借口逃避着训练,到了三年级,他干脆直接退出了民乐队。我不由地觉得有些惋惜,少了一根好苗子。本来事情就应该到此为止了,或许命运也不愿意看着这样一个苗子直接被荒废掉,一次学校的七彩小舞台上悠扬的二胡声大概勾起了他过往的回忆。我注意到他的眼神中不经意间流露出来的丝丝羡慕之情,觉得他的思想开始有了转变。为此,我开始与他父母沟通,并且与其本人进行深刻的交流,双管齐下做他工作。终于在一天早上他找到我,要求重新加入民乐队。我很高兴他能够战胜自己的惰性,下定决心重新回来。考虑到他拉下了不少的时间,我对他提出了更高的要求。要求他晨练不允许缺席,而且自己给他补上拉下的课程。

我默默地看着陈帅自己主动加练,看着他大跨步的进步,看着他成为民乐队的擎天白玉柱,跨海紫金粱。心中不由得为他鼓掌。为什么教学快乐，快乐不在于教学的过程与本身，而在于看到同学们进步时刻的喜悦。

民乐队的建设无疑是悠长而又艰难的，建设周期长，还伴随着老队员的退出和新队员补充慢的困难。然而，建设的过程又是愉悦的，看着一批批从无知，从仅凭兴趣与一腔热血的新队员逐渐成熟。我利用对他们的训练，一边对他们进行艺术熏陶时。不时的给他们讲点关于著名音乐家的故事，还给他们听点世界级名曲。

教育本身就是慢的艺术，艺术教育自然要花更多的时间。艺术教育不可能一蹴而就。但现代教育又无法给予我们太过漫长的无收益周期，而且也不允许我们侵占太多的正常教学时间。所以我帮助他们力争做到学习训练两不误。并且带着他们参加学校或者市里组织的活动，不仅可以令他们收获荣誉，而且还可以利用这些获得的荣誉去激励其他同学，使队里有一种良性竞争的环境。

艺术的优雅可以很有效地帮助教育开展，音乐可以有效的调动人的情绪，可以令人更快更好的去接受。我相信，艺术是现代教育最必要的辅助手段。无论是音乐还是其它什么。

漫步艺宫·印象杂记
季蓓蕾

至今还记得 2007 年的那次调查，还记得恩师对上海美术场馆教育深深的担忧，为 76％的学生无缘美术馆而遗憾，并为此四处奔波组织号召，我似乎就是从那时起关注我们的场馆教育。有幸，我们作为艺术特色学校，学校也期望通过艺术教育，让学生感受校园生活的愉悦，提高艺术修养，提升文化品质，并能加速融入上海这座大城市，成为新上海人。由此，开启了师生间共同的艺宫之旅，在漫长的旅途中我们一起步入艺术殿堂，一起感受艺术世界的浩瀚与无穷的魅力。

印象杂记一：探寻

经历了 2008 年、2010 年的双年展，到 2012 年中华艺术宫的正式开馆，上海的艺术展馆资源进入空前繁荣时期。那时，只要有展览活动，我就兴致勃勃的带领学生去参观。但是，有的画展学生很感兴趣,仔细看,而有的画展学生不感兴趣,在美术场馆里打打闹闹或者闲逛,这样的情景引发了我深层的思考:哪些画展是学生喜欢看的?如何让学生在参观之后有所收获呢?我和学生们一起努力探寻一条适合于我们学生特点的美术场馆教育的最佳途径和方法。

印象杂记二:选择

在一次次的参观活动之后,反复的修改、调整方案,我发现关键在于"选择":首先,选择适合的画展,以学生的兴趣为主,调查他们的关注点;其次,选择适合的策略,基于美术课程标准,与美术课堂教学相整合,设计多样化的活动任务单。

通过活动前的问卷调查、谈话交流,我和学生一起选择想要参观的画展。孩子们在中华艺术宫清明上河图特展前流连忘返,被上海美术电影展深深吸引,参观奥赛特展与国外名作的零距离接触,欣赏贺友直老先生的连环画品味老上海气息。看到孩子们终于静下来了,临摹自己喜欢的作品,全神贯注的完成活动任务单,这样的场景是多么令人欣喜呀!

开放性、探究性的活动任务单的设计,深深吸引了学生。绘本、相册、导览图等多种形式的活动作业,作为学生学习活动的记载与作品的呈现,留下学生自主探究、享受艺术的足迹。

当我们选择了艺术场馆美术教育的研究实践之路后,我和我的学生们一起成长,一起体验艺术世界带给我们的快乐。

印象杂记三:获得

时间走到了现在,离第一次参加双年展已有七年了,在这些年里,我和我的学生们获得了很多。

在艺术场馆美术教育活动中,学生们从寻常的生活中走出来,缩短了与艺术的距离;悄悄地在学生的心灵深处留下了美术体验的烙印,渐渐地成为一种潜移默化的动力,提升着学生的人文素养与生活情操。

全面实施过程中不仅学生受益,教师同样在这样的过程中也获得了新的启发,我也感受到自己在理念上的转变、在教学方法上的提高。利用美术场馆资源,在开放的美术教育环境中,和学生一起共同创造新的教学方式；丰富学校美术教育的内容。作为一名已经步入成熟期的美术教师，终于再次找到了新的突破口。《漫步艺宫》校本课程的开发，教材的出版，多次进行市级的展示研讨活动，每一分收获，代表着在艺术场馆教育探索之路上的每一个脚印，这是一项十分艰巨却很有意义的任务，值得我为之做出长期的努力。

教师心路集锦二　艺术润泽童心

为你推开一扇门
翁晓川

初见漫茹，是我担任一年级美术教学工作那会儿。

乍一看，这个女孩并不起眼，单眼皮、塌鼻梁、黝黑的皮肤、瘦小的个子，梳着齐耳的短发，发丝微卷，看着有些蓬乱。印象深刻是因为她的安静和龟速地涂色速度。

我决定找漫茹谈谈。我把漫茹叫到跟前，漫茹一如既往，略低着头，眼神朝下，双手放在身前，手指互相摩挲着指尖。

"漫茹，老师从你作业中看得出你上课很专心。你的画很棒哦！"

漫茹低着的头微微抬了起来，用漆黑的小眼睛望着我。"就是可惜画面上总有地方颜色没涂完。老师希望你以后涂色快点好吗？"

漫茹羞涩的微微一笑，点了点头。

在接下来的一次、两次、三次作业中，我发现漫茹完成作业的速度渐渐加快了，虽然有时还是会来不及，但是看得出漫茹一直在不停地努力使自己能按时完成作业。

一年级结束，我在漫茹的成长记录册中这样写道："这学期你完成作业的速度加快了。可是老师还想在上课时看到你高举的小手，听到你响亮的发言。只要你继续努力，你就有成为小画家的潜质。加油！老师期待你更大的进步！"

可惜二年级不是我执教，但是我仍能从同事口中得到漫茹的点滴消息。"嘿！你教过一定知道，二(3)班有个皮肤黑黑的、瘦瘦的小女孩画画不错哦！哎呀，名字我叫不出。"同事拍拍我肩膀。我微微一笑，自豪道："她叫漫茹，一年级时就很棒！"

三年级又见漫茹，虽然脸上还是带着一抹羞涩，但是眼神不再躲闪,说话不紧不慢。我让她做了美术小组长,负责收发学生作业和美术工具、材料。漫茹每回任务都完成的认真、仔细,工具、材料的分类整理,催促组员按时交作业,检查班级、姓名的书写规范。教室里开始回荡漫茹青涩又肯定的指令,别说漫茹还真做的有声有色!

转眼,再见漫茹,她已经是一名四年级的小队长了,人长高了不少,头发也留长了,乌黑的长发梳了个马尾垂在脑后。虽然我已经不执教漫茹了,但是鉴于她美术课一贯良好的表现,我们美术组的老师一致同意她成为我校七彩画社的成员。而漫茹的美术课堂作业也开始渐渐作为优秀学生作品在中高年级楼层展出。

2013年春,我们七彩画社决定带学生们去中华艺术宫参观巴黎奥赛博物馆珍藏展。一路上,学生们利用仅有的十五分钟车程交头接耳。只有漫茹一人临窗沉默不语。我顿感好奇。

"漫茹,你怎么了?"

"我晕车。"

漫茹不语,看得出她很辛苦并努力控制住胃部翻滚所带来的一阵阵不适感。

下车买票,寄包入馆。漫茹一手护着胃,一手插在口袋,默默地走在队伍的后面。志愿者开始为我们讲解名作了,漫茹听得很仔细,目光随着志愿者的讲解在不同的名作上停留着。但是逐渐的,漫茹拉在了队伍的最后。

"老师,我想吐。"漫茹轻轻拉了拉我的袖口。

于是,漫茹"奥赛行"的后半段就是我俩并排坐在奥赛馆门口,她手里拿着自备的垃圾袋,边吐边看着对面墙上滚动播放的各项展览资讯。回校路上,我问漫茹:"下次观展你还来吗?"漫茹回答我,"嗯。吃好晕车药再来。"

2013年秋,七彩画社去中华艺术宫参观中国动画的消息传来,漫茹高兴得蹦得老高。想着能一窥中国动画原稿,同学们都笑着咧开了嘴。出发前,大家早早地背着书包在美术室集合了。

清点人数,"漫茹呢?"

"大概不去了吧! 上次晕车晕的太厉害了。"

"我来了! 等等我!"漫茹提着一个水壶一路小跑冲进了美术室。

"你这次再晕车怎么办?"我望着漫茹因奔跑黑里泛红的小脸。

"没关系。我晕车药都带了，还准备了塑料袋。"边说漫茹从左边口袋掏出两粒白色小药片，又从右边口袋拽出了塑料袋。有了这充分的准备，这次漫茹终于安心的参观完了整个展览。

2014年秋，我们漫步艺宫、创意美术、书画童缘三个拓展课的老师决定带学生去中华艺术宫参观贺友直画故事馆藏捐赠作品陈列馆。漫茹亦是同行的学生之一。在准备课上，她双目炯炯有神地盯着屏幕上老师提出的参观要求，兴奋期待之情溢于言表。塑料袋、晕车药早早地记进了她的备忘录。今年五年级的漫茹，或许这将是她最后一次随我们参观中华艺术宫了。回校路上，我又问漫茹："以后你还会来中华艺术宫吗?"漫茹一边望着中华艺术宫，一边坚定的回答我，"嗯，叫爸妈带我来!"

一晃五年，我目睹了漫茹从一名爱好画画的小朋友成长为留恋艺术宫、渴望亲近艺术的学生;也见证了漫茹从一名羞涩、内向的小女孩成长为开朗、自信的小姑娘。五年说长不长，说短不短。作为一名再普通不过的学生，漫茹从不在外参加任何艺术班。她和艺术最多的接触就来自学校的美术、音乐课，各级各类的美术活动、外出参观各类艺术场馆。但热爱艺术的种子就这样植入了她的心田，并逐渐开始生根。我不知道漫茹今后的发展是否与艺术有关，毕竟学艺术只是为了多一种表达自己的方式，就像不学画的也可以欣赏画。我们自己常希望人生的经验更加丰富，而艺术馆就能大大拓展我们的人生体验。我们可以从作品中看到各时期人们的生活状态;我们可以看到同样的题材在不同的时代与画笔下，可以有如此多的呈现方式;我们还可以看到世界的意义，在画框之内，竟然可以颠覆、歪曲和延伸。我们带学生进艺术馆，不只是为了眼睛享受，所谓传统的"陶冶情操"。更贪心一点，是希望在他们将来的生命里，打开一扇通往自由和无限的门。希望他们会对艺术有尊敬亲近之心，知道世界还有另外的样子。

我梦想的艺术舞台
钱晓洁

"卖汤圆，卖汤圆，小二哥的汤圆是圆又圆……"望着台上这个充满自信与活力的女孩,我不禁心潮起伏。两星期前的一幕浮现在眼前……

"钱老师!"一个微弱的声音在我耳边响起。抬头一看,原来是周纹卉,文静,稍稍内向的女孩子。"怎么了?"我看着她。"我……我……我想参加元宵节亲子大比拼活动。我喜欢唱歌!"她的声音很低,怯生生地,但我可以从她迫切的眼神中寻找到内心的渴望。"但是你妈妈能参加吗?"我觉得有些为难,因为还没征求过其他孩子的意见。"钱老师,让我去吧,我妈妈一定会答应的。我多么想登上阳光电视台,多想在校园的舞台上表演!"她那近乎于哀求的眼神让我没有办法拒绝这个女孩。"好吧,回去好好准备!你一定行!"她几乎蹦跳着离开。

一个登上艺术舞台的机会居然可以彻底改变一个孩子,这让我觉得自己做出一个多么正确的决定。每每下课,午间,甚至放学,我总是看到她拿着歌词轻轻哼唱。她变得开朗起来,一遍又一遍地唱给同学听,她还特意跑到我面前告诉我,妈妈也在加紧练习。离比赛的时间越来越近了,那天,她兴冲冲地跑到我跟前,"钱老师,我唱一遍给你听吧!""好,我做你的第一个观众!"我这样鼓励她。

清脆的歌声响起,脸上洋溢着的童真和欢乐让我看到这个孩子对艺术的热爱。

"唱得真好,咬字清晰,表情自然,音调准确。"我的赞美令她脸上又多了些光彩:"这些都是我在校合唱队学的,我可喜欢唱歌了……"她滔滔不绝的向我讲述着和妈妈一起排练的过程,这是她第一次和我聊了那么多话。

舞台上,这个女孩仰着头,和妈妈你一句,我一句地唱着《卖汤圆》,她的头微微摇动,身体随着节奏起伏,她终于登上了校园的艺术舞台,她多像一只蜕变了的蝴蝶,在自己的天地里尽情释放才华,而令她破茧而出的地方,就是这一方艺术天地——学校艺术教育。而她的母亲,牵着女儿的手,也是那般投入地表演,母女默契的眼神,一颦一笑都是一幅温馨的画面。

比赛结束后,母亲和我聊起这段时间母女俩的排练,她感谢学校的艺术教育,丰富多彩的艺术活动让她看到了女儿脸上灿烂的笑容,女儿总是滔滔不绝地讲述着学校发生的一切。母亲最后的话让我倍感温暖："我们没有选错学校，让孩子快乐地学习，拥有一技之长正是我们家长所希望的。"

校园这块艺术的土壤，让他们相信自己，把梦想、期望连同种子撒在这块土地上，或许会长成一棵会唱歌的、会画画的、会弹奏的、会创新的金苹果树！

民乐——为孩子插上梦想的翅膀
蒋雯琴

下一个节目是五（3）中队蔡靖同学表演的扬琴独奏《金蛇狂舞》，只见一个小姑娘优雅地走到舞台中央，深吸一口气，面向观众们鞠个躬之后，手持琴竹，在扬琴上轻快地敲击起来。悠扬的乐声响起，看着眼前这个自信、快乐的女孩，我不禁想起那个孩子……

曾记得那个爱哭鼻子的小不点第一次怀抱琵琶是那样好奇，那样兴奋。但欣喜过后，枯燥而又单调的音阶练习让女孩觉得乏味，孩子失去了兴趣。无论老师怎样劝说，孩子总是流着泪，轻声说："老师，我弹不好，我不想学了。"家长也来说："孩子实在不想学，也没办法。再说，我们的孩子没有音乐天赋，今后也不可能往民乐方向发展，还是算了吧！"唉，强扭的瓜不甜，尽管觉得可惜，孩子最终中断了学习。

每一次的"七彩小舞台"汇报演出，孩子总显得那样专注，特别是教室里弥漫着那阵阵丝竹之声时，一个个民乐队的成员在自信地演奏时，孩子的眼睛中总闪现出异样的光彩，她会情不自禁地轻轻哼唱，有时还会学着舞台上表演者的样子，装模作样地弹奏一番。每当这时，我总会思忖，孩子是否特别羡慕那些在台上表演的民乐队队员，也为自己的过早放弃有些许的后悔。

机会终于来了，四年级时，民乐队准备招收扬琴乐手。当得知这一消息，孩子第一时间走到我面前，怯怯地说："老师，我想试试，你说，我能行吗？"看着孩子渴望的眼神，我沉默了一会儿，说："台上十分钟，台下十年功。你别只看到他们能弹奏出美妙动听的音乐，收获观众们的掌声，享受到成功的喜悦。在这些背后，是他们所付出的努力和汗水。你能坚持吗？"孩子点点头说："老师，你曾经对我们说过，只要功夫深,铁杵磨成针。这次我一定会努力学习,不会再半途而废了。"看着孩子信誓旦旦的样子,我欣慰地说:"行,宝剑锋从磨砺出,梅花香自苦寒来。老师相信,只要有恒心,你一定会取得成功。"孩子听了,甜甜地笑了。

自此以后,孩子从最基础的民乐知识开始学起,每一次民乐队的训练,她从不落下。一个个音阶,一首首曲子,孩子认真地学习着,从不叫苦,从不叫累。每当听到民乐指导老师对孩子的表扬时,我是那样高兴。

今天,孩子站在了舞台的中央,是那样的自信,那样的快乐。是民乐为孩子插上了梦想的翅膀;是民乐学习让孩子懂得坚持的可贵;是民乐让孩子变得自信;是民乐让孩子享受到成功的快乐。"小荷才露尖尖角",孩子,老师期待你取得更大的进步,享受音乐带来的快乐。

艺术的舞台让她变了
张　瑛

望着玥玥爸爸带着玥玥远去的背影,回忆着家长和孩子两年来的巨大变化,我的心里对学校七彩小舞台的开设,更加赞赏了。

真是多亏了学校七彩小舞台节目的创设,不然,我们班的玥玥真的被她的父母"毁掉"了。

记得两年前,刚入学一个月左右的玥玥,在一个阴沉沉的早上,踩着急匆匆的脚步来到教室门口。原本干净可爱的模样,全然不见了:白净的脸蛋儿上,留着黑黑的汗渍;长长的头发凌乱地扎成一个马尾辫,歪斜着翘在后脑勺;衣服皱皱巴巴的。她以这副模样出现在全班面前,霎时间,我们都惊呆了。这是怎么了? 经过了解,孩子的父母发生矛盾,要闹着离婚了,疏忽了这孩子的生活了。可想而知,玥玥的学习也一落千丈了。曾经多次试图着去挽救这个家庭,可裂痕之大,我无力回天……

玥玥这孩子,也就成这样了:白白的脸依然白白的,可是失去了原有的红润之色;高高的个子依然很高,可是失去了健康的精神;积极的小手,再也不愿多举了;漂亮的字迹,消失得无影无踪了;红红的小"×",在本子上随处可见了……她似乎对一切都失去了兴趣。我静静地观察着她,默默地以己之力关心着她,生怕自己的一个闪失,会让她走得离大家更远更让人揪心。

时机出现了!

那是一个阳光灿烂的周五中午,学校有五年级的七彩小舞台节目表演,为了鼓励大家能静心观看校电视台的活动,我拉了窗帘,提前发了《节目评选单》,还做了这样一番动员:等一会儿,我们要观看高年级哥哥姐姐表演的节目,如果你最喜欢哪一个节目,可以把它的编号填在表格下面。可是要记住哦,别看他们那么了不起,其实啊,他们一年级的时候和你们一样,也是看着别人的节目长大的。关键是他们看到了喜欢的节目之后,能自己也去学一样本领,而且能坚持学习,不怕苦、不怕累,才会有今天舞台上的精彩演出! 如果你有兴趣,也像他们一样去学,去坚持,说不定还比他们的节目要精彩一百倍呢!

将要蔫了的花似乎闻到了春雨的潮味儿,玥玥那黯淡的眼光有了亮亮的光泽。半个多小时的节目直播,看得她眼睛也不眨,身子也不歪。我的心在笑了。

课余,我分别找了玥玥的爸爸妈妈。促膝谈心之后,他们愿意达成一个共识——为玥玥培养一个艺术特长,来展示他们共同对孩子的爱。不久,孩子高兴地来告诉我:"张老师,爸爸妈妈一起带我去学跳舞了,我好开心啊!"

傍晚放学的时候,我把这句话转达给了她的父亲,他噙着泪花,向我低沉地说了声:"谢谢张老师! 再见!"我至今仍然记得父女俩当时离去的背影,因为这孩子已经如美好之花,正亭亭玉立地含苞待放着呢!

听,三个星期后的一个早上,玥玥满脸通红地来到我面前,笑盈盈地说:"张老师,告诉你啊,我在跳舞班里是最高的一个,还是那个班里跳得最好的呢!""是啊,这段时间,你是越来越棒了!"我摸着她柔软的头发,爱怜地对她说,"我看到了——你的字越来越漂亮,和班长一样好;你的声音越来越动听,朗读的课文能赶上录音了;你的短文也越写越好,我划的波浪线多起来了!"她惊喜地看着我,似乎不敢肯定她刚才亲耳所听到的。我不紧不慢地又说着:"因为你的父母十分爱你,知道你十分喜欢跳舞,所以他们愿意花时间送你去,陪你学。同时,你也很争气,除了舞蹈班上认真学以外,学校里也认真学了。"我的这番话,说得她自信满满。

是的,她跳得更认真了,学得更努力了。在一年后的学校六一艺术节活动中,她的演出获得了大家热烈、持久的掌声,她那时的笑容也显得灿烂无比。

哦,七彩小舞台尽管很小,却犹如黑暗中的一盏明灯,给了玥玥一片光明;犹如沙漠里的一片绿洲,给了我们教育者一片希望;犹如大海中的灯塔,指明了学校一个航道;犹如冬日里的暖阳,给了这个家庭无限温暖……原来,艺术的舞台可以使人产生这样大的改变。

教师心路集锦三　童心唱响未来

因为努力,所以无瑕

黄　迪

艺术是一个极具灵性的东西,它本身从不分高低,阳春白雪是艺术,下里巴人也是艺术。在我们这样一所小小的学校里,也充满了艺术的气息。我们可以通过欣赏同学虽显稚嫩,但是充满童趣的书法而感到快乐,可以通过聆听着满是天真的童声而感到轻松,可以通过漫步于同学所创造的艺术画廊而体验新奇,也能仅仅从一个小小的节目而获得感慨。

那是一个由学生自行组织,出演的七彩小舞台活动。还记得当初我们班学生刚刚接到任务的那一刻,先是被这个难度给吃了一惊,毕竟,对于一群仅仅才三年级的小学生来说,写串联词,组织节目,无论哪项,难度都不低。但令我感慨的是,他们转而出现了跃跃欲试的表情。不惧艰险,迎难而上是我平时的教育中贯彻的。既然他们有着这样的劲头,我也就拭目以待了。起初,确实遇到了不少的困难的。台词不熟,默契不足,如此种种。或许我们同学的能力确实有所不足,但是他们以最简单的办法去解决,他们一遍一遍地操练,一遍遍的反思,大有即使拿肌肉记忆也要记住的气势。"×××,你台词错了""×××,你快了,你应该再等1秒""你这样,你在我说道×这个字的时候,换气,时间应该差不多"。终于……

"当清晨的第一缕阳光洒向大地"，"当春天的第一丝微风拂过脸庞"。"这是欢乐美丽的小世界这是甜美幸福的小世界"。"花开的季节，我们在美丽的校园中愉快学习，享受童年的快乐"，"花开的日子，我们在艺术的花园中翩翩起舞，放飞童年的梦想"……

所有人都拿出了自己全部的水准，将第一次上舞台的胆怯，第一次面对观众的羞涩抛却脑后，整个节目自然空前的顺利。演出结束时，从全校各处传来的掌声便是对他们最好的肯定。

清风拂过我的耳畔，打断了我对往事的追忆，又带来了我对前事的感慨。

他们接下任务的时刻一眼望去看不到前路的蜿蜒，他们不愿意轻易的妥协，用自己的努力踏过崎岖艰险。他们用行动充分证明了不积跬步无以至千里，聚沙成塔才是正途。

更何况作为一个集体活动，能激发了他们的集体荣誉感和个人自尊。如果说集体是一块宝玉，那么何须收敛风华？他们将自己最好的一面展现出来。宝玉应无瑕，没人愿意成为大家的遗憾。自然拼尽全力，那么即使有些不可预料的意外，那也无悔无怨。

或许等到他们长大了，依然会记得这场烟花璀璨，他们人生中的一场小小的怀念。或许以后等到他们各奔前程，还能记得自己曾经为了这样一场小小的活动拼搏过，纵然不向他人提及，可在心里还是骄傲的。

他们无怨无悔拼搏的是艺术，而又不只是艺术，那种精神不单单存在于艺术中，更在于学习与生活中。这种精神是可以改变一个人的。更何况，他们为之努力的艺术同样有着升华人性作用。

因此学校大力开展艺术教育，利用艺术陶冶学生们的情操，尝试在日常的教学过程中融入艺术的气息，营造校园艺术文化氛围。经常为学生提供一个展示自我，表达自我，体会自我的舞台。不仅仅如此次的七彩小舞台，还如中国人过中国节，书法、合唱、美术创新大赛活动……

虽然开展的活动不少，但是学生不被施加太大的压力，而且一直给他们灌注的努力便无怨无悔的理念。艺术本身是一块无须过多打磨的璞玉，只需要让它在自然的环境下自然的成长。自然的才是最好。过多的压力会使玉上的裂缝越来越多，最终令其失去最纯粹的本真,失去了打磨它的意义。但是我们不能放任其自流,所需要做的只是顺势引导。让其自身努力,努力磨平这块宝玉天生带着的瑕疵,并且让他们记得这种努力的感觉和无悔的决绝。而这又已经不止于艺术的领域,更是会对他的整个人生带来巨大的影响。

我不奢望他们能够达到艺术的高等成就,但我希望他们能永远记得这种带有一丝丝艺术的氛围,和这种拼搏的劲头。

打开心窗,绘出美丽世界
叶　晴

春游啦! 我和孩子们兴高采烈地来到了雄伟的中华艺术宫观赏画展。中华艺术宫是一个特大型美术博物馆,集中展示了当今全球华人的艺术成就,有中国各类艺术珍品,以及来自英、法等世界博物馆的众多艺术瑰宝。孩子们秩序井然地参观、欣赏,时而窃窃私语,时而啧啧称奇。忽然,人群沸腾起来,"这是董二小的儿童画哦!""这是我们同学的作品哎!"孩子们惊奇、欣喜、羡慕,甚至激动地拥抱起了身边的小作者。

能在中华艺术宫参展,多么了不起的董二学子啊!

在董二小学美丽的校园里,有这么一群孩子,或是拿着画笔,或是背着画板,穿梭于教室和画室之间。在美术季老师的指导下,孩子们从练习作画姿势开始,画线条,学构图、搭配色彩。慢慢地,孩子们能够自己灵活运用绘图技巧了;慢慢地,孩子们可以和季老师交流构思了;慢慢地,一幅幅色彩斑斓,充满想象力的儿童画跃然纸上。

每天,见孩子们匆匆而过,留下一个微笑,留下一个背影,是什么吸引着他们执着于绘画艺术? 带着一丝疑虑,我好奇地问孩子们:"你们学习绘画,玩的时间没有了,值得吗?"

孩子们七嘴八舌地回应:"我喜欢绘画,它已经成为我的一项爱好。每当我高兴时,会想起画画;每当我郁闷时,画画排解我的烦恼;每当我无法用言语描述时,我就会拿起画笔,用图来交流。"

"绘画培养了我做事认真的好习惯,我现在能静下心来认真学习了。"

"绘画是一种表达思维的方式,我可以把心里的想法画出来。我在做数学应用题时，喜欢用图形或线条来表示，甚至用一幅图来帮助解题。我觉得画图让解题思路清晰，解题速度也快。"

"绘画使我养成了敏锐的观察力，在生活中，妈妈总说我看问题的方式与众不同。"

"我的绘画作品展示出来了，我很有成就感的呢。"

……

哦，原来如此，绘画艺术所赋予的内涵吸引着孩子们为之着迷。绘画为孩子们打开了一扇心灵的窗户，透过心窗，孩子们享受着灿烂阳光、鸟语花香，享受着绘画艺术带来的乐趣，同时也将精彩世界纳入自己的想象空间，让美好游走于画纸之间。

董二学子们，打开心窗，绘出一片缤纷灿烂的美丽世界，让艺术之花引领你们走向成功之路。

魅力艺术就在我身边
于　靖

每当我走进校园，总能看到一幅幅栩栩如生的水墨画，那山、那水，让我感到清新宜人；那可爱精致的"皮影"更是让我大开眼界，你瞧！那两个穿着古色古香戏服的小可人，背对背地跳起了舞，是那样的可爱，是那样的精致；一个神态威武的武士骑在一匹高头大马上，好不威风！一条腾空飞起的蛟龙呼之欲出，令我啧啧称赞；还有那可爱的维尼小熊、五彩的大鳊鱼、还有那抽象派的创意水彩画……我不禁感到我校坚持"以艺辅德、以艺促教"理念的可贵！它让我真切感受到了我校开展艺术教育的魅力！

我们常说教育要以情动人，以情感陶冶人，教育孩子关键是要有一个"情"字。"情"从何来？我觉得，单纯地说教，对孩子们的影响必定是苍白无力的，一味的树典型，孩子只知道盲目地照着做。梁启超也说过："情感教育最大的利器就是艺术。"音乐、美术、文学，这三件法宝开启了情感秘密的钥匙。这就是说艺术在情感教育中的作用是其他任何形式都无法替代的。我觉得我校的艺术教育以其全方位的影响、多感官综合刺激，为学生拓宽出一片发展的空间，使他们的身心得以愉悦，情操得以陶冶，人格得以健全，有效地提高了学生的整体素质。

　　记得在一次春游实践活动中,最令我难以忘怀的是中华艺术宫的那条璀璨的观光步道。听我们张校长说,中华艺术宫在观光步道布置了《中小学美术教育成果展》,展出了上海全市近十所中小学的美术教育成果。我们董二小就是其中之一! 我听了简直不敢相信自己的耳朵! 那天,我刚迈进中华艺术宫 300 米的观光步道时,远远就望见那步道上展示着近百幅美术作品:素描、油画、版画、民间扎染、黄草草编等艺术门类,看得我眼花缭乱! 那美丽的笔触,柔和的线条,鲜亮的色彩,顿时把我带到画家的生活里,恍如身临其境! 那一片祥和,那一片美丽,让我感动不已! 我还听我们学校的美术老师说,在上海世博会期间,从全国各地收集而来的百幅青少年优秀画作在观光步道展出,还成为了中国馆亮点之一呢! 我想:那我们学校的学生画作能"登堂入室",岂不让人自豪? 我定睛一看,可不是吗? 我亲眼看到了我们学校的学生画作啦! 啊! 那条"艺术教育长廊"让我流连忘返! 周思嘉的《我们学京剧》、陈蕴琪的《我的马儿跑得快》、范绍雯的《美丽花孔雀》、李小玉的《火红的鸡冠花》、陶荫楠的《老师的雨伞真大呀》、詹宇婷等《八仙过海》、张宇洁的《奇妙的海底世界》……我徜徉在中华艺术宫的"艺术教育长廊",静心欣赏着每一幅作品,耳边不时传来我的学生的啧啧赞叹:

　　"老师,你看,这四个穿着戏服的人,真漂亮!"

　　"哟! 这只孔雀也很好看!"

　　"这把伞真大呀! 伞下有那么多人!"……

　　是呀! 孩子们都沉浸在画作里,神情是那样的专注! 那样的投入! 我也不禁被《老师的雨伞真大呀》所吸引,那幅画刻画得是那样生动,颜色是那么饱满,那么富有想象力,似乎看到学子们在老师的温情、抚爱、庇护的大伞下的欢快、亲昵、满足……难怪孩子们会和我一样兴奋不已! 这时,有一个孩子悄悄对我说,他也要刻苦练画,争取让自己的作品也能挂在艺术宫的展墙上。我听了激动不已,直摸他的小脑袋!

　　是呀! 孩子们用自己的画笔描绘着梦想,描绘着未来,他们需要的是丰富多彩的校园生活,需要用艺术来做点缀,而艺术则来源于美丽。学生绝对不是考试的机器! 苏霍姆林斯基曾说:"当孩子跨进校门以后，不要把他的思维套进黑板和识字课本的框框里，不要让教室的四面墙把它和气象万千的世界隔绝开来。"中华艺术宫的观光步道为学生搭建起这样一个艺术体验和展示的平台，着实幸福！

我们学校的美术老师充分利用这一平台，想尽一切办法，帮助孩子们发现美、表现美、创造美、细细地品味校园生活，积极引导孩子们主动接触生活，充分感受生活，大胆创造生活，最大限度地发挥孩子们的审美潜能，提高他们欣赏美的能力，这得需要付出多大的心血呀！敬佩之情油然而生！我想：艺术教育的最终目的，是在思考教育过程中如何获得和体会与每个学生相匹配的表达方式，激发其未觉醒的潜力。很庆幸，我校非常注重温馨校园文化艺术环境的建设，营造出和谐、文明、高雅、活泼的校园文化氛围，无疑是推进了学校艺术教育的健康发展。这也就是我校坚持倡导"以艺辅德、以艺促教"理念的可贵！我校开展艺术教育的魅力！

我校在坚持"以艺辅德、以艺促教"的理念下，丰富了孩子们的校园文化生活。校艺术教育造就了更加浓郁的校园文化艺术氛围，为学生的全面发展提供了一个七彩大舞台，使学生们在校园中更快乐、健康地成长。我想，引导学生走进生活、融入生活，徜徉在生活的怀抱里，用眼睛、耳朵去感受美、用童心与双手去创造美，是每一位老师应尽的责任。美术教育家罗恩菲德曾说："在美术教育中，绘画只是一种达到目标的方法，而不是一个目标。美术教育的目标是使人在创造过程中变得更富有创造力，而不管这种创造力将施用于何处。"也就是说当孩子们长大成人后，由于他们在美术学习中所形成的良好情感，而为其获得更多的兴趣，发挥自己的潜力，并将之应用于今后的生活和工作中。我想，这大概就是艺术的魅力，这也是我校开展艺术教育的魅力！作为一名董二小学的老师，能和孩子们一起积极参与校艺术活动，在欣赏、体验、活动中感受到了成长的快乐，感到非常幸福！

第三方视角

永不止步的梦想

朱崇福

"花开的季节，我们在美丽的校园中愉快学习，享受童年的快乐"，"花开的日子，我们在艺术的花园中翩翩起舞，放飞童年的梦想"……学生们欢唱着。

老师们心想，"或许等到他们长大了，依然会记得这场烟花璀璨；或许以后等到他们各奔前程，还能记得自己曾经为了这样一场小小的活动曾经拼搏过，纵然不向他人提及，可在心里还是骄傲的。"

若是让梦想起飞，需要有一个至好平台，需要有强大的助力，董二小学就是这样一个地方。为了孩子们的艺术梦想，董二小学的教师，始终在思考、探寻，为孩子们铺设更为宽广的艺术道路。教师们不畏辛劳建设创新的艺术课程，他们为此累并快乐着。

董二小学的老师们，是一群心灵的守护者，用艺术润泽童心，用生命般的呵护，关心孩子的成长以及点点滴滴。在他们将来的生命里，打开一扇通往自由和无限的门。"一晃五年，我目睹了漫茹从一名爱好画画的小朋友成长为留恋艺术宫、渴望亲近艺术的学生，也见证了漫茹从一名羞涩、内向的小女孩成长为开朗、自信的小姑娘。"美术老师自豪地说；"学民乐的小女孩退缩了，是我们老师把她带回到扬琴边，让她重拾信心。"音乐老师深情回忆着说。是的，是教师们用艺术的甘露滋润童心；用艺术的坚持磨砺学生；用艺术的包容鼓励孩子，学生们渐渐的变得美丽、坚韧、大气……

董二小学的老师们，是放飞孩子梦想的艺术大师，是他们和孩子们一起唱出了艺术之声，唱出了童真童趣之声，一起用童心唱响未来。要想打开学生的心窗，让孩子在成长中焕发巨大的力量，着实不是一件简单的事情。老师们做到了！

"我和孩子们一同面对过挫折，亦品尝过成功的喜悦，与其说是孩子们和我们的团队在成长，倒不如说是我和孩子们在共同成长。我一直不懈的努力着，在合唱的这条道路上教会孩子们懂得：世界就在我们的心中，我们唱出了自己内心的声音，我们就唱出了世界的声音！"合唱指导老师感慨地说。

"绘画为孩子们打开了一扇心灵的窗户，透过心窗，孩子们享受着灿烂阳光、鸟语花香，享受着绘画艺术带来的乐趣，同时也将精彩世界纳入自己的想象空间，让美好游走于画纸之间。"绘画指导老师美美地说。

董二小学的老师们，搭建了学生展现梦想的艺术舞台。让他们施展艺术才华，可以尽情的表达自我，可以体验成功的感觉。"七彩小舞台""艺术之星"让学生登上校园的艺术舞台。"像一只只蜕变了的蝴蝶，在自己的天地里尽情释放才华，而令她破茧而出的地方，让孩子们的童真得到演绎、天性得到放飞、灵性得到舒展的地方，就是这一方艺术天地——学校艺术教育。"

董二小学的老师们是满足和骄傲的。他们在学校"以艺辅德、以艺促教"的理念下，用艺术教育造就了更加浓郁的校园文化艺术氛围，让学生们在校园中更快乐、健康地成长。"作为一名董二小学的老师，能和孩子们一起积极参与校艺术活动，在欣赏、体验、活动中感受到了成长的快乐，感到非常幸福！"

董二小学的老师们是令人敬佩的。是由于他们的坚守与执着。他们的传承与发展，坚守百年的优秀办学历史，又结合当代的现实需求，提出了"学校发展的文化续构"的办学思想，并且承担与研究完成了上海市的教育科研课题《"艺术育人"学校文化续构的实践研究》。在课题的引领下，校领导举全校之力，历经三年的艰苦卓绝般的努力奋斗，使得学校获得了凤凰涅槃般的变革，奉献给了我们一所令人惊艳的学校。

相信董二小学的老师们会一如既往，孜孜不倦、永不止步，实践美丽的艺术教育之梦！

附录　师生获奖情况汇总

我校学生在 2012 年 12 月—2015 年 9 月在艺术方面获得的奖项。

学生姓名	获 奖 名 称
	2012.12
王佳妮	阳光下成长——2012 黄浦区中小学软笔书法比赛小学组二等奖
张文皓	阳光下成长——2012 黄浦区中小学软笔书法比赛小学组三等奖
李　娜	阳光下成长——2012 黄浦区中小学软笔书法比赛小学组三等奖
秦天宇	阳光下成长——2012 黄浦区中小学软笔书法比赛小学组三等奖
秦天宇	阳光下成长——2012 黄浦区中小学素描比赛小学组二等奖
张文皓	阳光下成长——2012 黄浦区中小学素描比赛小学组二等奖
陈　申	阳光下成长全国第四届中小学艺术展演活动（黄浦区活动）书法一等奖
王佳妮	阳光下成长—2012 黄浦区中小学软笔书法比赛小学组二等奖
秦天宇	阳光下成长—2012 黄浦区中小学软笔书法比赛小学组三等奖
李　娜	阳光下成长—2012 黄浦区中小学软笔书法比赛小学组三等奖
张文皓	阳光下成长—2012 黄浦区中小学软笔书法比赛小学组三等奖
张文皓	阳光下成长—2012 黄浦区中小学素描比赛小学组二等奖
秦天宇	阳光下成长—2012 黄浦区中小学素描比赛小学组二等奖
张文皓	阳光下成长全国第四届中小学艺术展演活动（黄浦区活动）绘画一等奖

学生姓名	获 奖 名 称
	2012.12
林传宇	阳光下成长全国第四届中小学艺术展演活动（黄浦区活动）绘画一等奖
陶荫楠	阳光下成长全国第四届中小学艺术展演活动（黄浦区活动）绘画一等奖
王佳妮	阳光下成长全国第四届中小学艺术展演活动（黄浦区活动）绘画一等奖
王雨豪	阳光下成长全国第四届中小学艺术展演活动（黄浦区活动）绘画一等奖
徐 奚	2013 年黄浦区大同初级杯国际少年儿童航空绘画邀请赛一等奖
连心怡	2013 年黄浦区大同初级杯国际少年儿童航空绘画邀请赛一等奖
许皓东	2013 年黄浦区大同初级杯国际少年儿童航空绘画邀请赛二等奖
杜欣影	2013 年黄浦区大同初级杯国际少年儿童航空绘画邀请赛三等奖
李心雨	2013 年黄浦区大同初级杯国际少年儿童航空绘画邀请赛三等奖
秦天宇	黄浦区十四届教育软件设计及电脑作品竞赛评比小学组一等奖
洪 钰	黄浦区十四届教育软件设计及电脑作品竞赛评比小学组一等奖
叶添添	黄浦区十四届教育软件设计及电脑作品竞赛评比小学组一等奖
耿馨瑶	黄浦区十四届教育软件设计及电脑作品竞赛评比小学组二等奖
陶荫楠	黄浦区十四届教育软件设计及电脑作品竞赛评比小学组二等奖

（续表）

学生姓名	获 奖 名 称
	2012.12
许皓东	黄浦区十四届教育软件设计及电脑作品竞赛评比小学组三等奖
王雨豪	黄浦区十四届教育软件设计及电脑作品竞赛评比小学组一等奖
	2013.2
林传宇	绘画作品《我画马勒别墅》荣获全国第四届中小学生艺术展演活动艺术作品小学甲组二等奖
陈　申	在阳光下成长 2013 年区中小学生软笔书法比赛小学组二等奖
生越帆	在阳光下成长 2013 年区中小学生硬笔书法比赛小学组三等奖
李　娜	在阳光下成长 2013 年区中小学生硬笔书法比赛小学组三等奖
王佳妮	在阳光下成长 2013 年区中小学生软笔书法比赛小学组三等奖
陶向成	在阳光下成长 2013 年区中小学生软笔书法比赛小学组三等奖
赵君辉	在阳光下成长 2013 年区中小学生软笔书法比赛小学组三等奖
薛鑫豪	在阳光下成长 2013 年区中小学生软笔书法比赛小学组三等奖
王雨豪	2013 年上海市学生书画作品比赛和展览活动黄浦区活动小学组绘画一等奖
连心怡	2013 年上海市学生书画作品比赛和展览活动黄浦区活动小学组绘画一等奖
毛　威	2013 年黄浦区学生艺术节艺术单项比赛民乐组小学组银奖
单子乔	2013 年黄浦区学生艺术节艺术单项比赛钢琴组小学组银奖
高　琦	2013 年黄浦区学生艺术节艺术单项比赛舞蹈组小学组银奖
姚怡静	2013 年黄浦区学生艺术节艺术单项比赛舞蹈组小学组银奖
秦天宇	在阳光下成长 2013 年区中小学生素描比赛小学组二等奖
张文皓	在阳光下成长 2013 年区中小学生素描比赛小学组二等奖
张静云 汤子缨	2013 年黄浦区学生艺术节单项比赛民乐组小学银奖（滴哩哩）

学生姓名	获 奖 名 称
	2013.2
陆依萍 陈　鹏 张　艳 许凡飞	2013 年黄浦区学生艺术节单项比赛声乐重唱小学银奖（保尔的母鸡）
	2013.4
王雨豪	少年儿童科学幻想绘画获奖证书　太阳能多用途机器大厨　二等奖
	2013.5
王雨豪	2013 年上海市学生绘画书法作品二等奖（坦克战队阅兵式）
龙　倩	第十五届"飞向北京飞向太空"全国青少年航空航天模型教育竞赛绘画评比Ⅰ组特等奖
黄伊琳	第十五届"飞向北京飞向太空"全国青少年航空航天模型教育竞赛绘画评比Ⅰ组一等奖
王悦悦	第十五届"飞向北京飞向太空"全国青少年航空航天模型教育竞赛绘画评比Ⅰ组二等奖
连心怡	第十五届"飞向北京飞向太空"全国青少年航空航天模型教育竞赛绘画评比Ⅰ组特等奖
陆依萍	第十五届"飞向北京飞向太空"全国青少年航空航天模型教育竞赛绘画评比Ⅱ组三等奖
徐　奘	第十五届"飞向北京飞向太空"全国青少年航空航天模型教育竞赛绘画评比Ⅰ组二等奖
	2013.6
熊　航	2013 年国际少儿航空绘画上海赛区Ⅰ组一等奖
严靓颖	2013 年国际少儿航空绘画上海赛区Ⅰ组一等奖
陶荫楠	2013 年国际少儿航空绘画上海赛区Ⅰ组一等奖
王雨豪	2013 年国际少儿航空绘画上海赛区Ⅰ组一等奖
连心怡	2013 年国际少儿航空绘画上海赛区Ⅰ组一等奖

（续表）

学生姓名	获奖名称
2013.6	
许皓东	2013 年国际少儿航空绘画上海赛区 I 组二等奖
魏涞	2013 年国际少儿航空绘画上海赛区 I 组三等奖
钱靖文	2013 年国际少儿航空绘画上海赛区 I 组三等奖
王佳妮	2013 年国际少儿航空绘画上海赛区 I 组三等奖
李海洋	2013 年国际少儿航空绘画上海赛区 I 组三等奖
李心雨	2013 年国际少儿航空绘画上海赛区 I 组三等奖
邓斌	2013 年国际少儿航空绘画上海赛区 II 组优秀奖
林佳静	2013 年国际少儿航空绘画上海赛区 I 组优秀奖
杜欣影	2013 年国际少儿航空绘画上海赛区 I 组优秀奖
耿馨瑶	2013 年国际少儿航空绘画上海赛区 II 组二等奖
郑杰田	2013 年国际少儿航空绘画上海赛区 II 组三等奖
周富远	2013 年国际少儿航空绘画上海赛区 II 组一等奖
蒋立林	2013 年国际少儿航空绘画上海赛区 II 组一等奖
陆依萍	2013 年国际少儿航空绘画上海赛区 II 组一等奖
林传宇	2013 年国际少儿航空绘画上海赛区 II 组一等奖
耿奥	2013 年国际少儿航空绘画上海赛区 I 组一等奖
郭曼琳	2013 年国际少儿航空绘画上海赛区 I 组一等奖
徐奨	2013 年国际少儿航空绘画上海赛区 I 组一等奖
杜雨洁	2013 年国际少儿航空绘画上海赛区 I 组二等奖
王雪涵	2013 年国际少儿航空绘画上海赛区 I 组二等奖
蔡靖	2013 年国际少儿航空绘画上海赛区 I 组二等奖
王悦悦	2013 年国际少儿航空绘画上海赛区 I 组一等奖
龙倩	2013 年国际少儿航空绘画上海赛区 I 组一等奖
陈嘉桢	2013 年国际少儿航空绘画上海赛区 I 组一等奖
黄伊琳	2013 年国际少儿航空绘画上海赛区 I 组一等奖
毛威	第一届黄浦区新尚少年乐器专场比赛最具潜力奖

（续表）

学生姓名	获 奖 名 称
	2014.1
方依晓	获第二届黄浦区新尚少年评选活动书画类三等奖
王雨豪	获第二届黄浦区新尚少年评选活动书画类三等奖
郭俊峰	获第二届黄浦区新尚少年评选活动书画类优秀奖
王 涛	获第二届黄浦区新尚少年评选活动书画类优秀奖
林传宇	获第二届黄浦区新尚少年评选活动书画类优秀奖
孙晓荟	获第二届黄浦区新尚少年评选活动书画类优秀奖
沈漫茹	获第二届黄浦区新尚少年评选活动书画类优秀奖
任书灵	获第二届黄浦区新尚少年评选活动书画类优秀奖
黄雅馨	获第二届黄浦区新尚少年评选活动书画类优秀奖
	2014.2
叶添添	《彩色乐曲》在第十四届全国中小学电脑制作活动上海市学生电脑作品评选荣获一等奖
洪 钰	《邮票设计舞狮》在第十四届全国中小学电脑制作活动上海市学生电脑作品评选荣获二等奖
秦天宇	《鱼》在第十四届全国中小学电脑制作活动上海市学生电脑作品评选荣获二等奖
	2014.5
黄雅馨	第十六届飞向北京全国青少年航空航天模型教育竞赛绘画评比Ⅰ组二等奖
连心怡	第十六届飞向北京全国青少年航空航天模型教育竞赛绘画评比Ⅰ组二等奖
陶荫楠	第十六届飞向北京全国青少年航空航天模型教育竞赛绘画评比Ⅰ组一等奖
严靓颖	第十六届飞向北京全国青少年航空航天模型教育竞赛绘画评比Ⅰ组一等奖
陶向成	第十五届全国中小学电脑制作活动上海市学生电脑作品评选二等奖电脑绘画——静物一组玻璃瓶

（续表）

学生姓名	获 奖 名 称
	2014.6
陶荫楠	2014 年国际少年儿童航空绘画上海赛区比赛获一等奖
严靓颖	2014 年国际少年儿童航空绘画上海赛区比赛获一等奖
连心怡	2014 年国际少年儿童航空绘画上海赛区比赛获一等奖
黄雅馨	2014 年国际少年儿童航空绘画上海赛区比赛获一等奖
李心雨	2014 年国际少年儿童航空绘画上海赛区比赛获二等奖
沈漫茹	2014 年国际少年儿童航空绘画上海赛区比赛获二等奖
许皓东	2014 年国际少年儿童航空绘画上海赛区比赛获二等奖
胡　斌	2014 年国际少年儿童航空绘画上海赛区比赛获二等奖
任书灵	2014 年国际少年儿童航空绘画上海赛区比赛获三等奖
陈嘉桢	2014 年国际少年儿童航空绘画上海赛区比赛获三等奖
王雨豪	2014 年国际少年儿童航空绘画上海赛区比赛获三等奖
沈　涛	2014 年国际少年儿童航空绘画上海赛区比赛获优秀辅导员奖
杜雨洁	2014 年国际少年儿童航空绘画上海赛区比赛获二等奖
姚嘉浩	2014 年国际少年儿童航空绘画上海赛区比赛获一等奖
熊婉曦	2014 年国际少年儿童航空绘画上海赛区比赛获三等奖
	2014.7
孙晓荟	《风景》在区第十五届教育信息评比中获小学电脑绘画一等奖
陶向成	《静物，一组玻璃瓶》在区第十五届教育信息评比中获小学电脑绘画二等奖
林传宇	《双狮争锋》在区第十五届教育信息评比中获小学电脑绘画三等奖
郭俊峰	《星际战神》在区第十五届教育信息评比中获小学电脑绘画三等奖
	2014.12
毛　威	2014 年黄浦区学生艺术节单项比赛民乐小学组金奖
张逗逗	2014 年黄浦区学生艺术节单项比赛民乐小学组银奖
徐　薇	2014 年学生艺术节单项比赛电声乐钢琴小学组银奖

学生姓名	获 奖 名 称
2014.12	
詹宇婷	2014年学生艺术节单项比赛声乐小学组银奖
黄伊琳 凌夕涵等	2014年学生艺术节单项比赛声乐小学组银奖
张 扬	2014年学生艺术节单项比赛戏剧小学组银奖
李传秀	2014年学生艺术节单项比赛校园主持人小学组银奖
徐婉容 罗 涵 魏倩倩	2014年学生艺术节单项比赛舞蹈小学组银奖
李心雨	2014年黄浦区学生书画作品大赛中绘画比赛小学组一等奖
连心怡	2014年黄浦区学生书画作品大赛中绘画比赛小学组一等奖
王佳妮	2014年黄浦区学生书画作品大赛中绘画比赛小学组一等奖
薛鑫豪 毛 威	2014年黄浦区中小学软笔书法比赛小学组一等奖
王佳妮 陈 申	2014年黄浦区中小学软笔书法比赛小学组二等奖
满若湘	2014年黄浦区中小学软笔书法比赛小学组三等奖
郭曼琳	2014年黄浦区学生书画作品大赛中绘画比赛小学组二等奖
黄雅馨	2014年黄浦区学生书画作品大赛中绘画比赛小学组二等奖
王雨豪	2014年黄浦区中小学素描比赛小学组二等奖
詹 玥	2014年黄浦区中小学生硬笔书法比赛小学组一等奖
李甜甜 蔡 靖 李 娜	2014年黄浦区中小学生硬笔书法比赛小学组二等奖
王悦悦	2014年黄浦区中小学生硬笔书法比赛小学组三等奖
2015.4	
徐光道	电脑绘画"大狮子"在黄浦区十六届教育信息化大赛中获小学组一等奖

（续表）

学生姓名	获奖名称
2015.4	
王雨欣	电脑绘画"午后窗台的盆花"在黄浦区十六届教育信息化大赛中获小学组二等奖
陈嘉桢	电脑绘画"奇幻的海底世界"在黄浦区十六届教育信息化大赛中获小学组二等奖
詹　玥	获黄浦区阳光电影校园行观影感悟评比活动三等奖《味道中国》
王悦悦 陈梦寒 龙　倩 李传秀 徐　薇 王雪涵	获黄浦区阳光电影校园行声乐比赛一等奖
陶荫楠	获2015年度黄浦区"星尚少年"绘画比赛二等奖
夏君萌	获2015年第三届黄浦区星尚少年"美德故事"演讲比赛优秀表演奖
沈　麒	获2015年第三届黄浦区星尚少年"美德故事"演讲比赛优秀表演奖
2015.5	
王曾熙	获2015年第三届黄浦区星尚少年评选活动民乐比赛合唱三等奖
李家叡	2015年上海市学生绘画书法作品展三等奖　《石库门游乐场》
连心怡	2015年上海市学生绘画书法作品展三等奖　《熊熊大合影》
2015.6	
孟芸清	2015年国际少年儿童绘画上海赛区中获Ⅰ组一等奖
林佳静	2015年国际少年儿童绘画上海赛区中获Ⅰ组一等奖
茅宇鑫	2015年国际少年儿童绘画上海赛区中获Ⅰ组一等奖
许皓东	2015年国际少年儿童绘画上海赛区中获Ⅰ组一等奖
李笑文	2015年国际少年儿童绘画上海赛区中获Ⅰ组一等奖

（续表）

学生姓名	获 奖 名 称
2015.6	
连心怡	2015年国际少年儿童绘画上海赛区中获Ⅰ组二等奖
冒玉沁	2015年国际少年儿童绘画上海赛区中获Ⅰ组二等奖
胡 斌	2015年国际少年儿童绘画上海赛区中获Ⅰ组二等奖
李心雨	2015年国际少年儿童绘画上海赛区中获Ⅰ组三等奖
沈漫茹	2015年国际少年儿童绘画上海赛区中获Ⅱ组一等奖
何 佳	2015年国际少年儿童绘画上海赛区中获Ⅱ组二等奖
陶荫楠	2015年国际少年儿童绘画上海赛区中获Ⅱ组二等奖
陈 硕	2015年国际少年儿童绘画上海赛区中获Ⅱ组二等奖
陈嘉桢	2015年国际少年儿童绘画上海赛区中获Ⅱ组二等奖
李家叡	2015年国际少年儿童绘画上海赛区中获Ⅱ组二等奖
黄雅馨	2015年国际少年儿童绘画上海赛区中获Ⅰ组二等奖
潘柯函	2015年国际少年儿童绘画上海赛区中获Ⅱ组一等奖
倪勇煜	2015年国际少年儿童绘画上海赛区中获Ⅱ组二等奖
李 娜	2015年国际少年儿童绘画上海赛区中获Ⅰ组二等奖
王佳妮	2015年国际少年儿童绘画上海赛区中获Ⅰ组三等奖
孟云清	阳光下成长——2015年黄浦区学生艺术作品比赛小学组绘画三等奖
黄雅馨	阳光下成长——2015年黄浦区学生艺术作品比赛小学组绘画三等奖
李家叡	阳光下成长——2015年黄浦区学生艺术作品比赛小学组绘画一等奖
连心怡	阳光下成长——2015年黄浦区学生艺术作品比赛小学组绘画一等奖
陶荫楠	阳光下成长——2015年黄浦区学生艺术作品比赛小学组素描三等奖

参考文献

[1] 刘福.论学校文化建设对学校发展的作用[J].西北成人教育学报,2011
(5).

[2] 朱晓.造型艺术与创造能力培养[J].发明与创新,2005(3).

[3] 郝本发.文化因素和语言教学[J].外语与外语教学,1989(5).

[4] 侯文华.从文化的正向功能看先进文化的特征[J].零陵学院学报,
2004,25(4).

[5] 李令永.学校的文化功能——一种社会学的视角[J].教育理论与实践,
2010,30(4).

[6] 国务院关于深化教育改革全面推进素质教育的决定[J].内蒙古教育,
1997(7).

[7] 姜国钧.兴于诗立于礼成于乐——孔子的诗教礼教乐教思想及其当代
意义[J].现代大学教育,2003(2).

[8] 张志伟.科学之是与艺术之在[J].博览群书,2002(9).

[9] 刘新新.音乐欣赏教学模式对学生个性发展的影响[J].科技视界,2014
(31).

[10] 马彦培.浅谈美术课在初中教育中的作用[J].中学生阅读:高中教研
版,2013.

[11] 李志文.对提升学校环境育人功能之我见[J].课程教育研究:学法教
法研究,2014(17).

[12] 林苗.建构主义的学习观和师生定位对当代教学的启示[J].亚太教
育,2015(33).

[13] 管锦亮.从建构主义学习理论看新课改的误区及对策[J].中小学电
教,2012(10).

[14] 薛原.思想品德教师的教学语言艺术[J].中学课程辅导:教学研究,
2015(12).

[15] 逢锦剧.陶得麟.马克思主义基本原理概论.高等教育出版社,2007
(7).

[16] 中华人民共和国教育部.教育部关于推进学校艺术教育发展的若干意见[Z].2014—5—8.

[17] 中华人民共和国教育部.关于推进学校艺术教育发展的若干意见[Z].2014—1.

[18] 苏燕艳.人文素养与美术赏析[J].试题与研究:新课程论坛,2013(16).

[19] 雒淑华.高等教育的人文缺失[J].社会科学战线,2005.

[20] 王晋.学校文化的社会学审视[J].教育理论与实践,2011,31(10).

[21] 王定华.试论新形势下学校文化建设[J].教育研究,2012(1).

[22] 郑金洲.教育文化学[M].北京:人民教育出版社,2000.

[23] 卢元错.论学校文化的背景及其策略[J].吉林教育,2005.

[24] 卞恩鸿.学校文化管理的实践与思考[J].基础教育参考,2008.

[25] 徐文彬,张勇.我国学校文化建设研究:成就与展望[J].当代教育与文化,2009.

[26] 王晋.教育仪式的社会学分析[J].教育理论与实践,2010.

[27] (美)迈克尔·施瓦布著.生活的暗面:日常生活的社会学透视[M].汪丽华译.北京:北京大学出版社,2008.

[28] (法)皮埃尔·布迪厄.(美)华康德著.实践与反思——反思社会学导引[M].李猛、李康译.北京:中央编译出版社,2004.

[29] (法)布尔迪约·帕斯隆著.继承人——大学生与文化[M].邢克超译.北京:商务印书馆,2002.

[30] (法)莫里斯·迪韦尔热著.政治社会学——政治学要素[M].杨祖功、王大东译.北京:东方出版社,2007.

[31] 马克思.1884年经济学哲学手稿[M].北京:人民出版社,2008.

[32] 张淑明.马克思关于人的全面发展学说及其教育意义[J].理论月刊,2007(7).

[33] 华姿.德兰修女传:在爱中行走[M].济南:山东画报出版社,2005.

[34] 上海市中小学课程教材改革委员会办公室.上海市中小学课程标准(征求意见稿)[M].上海:上海教育出版社,2004.

[35] 徐崇文.学习理论与学习潜能开发中小学教师读本[M].上海:上海三联书店,2006.

[36] 中华人民共和国教育部,教育部关于中小学开展书法教育德意见[Z].2011—8—26.

[37] 上海市中小学课程教材改革委员会办公室.上海市中小学艺术学习领域课程指导纲要[M].上海:上海教育出版社,2004.

［38］中华人民共和国教育部.义务教育美术课程标准（2011 版）［M］.北京：北京师范大学出版社，2012.

［39］上海市教育委员会.上海市中小学音乐课程标准［M］.上海：上海教育出版社，2010.

［40］钱大维.合唱训练学［M］.上海：上海音乐学院出版社，2009.

［41］周玉梅.小学语文作业批改的思考［J］.陕西教育：行政版，2012（4）.

［42］陆文超.作文评语［J/OL］.http://www. wtsx. cn/blog/user1/lwc462208461/archives/2014/18290.html.

［42］余丽梅.小学语文作业评语和批改［J/OL］.http://i. yanxiu. com/blog/9873728/37402608104522! cateId＝0.

［44］赵晓敏.优化语文教学的板书设计例说［J］.教育研究，2010（2）.

［45］邹明.运其才智勤其练习——谈谈语文教学中的相机诱导［J］.阅读与写作，1995（8）.

［46］陆丹.新课程改革下的音乐教学之我见［J］.新课程：教师版，2011（2）.

［47］冯海歌.音乐教学进行情感德育渗透之我见［J］.快乐学习报：信息教研周刊，2014（9）.

［48］杨萍.浅谈强调学术体验音乐情绪与情感的过程［J］.儿童音乐，2013（8）.

［49］孙红成.审美与超越——音乐课程的性质浅析［J］.儿童音乐，2013（9）.

［50］杨斌.学校艺术教育在发挥品德教育功能上的优势［J］.小学时代：教师，2011（11）.

［51］杨晓.浅谈高校教师的艺术素养——提升教师的艺术素养先从文化素养开始［J］.青春岁月，2011（2）.

［52］廖华.略论影视艺术中的审美欣赏［J］.电影文学，2012（15）.

［53］赵杨.浅谈高雅艺术进校园的必要性［J］.今日南国旬刊，2010（12）.

［54］朱文相.怎样欣赏京剧的意向美［J］.艺术教育，2003（Z1）.

［55］李冬梅.浅谈话剧艺术的魅力与智能［J］.消费导刊，2013（11）.

［56］施燕燕.主题背景下的环境创设［J］.幼儿教学研究，2008（12）.

［57］成际梅，周月芬.让好习惯成为孩子成长的基石［J］.好家长，2011（8）.

［58］张雯.浅谈体育舞蹈拉丁舞教学［J］.岁月月刊，2012.

［59］顾建华，马珑鸣.弘扬民间技艺："上海绒绣"网络课程展示［J］.成才与就业，2014（15）.

后　记

　　时光荏苒,岁月留痕。三年前,我们怀着希冀,带着忐忑,憧憬着梦想,孜孜以求着百年老校在新的发展中所走的道路。

　　我们于 2012 年 7 月,申报了上海市教育科学年度规划项目《"艺术育人"学校文化续构的实践研究》这一课题,在严谨科学的求真,认真深刻的反思中,秉承"以艺辅德、以艺促教"的办学传统,对学校的文化建设及其续构进行了深入地探索,提炼了"艺术育人"学校文化实施的路径。在众人的努力与期待中,《艺术,点亮梦想》一书即将与大家见面了。

　　全书由绪论和三章组成,凝聚了课题组成员集体的智慧和全校师生、家长的共同心血。它记载着"艺术育人"文化续构艰难跋涉的过程,收获着董二小学师生逐年积累起来的鲜活成果。在课题的研究过程中,我们已经记不清经历过多少次的思维碰撞,多少回的实践、反思和调整,今天,我们终于把我们的思考、我们的实践、我们的感受、我们的收获呈现在这里,以飨各位同仁。

　　本书由张琦校长担任主编,每个章节都是各位老师的合作成果,各章节的主要执笔者如下:绪论,张琦;第一章,吴海静、邹经;第二章:吴海静、翁晓川、徐斌怡、胡世璐;第三章,徐斌怡。学校的许多老师和学生以及家长还撰写了书中部分的案例和文章,提供了很多宝贵的资料。季蓓蕾、沈涛、翁晓川、应谢洁、陈荷静、徐忆、周瑞芝老师参加了"梦工厂"课程的开发和使用,在此表示深深的感谢。

　　这里还要特别感谢上海市教育科学研究院普通教育研究所所长胡兴宏、《上海教育科研》副主编张肇风、普教所普及指导室冯明、上海教育杂志社副总编沈祖芸;感谢原黄浦区教师进修学院副院长徐崇文老师、教科研室主任李金钊老师、科研员朱崇福老师等专家,对我们的关心与指导;感谢局领导对我们支持与帮助;感谢朱崇福老师为本书第三章节作精心的点评；感谢邹经老师课题研究的一路陪伴。

　　董二小学是一个温暖的家，董二人是一群朴实、勤勉、勇于创新的现代人。一路走来，我们相互搀扶，共同面对未知的未来，分担痛苦，分享收获。我们脚踏实地地走着每一步，至看到《艺术，点亮梦想》的诞生，我们是如此的欣喜雀跃！

　　三年多的实践研究，点亮了深埋在董二人心中的梦想，让艺术的种子在这片土壤里生根发芽，看着小树抽枝展叶，枝繁叶茂，我们无比欣慰。曾今我们彷徨过，因为这是我们继往开来的"试金"之路；曾今我们痛苦过，因为这是一条探索者的必由之路；而今我们幸福着，因为这是挑战自我、实现自我的机遇之路。

　　不负前辈的嘱托，这是董二人的责任，开创未来，这是董二人的使命。回想那走过来的每一天，每一步，我们欢悦，我们感动。董家渡路第二小学的师生们正追寻着先人的足迹，探索着百年文化的渊源与续构学校文化的历史，以前瞻的视野，展望美好的明天。

　　让心中的梦想在这里起飞，让心中的梦想从这里点亮吧！

董家渡路第二小学课题核心组

2015 年 12 月

图书在版编目（CIP）数据

艺术，点亮梦想/张琦主编. —上海：上海三联书店，2016.

ISBN 978－7－5426－5594－3

Ⅰ.①艺…　Ⅱ.①张…　Ⅲ.①艺术教育—教学研究—小学

Ⅳ.①G623.702

中国版本图书馆 CIP 数据核字（2016）第 113151 号

艺术，点亮梦想

——"艺术育人"学校文化续构的实践研究

主　　编　张　琦

责任编辑　钱震华

装帧设计　魏　来

出版发行　上海三联书店

　　　　　（201199）中国上海市都市路 4855 号

　　　　　http://www.sjpc1932.com

　　　　　E-mail：shsanlian@yahoo.com.cn

印　　刷　上海昌鑫龙印务有限公司

版　　次　2016 年 8 月第 1 版

印　　次　2016 年 8 月第 1 次印刷

开　　本　787×1092　1/16

字　　数　300 千字

印　　张　20

书　　号　ISBN 978－7－5426－5594－3/G·1427

定　　价　48.00 元